山东省经济与资源环境协调发展研究

李星洲　邵　波　赵延德　编著

山东大学出版社

图书在版编目(CIP)数据

山东经济与资源环境协调发展研究/李星洲,邵波,赵延德编著.—济南:山东大学出版社,2010.5
ISBN 978-7-5607-4085-0

Ⅰ.①山…
Ⅱ.①李… ②邵… ③赵…
Ⅲ.①资源经济-经济发展-研究-山东省 ②环境经济-经济发展-研究-③山东省
Ⅳ.①F127.52

中国版本图书馆 CIP 数据核字(2010)第 087717 号

山东大学出版社出版发行
(山东省济南市山大南路 27 号 邮政编码:250100)
山 东 省 新 华 书 店 经 销
济南景升印业有限公司印刷
880×1230 毫米 1/32 7.625 印张 206 千字
2010 年 5 月第 1 版 2010 年 5 月第 1 次印刷
定价:18.00 元

前 言

产业革命以来,在以工业化和经济增长为主要内容的传统发展观引导下,世界各国一味追求经济的快速增长,忽视了自然资源的合理开发和生态环境的保护,导致全球性的资源短缺、环境污染和生态破坏,人类赖以生存和发展的环境受到严重破坏。然而这些问题在当时和其后相当长一段时间内并没有引起人们足够的重视。其主要原因是经济增长使社会生产力得到了极大提高,创造了前所未有的物质财富,大大推动了人类文明进程,而经济发展对人类生存环境的消极影响尚未完全暴露。

20 世纪 60 年代至 80 年代,在经历了一系列经济盲目扩张所带来的生态恶果之后,人类开始积极反思和总结传统经济发展模式不可克服的缺陷,努力寻找新的发展模式,探索能在提高经济效益的同时保护资源、改善环境的政策和发展战略。于是,可持续发展这一新的发展模式应运而生了,并逐步得到世界各国的认可和接受。

我国作为一个发展中国家,经济发展仍然是今后相当长一段时期内的首要任务,但必须把可持续发展作为一个重大战略,要把控制人口、节约资源、保护环境放到重要位置,使人口增长与社会生产力的发展相适应,使经济建设与资源环境相协调,实现经济社会可持续发展。

山东省作为我国东部沿海的一个经济大省,在经历了长时期的快速经济发展之后,资源与生态环境负荷也达到了前所未有的警戒线。面对资源的日益短缺和生态环境的不断恶化，山东省如何实现经济可持续发展，是摆在时代面前的一个亟待解决的难题。

本研究包括六个方面的内容：第一章，在对山东省经济发展与资源、环境时空数据收集的基础上，定性与定量相结合，对山东省经济、资源、环境系统综合质量进行了客观评价；第二章，通过统计学分析方法和计量模型手段，探索了山东省经济发展所带来的资源、环境效应；第三章，从经济发展、产业结构升级和居民消费结构演变三个方面入手，探讨三者与资源、环境演变的互动机制，探索山东省经济发展新趋势以及如何优化山东省产业结构和居民消费结构；第四章，对山东省经济发展与资源、环境互动作用机理进行研究，并对山东省经济与资源、环境协调发展进行横向评价；第五章，对经济、资源、环境三系统协调发展进行评价和预测，为山东省生态环境与资源可持续利用的实现提供有效的参考依据；第六章，从体制机制完善、思维转型等基础形态出发，找出从根本上推动山东省经济与资源环境协调发展再上新台阶的对策和措施。本项研究始终结合社会经济系统的发展，考虑中国特殊的政府导向型经济系统背景，注重体制政策对生态环境与资源可持续利用的影响，因此本研究对政府的实际决策具有重要的现实指导意义。

孙灵文（山东省科技发展战略研究所）、张士强（山东经济学院）、裘亮（山东省经济管理干部学院）、吴先华（山东省建设发展研究院）、郭强（山东轻工业学院金融职业学院）、马交国（济南市城乡规划编制研究中心）、李勇进（兰州大学）等在本书的编写过程中付出了艰辛的劳动，在此一并表示感谢。由于编者水平有限，难免有疏漏和不当之处，请广大专家学者批评指正。

目 录

第一部分

山东省经济、资源、环境发展综合评价

山东省地处中国东部、黄河下游，位于北半球中纬度地带。总面积15.67万平方公里，约占全国总面积的1.6%。隔渤海海峡与辽东半岛遥遥相对，西部内陆部分自北而南依次与河北、河南、安徽、江苏4省接壤。京杭大运河和京沪铁路、京九铁路纵贯南北，穿越境域西部，沟通了本省与沿海和内陆诸省的联系；胶济铁路横贯东西，蓝烟铁路穿行于半岛中部，加之遍布全省的公路网络，构成了境内四通八达的便利交通。海岸线全长3024.4公里，大陆海岸线占全国海岸线的1/6，仅次于广东省，居全国第二位。平原广布，平原面积占全省陆地总面积的55%。

一、资源概况[①]

生物资源：山东生物资源种类多、数量大。境内有各种植物3100余种，树木600多种，各种果树90种，其中烟台苹果、莱阳梨、

① 本部分数据资料来源：山东经贸网。

肥城桃、乐陵金丝小枣、枣庄石榴、大泽山葡萄都是山东久负盛名的特产，山东因此被称为“北方落叶果树的王国”。陆栖野生脊椎动物450种，占全国种数的21%。

水资源：山东分属于黄、淮、海三大流域。根据山东1956～1999年实测资料分析，全省多年平均年降水量为676.5毫米，多年平均水资源总量为305.82亿立方米，其中河川径流量（地表水资源量）为222.9亿立方米，地下水资源量为152.57亿立方米，地表水、地下水重复计算量为69.65亿立方米。山东省总体水资源短缺，人均水资源量不足全国人均水平的1/6。

海洋资源：山东海洋资源得天独厚，近海海域占渤海和黄海总面积的37%，滩涂面积占全国的15%。近海栖息和洄游的鱼虾类达260多种，主要经济鱼类有40多种，浅海贝类百种以上。其中，对虾、扇贝、鲍鱼、刺参、海胆等海珍品的产量均居全国首位。此外，山东已建成多处大中型盐场，是全国四大海盐产地之一。

能源：山东是全国重要的能源基地之一。胜利油田是中国第二大石油生产基地，中原油田的重要采区也在山东，山东原油产量占全国的1/3。近年来，胜利油田钻探范围逐步进入渤海海域，高科技钻井技术的广泛应用，使油田一直保持着稳产、高产。山东境内含煤地层面积5万平方公里，兖滕矿区是全国十大煤炭基地之一。山东电力资源充足，到2004年底，全省发电装机量达到3292万千瓦，全社会用电量完成1640亿千瓦时。山东电网是全国六大电网中唯一的省独立电网。

矿产资源：全省现已发现的矿藏资源有128种，占全国已经发现矿产品种类的70%以上。探明储量的有74种，其中有30多种储量居全国前10位。黄金（岩金）、自然硫（占全国储量90%以上）、石膏（占全国储量79%以上）的储量居全国首位，其中黄金产量约占全国的1/4。金刚石（储量占全国40%，产量占80%）、菱镁矿、钴、铪、花岗石等矿产的储量居全国第二位。

旅游资源：山东旅游资源丰富，自然风光秀丽，文物古迹众多。

有列入世界自然文化遗产的"五岳之尊"泰山，列入世界文化遗产的孔子故里曲阜"三孔"，还有齐国故都临淄、"人间仙境"蓬莱、"道教圣地"崂山、"世界风筝都"潍坊、国际啤酒城青岛、国际葡萄酒城烟台、荣成"天尽头"、"泉城"济南、黄河入海奇观、"仙山之祖"昆嵛山、有着女娲补天的美丽传说的峄山、以集聚水浒英雄而著名的史称"八百里水泊"的梁山泊等，都是旅游观光的好去处。

二、经济发展概况

山东主要经济指标居全国前列，为我国东部沿海经济大省。2005年全省实现生产总值(GDP)18468.3亿元，按可比价格计算，比上年增长15.2%。其中，第一产业增加值1927.6亿元，增长4.7%；第二产业增加值10620.3亿元，增长17.9%，其中工业增加值9562.9亿元，增长18.6%；第三产业增加值5920.4亿元，增长14.5%。三次产业比例为10.4∶57.5∶32.1。经济增长的稳定性增强，全年四个季度生产总值增幅差距在0.5个百分点以内。人均生产总值20044元(按当年汇率折算为2447美元)，按可比价格计算增长14.5%。

工业体系日趋优化：山东工业发展迅速，基本形成了以能源、化工、冶金、建材、机械、纺织、食品等支柱产业为主体的日益优化的工业体系。十年期间，山东省工业增加值由1996年的2500亿元增加到2005年的9562.9亿元，占GDP的比重由1996年的43.9%上升到2005年的51.8%，增幅十分明显。制造业拉动作用显著。2005年实现增加值6999.4亿元，占全省规模以上工业的83.2%，拉动工业增长25.9个百分点。优势产业对工业经济支撑力增强。电子信息技术、生物制药、新材料三大高新技术领域和纺织、机械、食品、化工、冶金、建材六大行业工业增加值分别达到957.0亿元和5693.3亿元，占规模以上工业增加值的比重分别达11.6%和67.7%。

农业经济全面发展：山东省一直把农业作为经济发展的基础产

业，下大力气促进农业全面发展。2005年农林牧渔业总产值达到3741.2亿元，比上年增长4.8%，约占当年全国农林牧渔业总产值的9.5%，稳居全国第一位。其中，农、林、牧、渔占总产值的比重分别为55%、1%、31%、13%，而从同年全国平均水平来看，农、林、牧、渔占总产值的比重则分别为51%、4%、35%、10%，可见山东省与全国农业产值结构基本吻合。山东不仅是全国重要的粮食产区和棉花产区，而且还是全国最大的花生产区，花生出口量占全国一半以上。近年来，山东省的蔬菜生产逐渐成为农业中第二大主导产业，被称为全国最大的"菜篮子"，是北京、上海等大城市蔬菜市场的主要供货地之一。山东也是著名的水果之乡，主要生产高品质的苹果、梨、桃、杏、枣、葡萄、西瓜等，产量居全国第一位。

商贸服务业更加成熟：2005年，山东的服务业发展迅速，已成为拉动山东经济发展的重要力量。全年实现社会消费品零售总额6126.4亿元，比上年增长15.8%。消费结构升级推动城乡市场快速发展，城市市场实现零售额4548.6亿元，增长16.3%，增幅比上年提高1.7个百分点；农村市场实现零售额1577.8亿元，增长14.3%，增幅提高2.5个百分点。批发零售业、住宿餐饮业增速较快。批发零售业和住宿餐饮业的行业规模和经营领域日益扩大。批发零业实现消费品零售额5132.0亿元，比上年增长15.6%，占社会消费品零售总额的83.8%。餐饮业实现零售额722.3亿元，增长16.9%；住宿业实现零售额53.0亿元，增长15.5%。个体、私营经济市场份额不断提高。个体私营经济总量、经营领域、发展层次进一步提升。个体私营经济实现消费品零售额4489.7亿元，比上年增长16.2%，占社会消费品零售总额的比重为73.3%。大中型贸易企业和交易市场稳步扩大。超级市场、便民连锁店、专卖店、购物中心等新兴零售业快速发展。大中型流通企业经济实力进一步增强，经营规模进一步扩大，全年实现零售额1354.7亿元，比上年增长19.2%。年成交额1亿元以上的商品交易市场达381个，比上年增加65个。

2005年人民生活水平日益提高:城镇居民生活质量显著提高。据抽样调查,城镇居民人均可支配收入突破万元,达到10744.8元,比上年增长13.8%,增幅提高1.4个百分点。城镇居民人均消费性支出为7457.3元,增长11.7%,其中食品支出2512.7元,增长8.7%。城镇居民恩格尔系数为33.7%,下降0.9个百分点。全省城镇居民人均住房使用面积21.9平方米。城镇在岗职工年平均工资16581.0元,增长15.7%。农村居民生活进一步改善。据抽样调查,农民人均纯收入3930.6元,比上年增长12.1%。人均生活消费支出2735.8元,增长14.5%。其中,食品支出1087.7元,增长8.8%;用于文教娱乐方面的支出377.2元,增长26.5%。农村居民恩格尔系数为39.8%,降低2.1个百分点。农村居民人均住房使用面积为29.6平方米。

三、生态环境破坏与保护概况

废气排放与处理:2005年,全省二氧化硫排放总量200.3万吨,比上年上升了10.0%。其中,工业二氧化硫排放量171.5万吨,占二氧化硫排放总量的85.7%;生活二氧化硫排放量28.7万吨,占二氧化硫排放总量的14.3%。在工业二氧化硫排放量中,电力、热力的生产和供应业排放量最大,占工业二氧化硫排放量的61.5%。烟尘排放总量61.9万吨,比上年上升7.5%。其中,工业烟尘排放量48.5万吨,占烟尘排放总量的78.4%;生活烟尘排放量13.4万吨,占烟尘排放总量的21.6%。在工业烟尘排放量中,电力、热力的生产和供应业排放量最大,占工业烟尘排放量的46.8%。工业粉尘排放量37.3万吨,比上年下降6.3%。水泥行业排放量最大,为31.7万吨,占工业粉尘排放量的71.3%,比2004年下降了8.3个百分点。

污水排放与处理:2005年,全省废水排放总量为28.0亿吨,比上年增长6.1%。其中,生活污水排放量14.1亿吨,占废水排放总量的50.4%;工业废水排放量为13.9亿吨,占废水排放总量的49.6%。废水中主要污染物化学需氧量(COD)排放总量为77.0万吨,比上年下降1.2%。其中,生活化学需氧量排放量为41.4万吨,占化学需氧量排放总量的53.7%;工业化学需氧量排放量为35.7万吨,占化学需氧量排放总量的46.3%。工业化学需氧量排放量中,造纸及纸制品业排放量最大,为17.1万吨,占工业化学需氧量排放量的47.9%。截至2005年底,全省已建成城市污水处理厂85座,日污水处理能力达到472.37万立方米,年污水处理量11.2亿立方米,污水处理厂集中处理率达到52.2%,比去年提高5.05个百分点。

固体废弃物排放与处理:2005年,全省重点企业工业固体废物产生量8821.1万吨,比上年增加899万吨,增长11.3%。其中,电力、热力的生产和供应业2484.8万吨,占28.2%。工业固体废物排放量为0.14万吨,工业固体废物综合利用率为90.1%,比上年增加1.4个百分点。城市生活垃圾无害化处理厂44个,年处理量为609.6万吨,无害化处理率为58.3%;粪便无害化处理量为194万吨,处理率为99.7%。全省13个设区城市建成医疗废物集中处置设施并投入运行,基本实现县级以上医疗机构产生的医疗废物全部纳入集中处置,初步建立医疗废物收集、储存、运输、处置的运营体系。全省17个设区城市均出台了医疗废物集中处置收费标准,2005年全省纳入集中处置的医疗卫生机构共937家,年集中处置量约7200吨。

城市空气质量状况:2005年全省城市空气质量好转,与上年相比,符合二级标准的城市增加了6个,符合三级标准的城市减少了5个,全省无超过三级标准的城市。全省空气质量日报良好率为93.9%,比上年提高了4.3个百分点,17城市空气质量日报良好率范围在71.8%～100%之间,其中,日照、威海、东营3个城市空气质量日报良好率达到100%。17个设区城市中,青岛、淄博、枣庄、东营、烟台、潍坊、济宁、泰安、威海、日照、莱芜、临沂、德州、聊城、滨州

15个城市符合国家《环境空气质量标准》中的二级标准，济南、菏泽符合三级标准；全省酸雨检出率与上年持平，无酸雨城市。全省城市环境空气中主要污染物为可吸入颗粒物，占污染负荷的43%；其次为二氧化硫，占39%。

生态环境与环境保护状况：2005年，全省林业用地面积为339.8万公顷，森林面积为293.3万公顷，森林覆盖率为24%。2005年，全省耕地面积为751.9万公顷，比上年减少2.12万公顷；人均耕地面积为0.081公顷，居全国第18位。全省沼泽面积为700公顷，比上年增加100公顷；湖泊面积为12.9万公顷，比上年减少66.7公顷；滩涂面积为2.5万公顷，比上年减少0.5万公顷。截至2005年底，因开采矿产资源破坏土地面积54902公顷，其中露天开采破坏22744公顷，地下开采破坏32158公顷。累计恢复治理面积30018公顷，治理率为54.7%。2005年全省化肥施用量（折纯）为467.6万吨，平均737.7公斤/公顷；农药使用量为15.6万吨，平均24.6公斤/公顷。全省共建成各级各类自然保护区74个，总面积为108.3万公顷，占国土面积的6.9%；共建成各级各类生态功能保护区15处，面积为68.1万公顷；建成全国生态示范区12个、全国环境优美乡镇7个、省级环境优美乡镇36个、市级文明生态村105个。城市人均公共绿地面积为13.9平方米，比上年增加0.41平方米，建成区绿化覆盖率达到37.0%，比上年增加0.4个百分点。

四、山东省经济、资源、环境发展综合评价

（一）经济总量大，在全国经济地位不断突出

改革开放以来，山东省国民经济得到了快速的发展，经济实力显著增强，经济总量和规模跃居全国前列。山东省生产总值由1988年的1117.66亿元，增长到2005年的18516.87亿元，年均增长速度为17.96%，超过同期我国经济年均增长速度的15.84%，其经济总量由

1988 年占全国比重的 7.43%增加到 2005 年的 10.11%，位居全国第二位，仅次于广东，在全国具有举足轻重的地位(见图 1-1、图 1-2)。

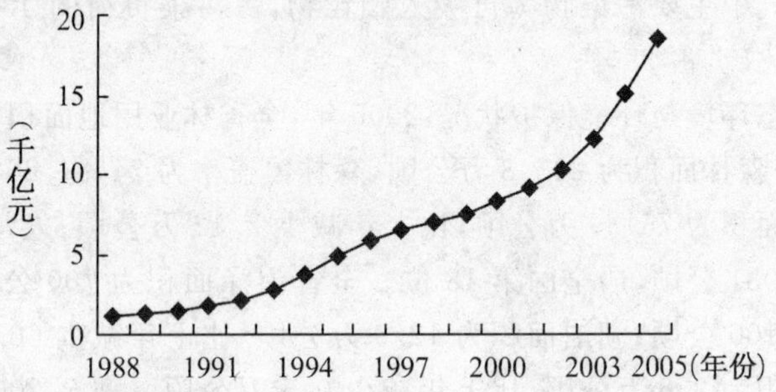

图 1-1　1988～2005 年间山东省 GDP 增长折线图

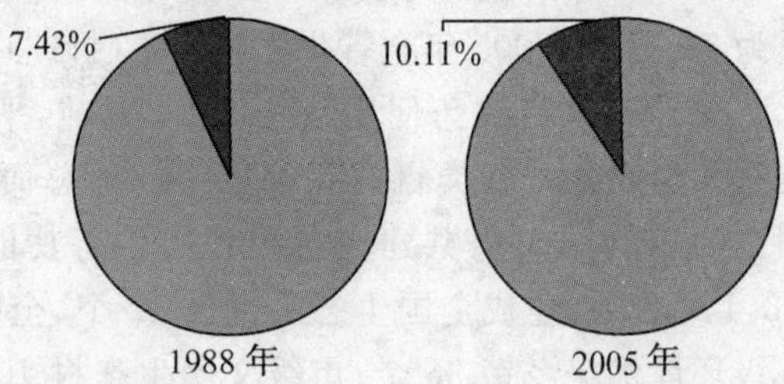

图 1-2　山东省经济总量占全国比重

(二)经济发展速度较快

1988～2005 年期间，山东省经济增长速度除 1991 年和 1992 年外，均高于全国平均增长速度(见图 1-3)。另外同期山东省年度人均 GDP 均高于全国人均 GDP，而且两者差额有不断增大的趋势，由 1988 年的 29 元增加到 2005 年的 6056 元。通过对图 1-4 山东省与全国人均 GDP 差额曲线的分析可见，从 2002 年开始，山东经济发展速度开始大幅度提高，连续三年年均增速超度 27.03%，导致人均 GDP 差距开始陡然拉大，由 2002 年的 1942 元增加到 2005 年的

6056 元。

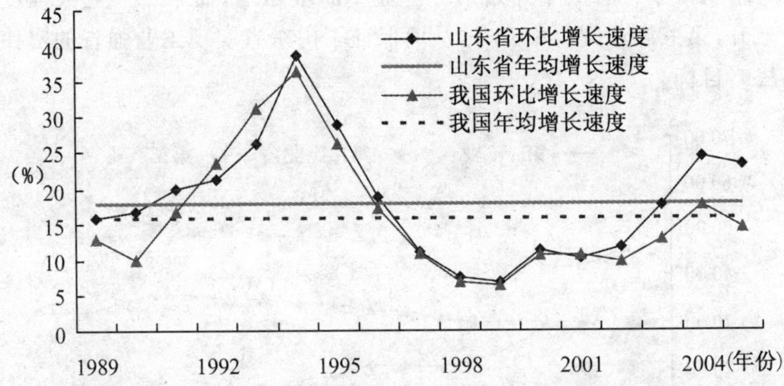

图 1-3　1988～2005 年期间山东省和全国经济发展速度折线图

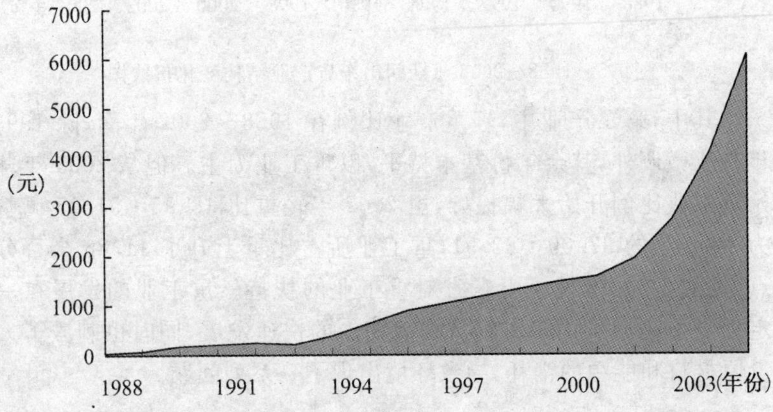

图 1-4　1988～2005 年期间山东省与全国人均 GDP 差额面积图

(三)产业结构不断升级,轻重比例基本协调

1988～2005 年间,山东省产业结构不断升级,实现了由“二一三”到“二三一”的转换,三次产业比例相应由 1988 年的 29.70 :

44.48：25.82 调整到 2005 年的 10.41：57.40：32.19，结果如图 1-5所示。从 1991 年开始第一产业不断被压缩，而第二产业大幅度上升，第三产业则稳中有升，从而保证了山东省实现工业强省的宏伟战略目标。

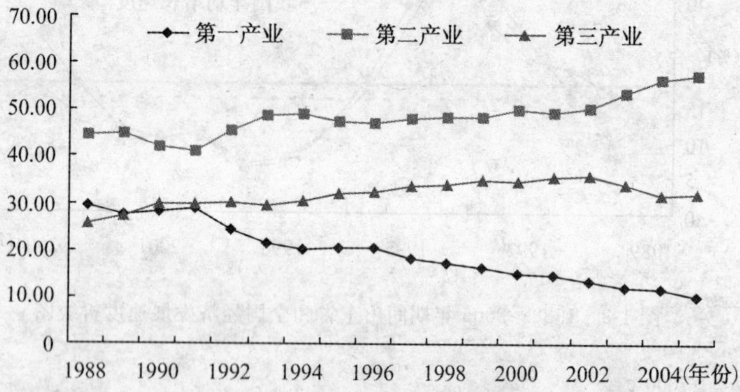

图 1-5　1988～2005 年期间山东省产业结构变化折线图

其中，第二产业中，轻重产业比例在 1988～2002 年间，除 1993 年有所微调外，其余年份基本持平，以重工业为主。但从 2003 年开始重工业比例开始大幅提升，由 2002 年轻重比 48.95：51.05 调整为 2005 年的 37.09：62.91，重工业所占比重上升了 11.86 个百分点(见图 1-6)，体现了山东省对重工业的扶持。重工业的发展在一定程度上刺激了山东省经济在短期内的快速发展，同时也刺激了大量原材料和能源的消耗，导致环境出现了一系列问题。

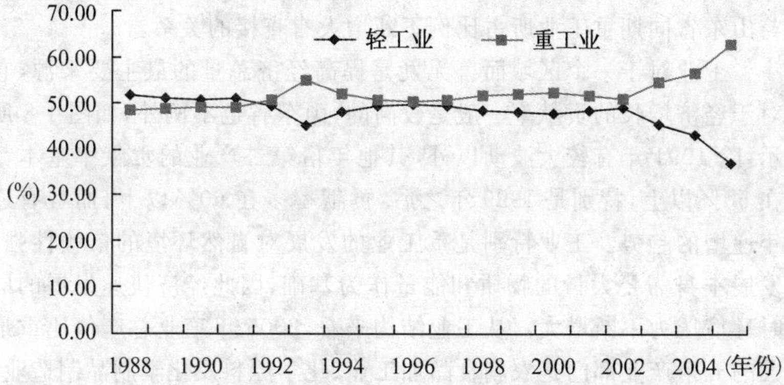

图 1-6 1988～2005 年期间山东省轻工业与重工业比例折线图

(四)经济增长方式粗放

山东省经济虽然近些年实现了高速发展的势头，但总体来说仍没有摆脱“高投入、低产出、高速度、低效益”的发展老路，目前传统式经济增长方式仍占主导地位。从图 1-7 可见，1988～2005 年期间，山东省万元 GDP 能耗和全国平均水平基本持平，甚至从 2002 年开

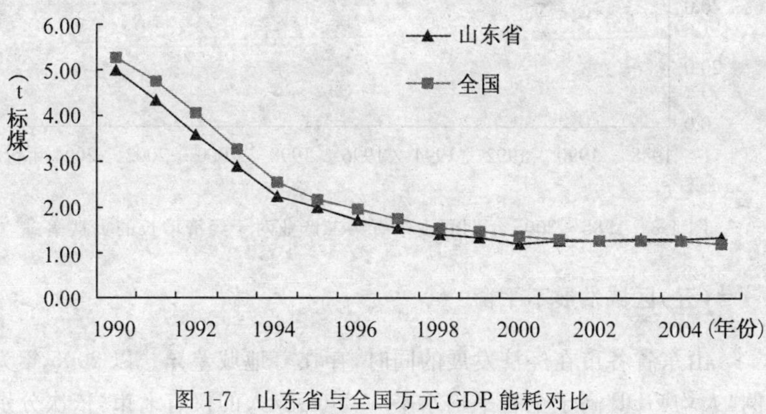

图 1-7 山东省与全国万元 GDP 能耗对比

始连续四年高于全国平均水平，且从 2000 年开始有增高的趋势，这与山东省同期重工业所占比例不断增大有直接的关系。

工业对于一个区域而言无疑是提高经济总量的最主要来源，它对于经济增长的贡献率一般是较高的，山东省也不例外，如图 1-8 所示，除 1991 年有较大波动以外，其他年份第二产业的贡献率基本都在 50%以上，特别是 1999 年之后，贡献率多在 60%以上，而且有逐年递增的趋势。工业特别是重工业的发展对自然环境的依赖性强，发展本身需要大量的物质和能量作为基础，因此经济快速发展的同时环境压力不断增大。从工业结构来看，2005 年工业总产值比重最大的五个产业部门是农副食品加工业、化学原料及化学制品制造业、纺织业、黑色金属冶炼及压延加工业和非金属矿物制品业，与 2000 年情况基本一致。这些都是资源依赖性强、环境污染贡献率较大的产业。

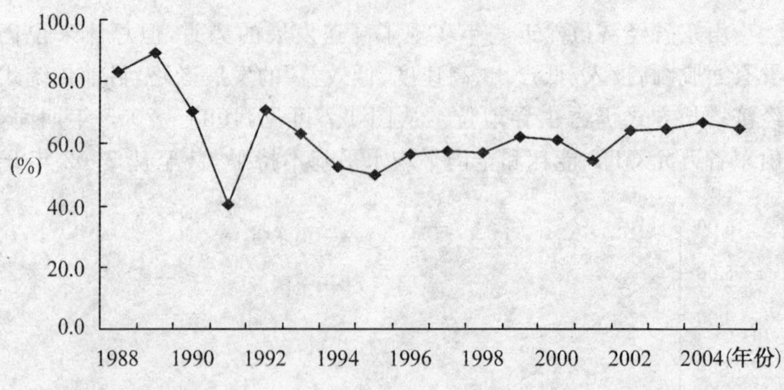

图 1-8　1988～2005 年期间山东省第二产业对于经济增长的贡献率

(五)区域发展不平衡

山东省各市在经济发展的同时，存在着地域差异。以 2005 年为例，人均 GDP 高于全省平均水平 20096 元/人的仅有七市，依次分别是东营市、威海市、青岛市、淄博市、济南市、烟台市和莱芜市，七市人均 GDP 与其余十市人均 GDP 相差达 1.36 倍。另外，如果以山东东西部来划分的话，山东半岛八市如青岛、济南、淄博、烟台、潍坊、威海、东营、日照，其人均 GDP 达到 29082 元/人，比其余西部九市人均 GDP 的 13634 元/人多出 1.13 倍，其中最高的东营市为最低的菏泽市的 10.76 倍。东西部差异较大，地区发展不平衡，从而进一步导致了基础设施、城市化水平、受教育程度等社会指标的差距明显拉大(见表 1-1)。作为连锁效应，这在一定程度上制约了全省经济又好又快地发展。

表 1-1　　山东省东西部基础设施对比

地区	人均城市建设维护基金(元)	燃气普及率(%)	供水普及率(%)	排水管道密度(km/km^2)	万人拥有公交车(台)	人均道路面积(m^2)	人均公共绿地面积(m^2)	建成区绿化覆盖率(%)
东部	2622	97.7	99.95	9.29	13.30	20.29	13.45	38.61
西部	1725	87.5	92.87	7.49	8.46	25.97	11.34	32.42
山东省平均	2262	96.0	98.35	8.38	10.23	21.76	13.70	36.60

资料来源：根据《山东省统计年鉴(2006)》计算得出。东部选取青岛、威海、烟台、潍坊四市，西部选取滨州、德州、聊城、菏泽和临沂五市。

(六)城市化水平不断提升

改革开发以来，山东省城市发展速度大大提高，城市化水平也不断攀升。由图 1-9 可见，山东省城市化由 1988 年的 16.32%上升到 2005 年的 34.16%，上升了 17.84 个百分点，相应增加了 1840 万非农人口，为山东省农业人口进行合理流转提供了强大的保障，同时也为山东省经济的持续快速发展注入了活力。这对于山东省现代化文明建设，创建和谐山东以及建设社会主义新农村都具有十分重要的意义。然而在全省城市化高速发展的同时，地域差别也在不断加大。以济南市与临沂市为例，两者在城市化水平不断加大的同时，差额也在不扩大，由 1988 年的 23.92 个百分点上升到 2005 年的 30.15 个百分点，这无疑加剧了不同地域之间的不平等竞争。而作为“马太效应”的后续反应，将会使得相对不发达地区在经济建设、城市建设、环境整治、招商引资等方面与发达城市信息不对等，进一步加大发展的差距。所以，有必要加快鲁南经济带的快速建设，以便形成新的经济增长极，实现落后地区的跳跃式发展，从而全面实现山东省由大省向强省的转变。

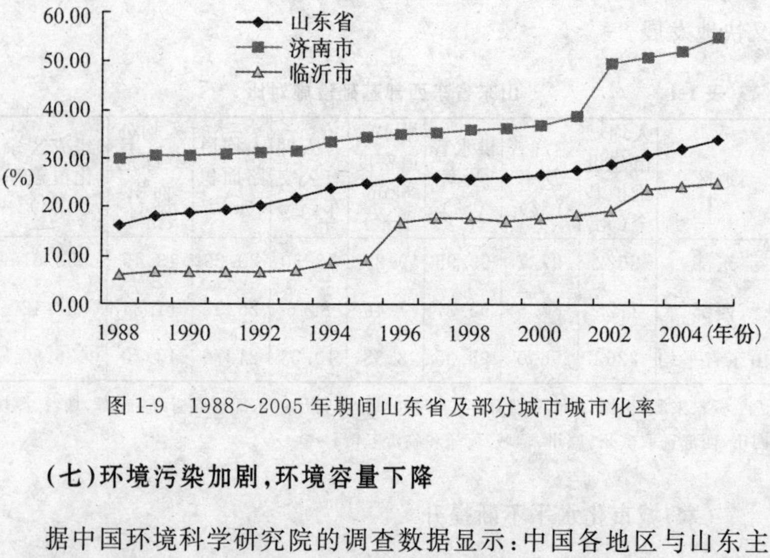

图 1-9 1988～2005 年期间山东省及部分城市城市化率

(七)环境污染加剧，环境容量下降

据中国环境科学研究院的调查数据显示：中国各地区与山东主要污染物比较中，山东省二氧化碳年排放量居全国第一位；烟尘、颗粒物排放量居第六位；废水排放量居第四位；COD 居第四位；工业固体废弃物排放量位居第五位。综合各种因素，山东环境可持续发展水平在全国仅居第十九位。

在污染排放方面，二次产业尤其是工业是三废排放的主要来源。在山东历年排放的三废组成中，工业废弃物一直占大部分。在废气排放总量中，工业排放量 2000 年以来就达到 90%以上。在废水排放总量中，2005 年工业废水排放占到 49.60%。另外，山东省工业三废污染物排放浓度一直居高不下，而且有不断提高的趋势，如图1-10、图1-11所示。同时，山东正处于工业化中期，第二产业比值比重不断提高，污染物的产生还会有较大的增长空间。而且工业三废综合治理程度较低，与沿海其他发达省份相比还有较大的差距。废水、废气、固体废弃物的排放量均高于全国的平均水平，环境容量极其有限。

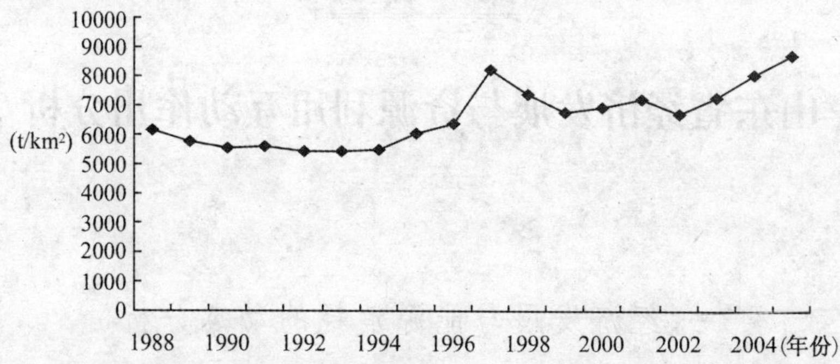

图1-10　1988～2005年期间山东省工业废水排放浓度曲线

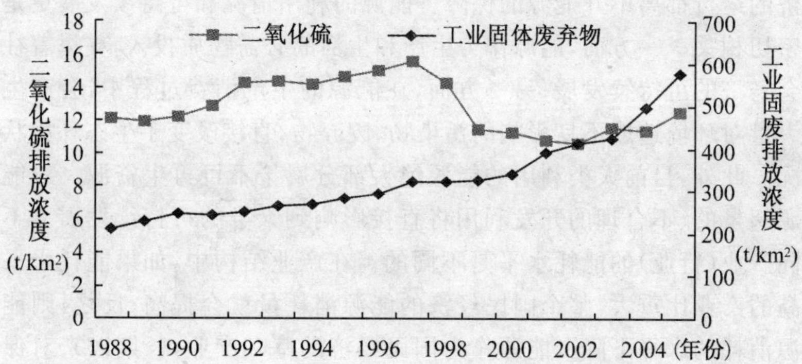

图1-11　1988～2005年期间山东省二氧化硫和工业固废产生量浓度曲线

第二部分

山东省经济发展与资源利用互动作用分析

一、经济发展与能源消耗的动态分析

能源是人类活动的重要物质基础，无论是家庭生活还是社会经济的运行都离不开能源的保障。能源的利用情况和可持续发展更是密切相关。一方面，能源作为生产和生活的必需物质投入，支撑着社会经济的可持续发展；另一方面，在能源的生产消费过程中，会产生大量对环境造成不良影响的污染物、废弃物，直接改变了生态环境状况。此外，目前人类利用的能源绝大部分属于不可再生资源。对能源超量的、不合理的开发利用将直接影响到人类的可持续发展。不同产业（行业）的能耗水平是不同的。在产业结构中，如果能耗水平高的产业比重大，整个国民经济的能源消耗量就会提高；反之，则能源消耗的水平下降。能源作为国民经济的基础产业，长期以来对保证国民经济持续、快速、健康发展和人民生活的改善发挥着十分重要的作用。近年来，伴随山东省经济的高速增长，经济规模进一步扩大，能源需求持续增长，经济社会发展和约束能耗增长矛盾日益突出。能源的消费是人类环境污染的主要原因。特别是对于大气污染，能源消费所造成的负面影响更为突出。

2004 年，山东全社会能源消费达 15902.2 万吨标煤，仅次于河北，超过广东、江苏等省，居全国第二位。能源消费总量多年来第一次超过生产总量，是生产总量的 1.1 倍，比上年增长 21.3%，增幅提高 2.6 个百分点。万元 GDP 能耗为 1.03 吨标煤，比上年降低约 0.03 吨标煤，扭转了近几年万元 GDP 能耗逐步上升的趋势，实现全社会节能 418.2 万吨标煤，相当于节约用电 340.3 亿千瓦时。2005 年，全省消费能源 2.36 亿吨标准煤，总量居全国第一位。与此同时，由于能源地质储量不足，“十一五”期间新增用能将主要依靠从省外调入，能源自给率不断降低，对外依存度越来越高。能源供应形势非常严峻。下面，我们通过山东省近年来能源利用结构的变动，揭示经济发展与能源消耗的互动关系。

(一)山东省能源供给结构变动

从山东省能源的产出情况来看(见表 2-1、图 2-1)，从 1997～2000 年，山东省能源生产总量一直呈下滑趋势，2000 年能源生产总量降低到 9657.36 万吨标煤。到 2001 年山东省能源生产总量达到历史新高，11560.58 万吨标煤。随后的三年里，能源生产总量持续上升，2004 年达到历史最高水平，14394.13 万吨标煤。而 2005 年，山东省能源生产总量却出现了下滑趋势，降低到 13994.02 万吨标煤。

表 2-1　　山东省能源生产总量与结构状况

类　别	1997 年	1998 年	1999 年	2000 年	2001 年	2002 年	2003 年	2004 年	2005 年
能源生产总量(折标准煤)/万吨标准煤	10629.10	10436.60	10331.25	9657.36	11560.58	13258.26	14383.87	14394.13	13994.02
原　煤/%	61.12	61.44	62.19	59.46	66.04	70.39	72.83	72.68	71.61
原　油/%	37.65	37.38	36.85	39.58	32.97	28.79	26.47	26.54	27.51
电　力/%	0.01	0.01	0.01	0.01	0.01	0.01	0.00	0.00	0.00

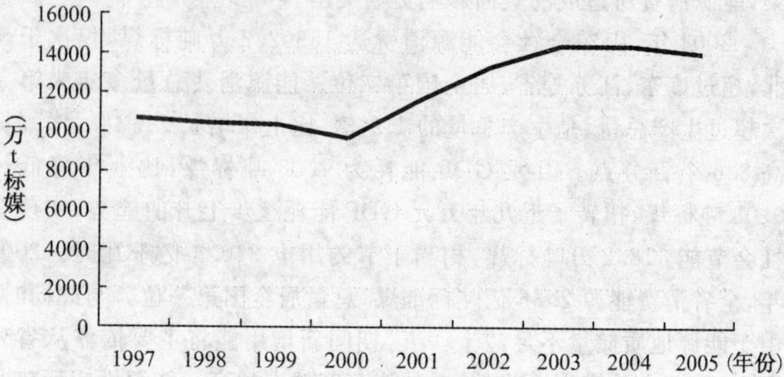

图 2-1　山东省历年能源生产总量情况

在能源消费中，又以原煤所占比重最大，从图 2-2 可以看出，在山东省一次能源消费结构中原煤所占比重均在 72%以上，消费量也是一路攀升，从 1990 年的 5702 万吨增加到了 2005 年的 20093 万吨，增加了 2.52 倍。

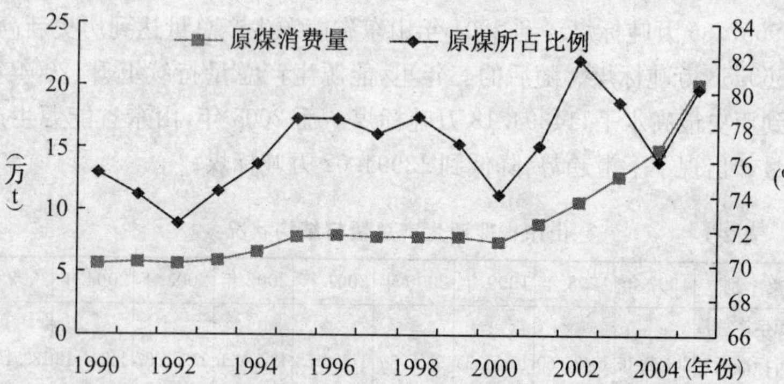

图 2-2　1990～2005 年山东省原煤消费量及原煤消费比重

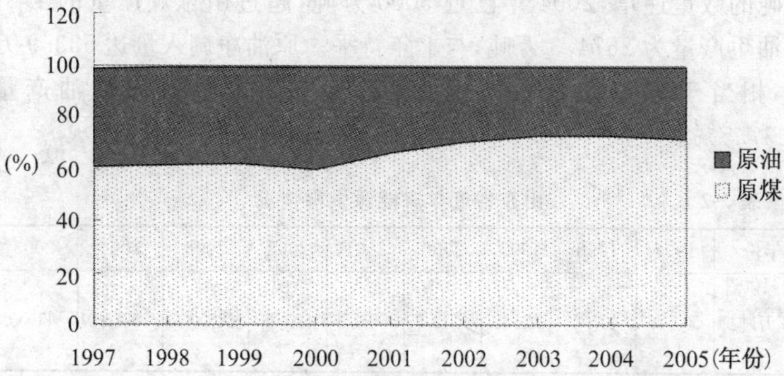

图 2-3 山东省历年能源生产构成情况

从能源生产构成情况来看(见表 2-1、图 2-3),电力的比重一直比较稳定,一直徘徊在 0.01%左右;原煤产量的比重一直居高不下,多年来一直在 59%以上,2000 年达到最低之后又持续猛增,最近四年一直在 70%以上,但从 2005 年的产量比重情况来看,其在能源产量中的比重有下降趋势;原油是山东省第二大生产能源,比重一直徘徊在 26%～40%之间,2001 年后由于原煤产量的大幅上涨,原油产量的比重也大幅下跌,但从 2005 年的形势看,山东省未来原油产量在能源中的比重有上涨态势。

从能源供需情况来看(见表 2-2),从 1997～1999 年期间,山东省能源生产仍可以维持自给自足的状态,并且有相当的能源消费剩余;2000～2001 年期间,山东省能源出现供不应求局面,但差额不是太大;2003 年之后,山东省能源出现大幅度的供不应求局面,2005 年能源生产与消费的差额竟达到了 11050.3 万吨标煤。也就是说,2005 年山东省消耗的能源中有近一半的能源是从外部获得的。可以看出,山东省对外部能源的依赖性明显增加。山东省统计局相关信息显示,2004 年,山东煤炭生产量为 14646.2 万吨,与上年持平。但煤炭净调入量达 3816.0 万吨,相当于煤炭产量的 26.1%,比上年猛增 21.6 个百分点。从近三年山西原煤的调入规模看,每年都以 1000

万吨的数量递增，2004 年已近 5000 万吨，超过山东煤产量的 1/3。原油生产量为 2674.3 万吨，与上年持平。原油净调入量达 533.9 万吨，相当于原油产量的二成，成品油净调出量占成品油产量的 37.5%。

表 2-2　　山东省近年来能源供需情况

年份	1997	1998	1999	2000	2001	2002	2003	2004	2005
能源供需差/万吨标煤	500.29	407.8	226.69	−319.75	−89.3	136.35	−1590.63	−5212.01	−11050.3

(二)能源消费结构变动与全国、国际发达国家比较

从山东省能源消费结构情况来看，原煤仍然是山东省主要用能，其次是原油，两大能源占了山东省耗能总量的 99%以上。从两大主要能源的变动趋势来看(见图 2-4)，原煤和原油在山东省能源消费中的比重呈现波动变化，但总体变化不大。原煤的消耗在山东省依然占主导地位，所占比重一直在 74%以上，原油的消耗在能源消耗中的比重基本徘徊在 17%～25%之间。

表 2-3　　山东省近年来能源消耗情况

类　别	1997 年	1998 年	1999 年	2000 年	2001 年	2002 年	2003 年	2004 年	2005 年
一次能源消费量(万 t 标煤)	10128.81	10028.80	10104.56	9977.11	11649.88	13121.91	15974.50	19606.14	25044.29
原煤(%)	77.53	78.53	76.99	74.09	76.87	81.84	79.47	75.98	80.23
原油(%)	21.56	20.64	22.28	25.36	21.80	17.73	19.80	23.29	18.82
电力(%)	0.01	0.01	0.01	0.01	0.01	0.01	0.00	0.00	0.00

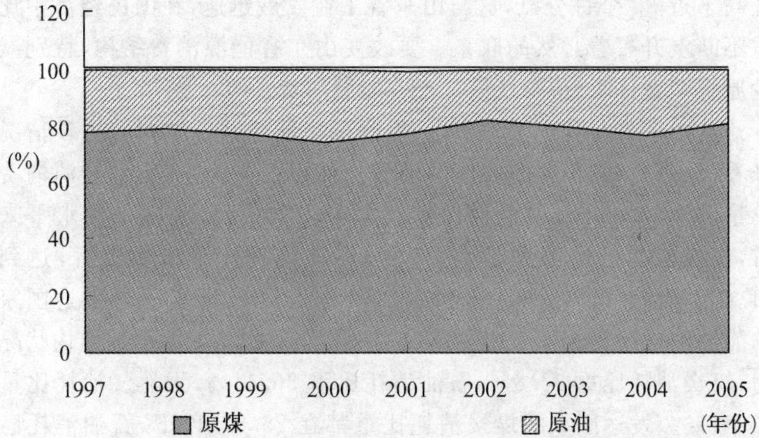

图 2-4　山东省能源消费结构变动情况

原煤是山东省主要消费能源，而三次产业中，以第二产业消费原煤最多(见图 2-5)。1988 年在终端能源消费量中原煤量为 3647.5 万吨，三次产业分别占到 13.01%、57.76%和 9.52%。到了 2005 年原煤消费量为 6423 万吨，相比 1988 年增长 76.09%，在三次产业之间的比例也发生了相应变化，调整为 2.87%、87.22%和 3.11%。第一产业所占比重大幅下降，而第二产业所占比重却大幅提高，相应

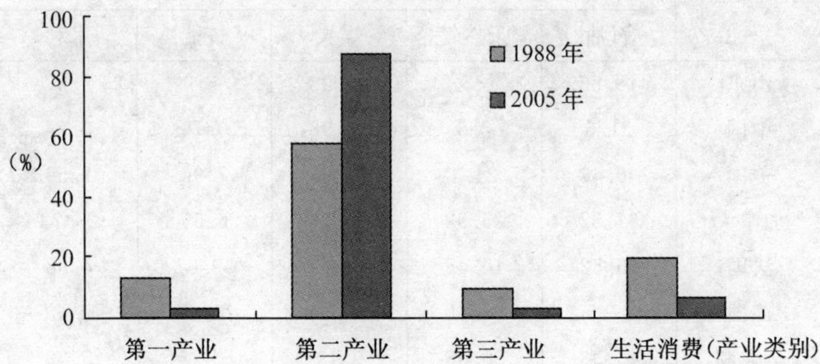

图 2-5　山东省原煤不同产业消费量比重

提高了近 30 个百分点，这与山东省工业发展迅速，在国民经济中比重不断上升有着必然的联系。要改变山东省能源消费结构，特别减少原煤消费比重，应加快第二产业能源消费升级。

从山东省与我国平均水平、发达国家能源消耗结构的比较情况来看(见表 2-4)，山东省的能源消费仍然以煤炭为主，占到能源消费总量的 80.23%，石油消耗比重仅为 18.82%。从我国平均水平来看，煤炭消耗已经降到了 68.98%，石油消耗比重有所上升，达到 21.6%，天然气消耗比重仍然较低，仅为 2.8%。但与国际发达国家的能源消耗结构相比较，仍然存在差距，全球平均能源消耗结构状况为:煤炭消耗比重 27.8%，石油消耗比重 36.41%，天然气消耗比重 23.49%。发达国家的煤炭消耗比重都在 25.5%以下，石油消耗已经成为能源消耗的主要潮流，比重基本在 30%以上，而且正在不断向以天然气消耗为主的能源消费方式转型，天然气消耗比重基本达到 13%以上，少数国家已经达到 30%以上。从国际发达国家能源需求形势来看，能源消费中以石油、天然气为主，煤炭的能源霸主地位早已过去，山东省应尽快实现能源消费结构的升级转化，逐渐向以石油、天然气等清洁能源的使用为主导的消费模式转变。

表 2-4　山东省与全国、世界发达国家能源消耗结构比较

	占能源消费总量的比重(%)				
	石油	天然气	煤炭	核能	水利
山东	18.82	—	80.23	—	—
中国	21.6	2.8	68.98	0.75	5.75
美国	40.43	24.4	24.63	7.96	2.59
加拿大	31.52	25.92	10.24	6.55	25.73
法国	35.52	15.45	5.07	39.07	4.88
德国	37.5	23.86	25.34	11.39	6.3
意大利	46.93	38.66	9.19	—	5.22

续表

英国	36.47	37.44	17.2	8.14	0.75
俄罗斯	19.13	53.65	16.42	4.99	5.83
日本	46.55	13.92	23.14	12.64	3.77
韩国	46.97	13.36	24.4	14.78	0.53
世界平均	36.41	23.49	27.8	5.95	6.35

(三)山东省能源消耗结构变动

1. 山东省一次能源消费结构

从总体来看山东经济快速增长，主要走的是外延式发展的道路，即主要靠增加资金、资源和劳动力的投入，过量消耗自然资源和破坏生态而取得的。这种增长模式是传统的非持续发展模式，这一发展模式加剧了原本已相当稀缺的资源的严重不足和环境的恶化。伴随着经济的发展，能源消耗不断加大，如图 2-6 所示。2006 年消耗 28158.48 万吨标煤，比 1990 年的 7567.49 万吨标煤，增加了 20590.99 万吨标煤，特别是从 2000 年左右开始随着工业中重工业的比例加大，能源消耗总量和速度有所抬升。由于粗放的经营方式，导致能源的利用效率低下，重复利用率很低。

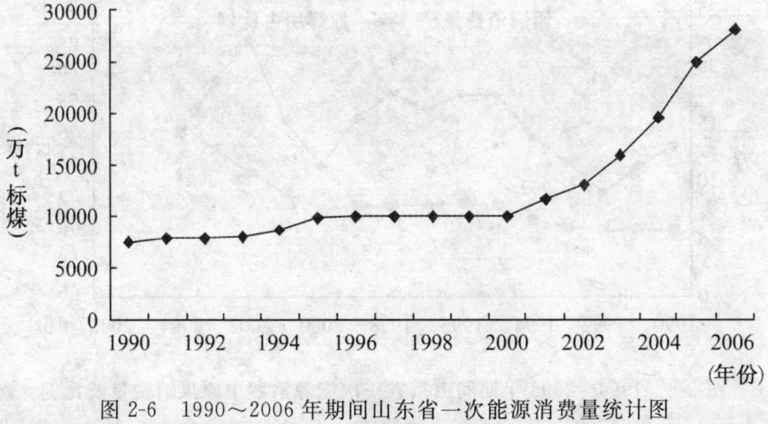

图 2-6 1990～2006 年期间山东省一次能源消费量统计图

另外,山东省的能源消费结构中,煤的消费始终占到70%以上,其中绝大数年份占到75%以上,而且从2000年开始煤所占比例有缓慢上升的趋势,如图2-6所示。能源消费结构中对环境污染较少的电力、天然气等相对清洁的能源所占份额相对较小,而原煤消费量却占到了绝对比重(见图2-7、图2-8),另外加上煤质不高,燃烧过程中产生大量污染气体,从而造成严重的煤烟型污染,特别是在冬季采暖期大气污染更为严重。主要污染物为总悬浮微粒物、二氧化硫和氮氧化合物。能源是支撑经济发展的血液,是国民经济持续发展和

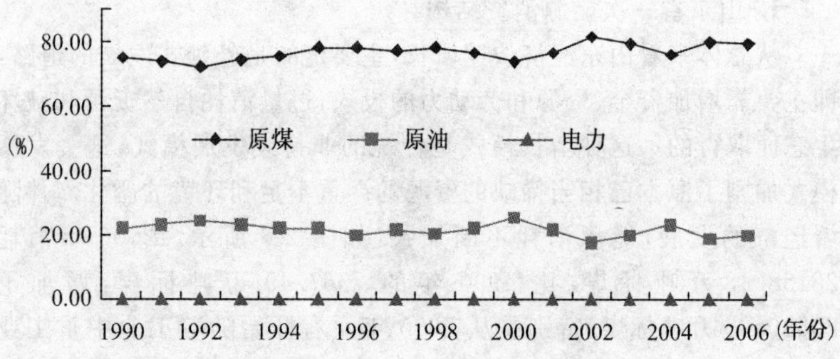

图2-7　1990～2006年期间山东省一次能源消费结构比例

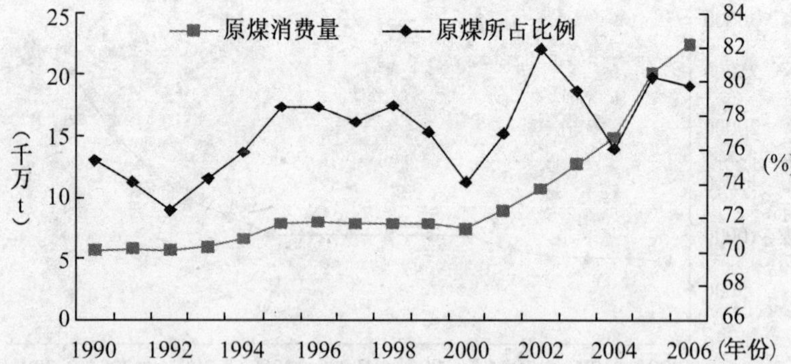

图2-8　1990～2006年期间山东省一次能源消费中原煤消费量及比例

人民生活水平不断提高的物质基础，是实现区域社会可持续发展中相互关联的经济、社会和环境目标的核心，但同时也是对环境有很大影响的污染源。

2. 山东省终端能源消费结构

山东省终端能源消费总量逐年增加，特别是从2003年开始，随着经济的快速发展，消耗能源的速度骤升（见图2-9）。在山东省终端能源消费结构中主要有四类，即原煤、电、油品和其他。其中，1998年原煤所占比重最大，占总耗能的47.02%，之后便有大幅度下降；其次是电力消费占到总耗能的比例是一个逐渐减少的过程；而油品则是一个不断上升的过程，特别是进入新世纪以来，社会工业发展与城市居民生活越来越离不开油品。同期其他能源如焦炭、柴油、可再生能源、热能等在能源终端消费结构中的比例没有太大变化（见图2-10）。

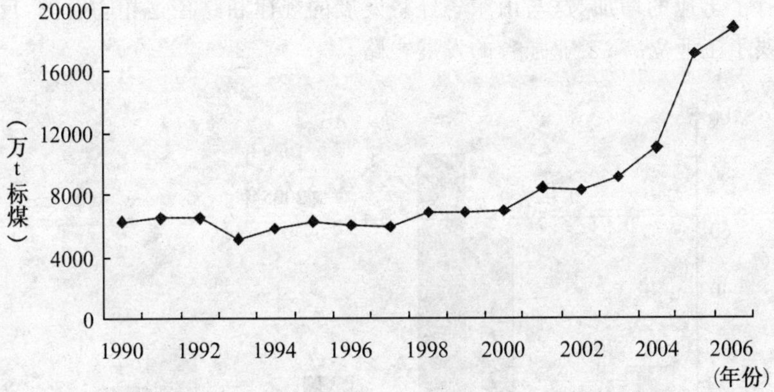

图2-9　1990～2006年山东省终端能源消费量

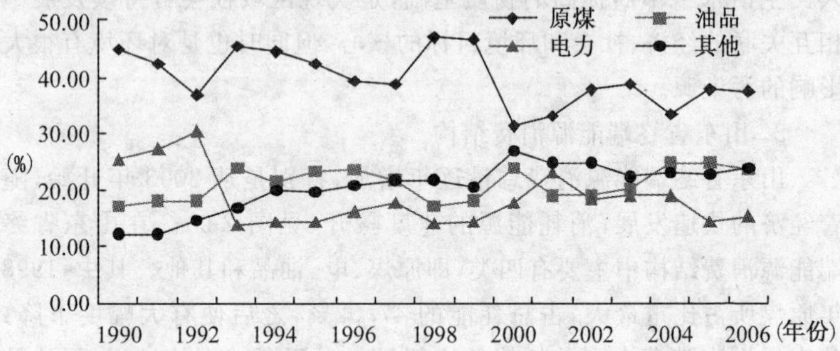

图 2-10 1990～2006 年山东省终端能源消费结构比例

3. 三次产业结构变动与能源消耗变动情况

从图 2-11 我们可以知道，山东省在第一、第三和生活消费领域终端能源消费比重所占份额是逐渐减少的，而第二产业所消耗能源有了迅速的增加，这与山东省经济发展的规律和路径是相吻合的，反映了工业立省、工业强省的发展之路。

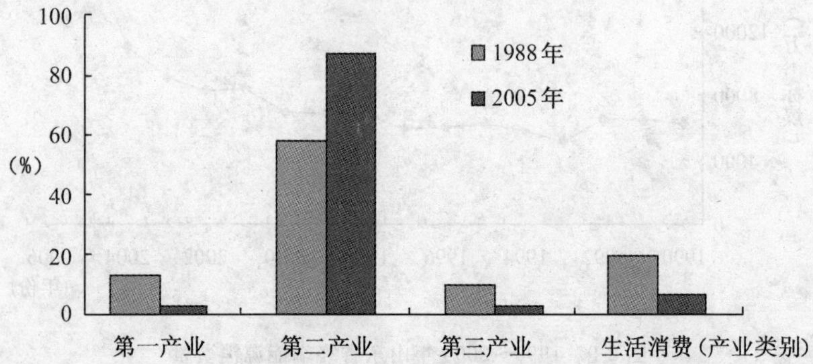

图 2-11 山东省终端能源消费在不同产业中所占比重

表 2-5 和表 2-6 分别是山东省近五年的三次产业产值比重和能耗比重的情况，图 2-12 更是清晰地反映了山东省近五年来三次产业

结构变动与三次产业能耗变动的互动趋势。从产值结构来看，山东省三次产业结构由 2001 年的 14.8：49.5：35.7 转变为 2005 年的 10.6：57.4：32，产业结构并未得到很好的优化改进，虽然第一产业比重有所下降，第二产业比重却更高了，而第三产业比重也有所降低，说明近五年山东省产业结构还没有完全实现转型，依然以工业经济为主，服务业发展步伐缓慢。

表 2-5　山东省三产产值比重情况　单位：%

	2001 年	2002 年	2003 年	2004 年	2005 年
第一产业	14.8	13.5	12.3	11.8	10.6
第二产业	49.5	50.5	53.7	56.5	57.4
第三产业	35.7	36.0	34.0	31.7	32.0

表 2-6　山东省三产能耗比重情况　单位：%

	2001 年	2002 年	2003 年	2004 年	2005 年
第一产业	1.79	2.06	4.37	2.21	4.06
第二产业	95.47	95.49	87.43	86.14	80.70
第三产业	2.74	2.45	8.20	11.66	15.23

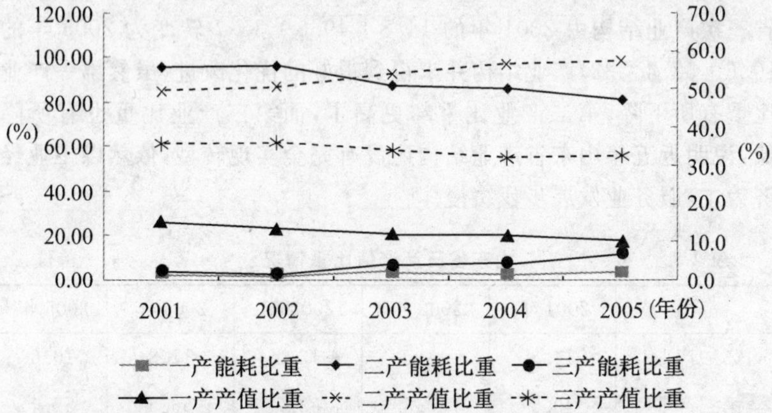

图 2-12　山东省三次产业产值比重与能耗比重对比情况

从三次产业的能耗结构情况来看，由 2001 年的 1.79：95.47：2.74 转变为 2005 年的 4.06：80.70：15.23。第一产业能耗总体呈现上升趋势，第二产业能耗有所下降，而第三产业能耗大幅上升。

对比山东省近五年三次产业结构变动与三次产业能耗变动情况，可以发现，山东省三次产业能耗与三次产业结构调整存在明显背道而驰的现象。五年中，第一产业产值比重下降，而第一产业能耗却有上升趋势，第二产业产值比重上升，而第二产业能耗却有下降趋势，第三产业产值比重下降，而第三产业能耗反而上升迅速。由此可以推断出，山东省第一产业和第三产业存在比较严重的能源浪费情况，而第二产业对能源的利用却有所节约。表 2-7 的山东省三次产业万元 GDP 能耗情况也反映了类似的信息。第二产业万元 GDP 能耗由 2001 年的 6.29 吨标准煤降低到 2005 年的 1.19 标准煤，第三产业万元 GDP 能耗却由 2001 年的 0.25 吨标准煤增长到 2005 年的 0.4 吨标准煤。第一产业万元 GDP 能耗先是上升，后又有所回落，基本和第一产业耗能比重情况一致。

表 2-7　　山东省三次产业万元 GDP 能耗　　单位:吨标煤

	2001 年	2002 年	2003 年	2004 年	2005 年
第一产业	0.40	0.46	0.51	0.13	0.32
第二产业	6.29	5.68	2.32	1.04	1.19
第三产业	0.25	0.20	0.34	0.25	0.40

我们认为,出现这种现象的原因主要有两个方面:一方面,山东省经历了多年的高能源消耗的粗放式经济增长方式之后,开始逐渐进行经济增长方式的转变,变粗放式增长为集约式增长,开始寻求通过科学技术拉动经济增长,用科技进步来替代有形资源的消耗。而此模式的实行主要在第二产业的工业部门,因此,致使近几年山东省第二产业的高能耗现象有所改观,单位 GDP 能耗下降。另一方面,第三产业的能耗包括交通领域的能源消耗数据,而随着近期山东省公共交通事业的迅速发展,车辆油耗必然增加。据 2006 年《山东省统计年鉴》数据显示,2005 年山东省第三产业共消耗各类石油折合 1842.9 万吨标准煤,其中交通运输、仓储和邮政业消耗 1520.4 万吨标煤,占了 82.5%。因此,各类车辆的猛增应该是近年来山东省第三产业耗能比重上升的主导因素。

从上述分析来看,山东省要建设资源节约型社会,降低 GDP 能耗,仍然要从工业入手,因为第二产业既是山东省未来一段时期内的主导产业,也是未来时期资源消耗的主要产业。但同时要做好第一产业和新型服务业发展中的资源节约工作。近年来,山东省第一产业和第三产业的发展所消耗的能源在总能源消耗中的比重都有上升趋势,且第三产业的 GDP 能耗持续上升,如果不能及时做好第一产业和第三产业发展中的资源节约工作,两者可能会成为山东省新的能源浪费产业。特别是伴随着未来机动车数量的剧增,第三产业将可能成为未来山东省实现资源节约化道路的主要制约产业。

4. 行业消费结构变动

工业是主要耗能产业。2004 年，在能源消费总量中，工业消费占 84.2%，比上年提高 0.3 个百分点。其中，工业煤炭、电力消费占全社会煤炭、电力消费的比重分别为 95.9%、78.1%，比上年分别提高 1.2 个、1.4 个百分点。全部工业万元增加值能耗达 1.72 吨标煤，比上年降低 0.05 吨标煤，实现工业节能 390.0 万吨标煤，占全省节能总量的 93.2%。

工业耗能重心在制造业。从规模以上工业消费的主要能源品种看，煤炭的 51.0%、焦炭的 99.1%、汽油的 75.5%、柴油的 64.6%、燃料油的 97.8%、电力的 76.3%都集中在制造业，并且比重比去年均有不同程度的提高。其中，煤炭、焦炭分别提高 5.6 个、19.7 个百分点，汽油、柴油、燃料油三大成品油分别提高 3.1 个、1.7 个、10.7 个百分点，电力提高 1.2 个百分点。

高能耗传统行业的能源消费比重进一步提高。纺织、造纸、炼油炼焦、化工、建材、冶金六大行业既是山东的支柱产业，也是山东的高耗能行业。从煤炭、电力消费的行业分布看，这六大行业分别占制造业消费量的 86.4%和 74.9%，均比上年提高 1.4 个百分点。但从增加值的行业分布看，这六大行业占制造业的比重仅为 40.4%。

先进制造业的能源消费比重降低。从煤炭、电力消费的行业分布看，以金属制品、通用设备、专用设备、交通运输设备、电气机械及器材、通信设备计算机和其他电子设备、仪器仪表及文化办公用机械制造等七大行业为内容的装备制造业的消费量，分别占制造业消费的 2.3%和 9.7%，比上年分别降低 0.4 个和 0.3 个百分点。医药、电气机械及器材、通信设备计算机和其他电子设备、仪器仪表及文化办公用机械制造等四大高新技术产业的消费比重，分别为 1.0%和 3.6%，煤炭消费比上年降低 0.2 个百分点，电力消费与上年持平。

5. 居民生活能源消费结构变动

图 2-13 反映了近十年来山东省主要生活能源的消费比重变动情况。从中可以看出，从 1997～2005 年期间，煤炭消费在能源消费中的比重明显下降，汽油消费在保持了一段平稳发展之后也出现下

降的趋势，而液化石油气的消费比重则出现了缓慢上升的趋势，特别是最近两年，液化石油气的消费比重明显增加。三种能源相比较而言，汽油比煤炭要清洁，液化石油气则比汽油要清洁。这种能源消费结构的变动反映了近些年山东省居民生活方式的提升，说明山东省的居民生活方式正不断走出传统的依赖煤炭为主要能源的时代，不断向使用清洁能源的高质量生活方式转型。

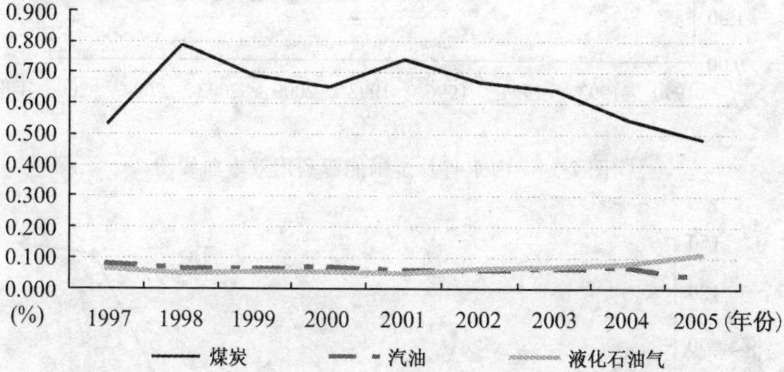

图 2-13 山东省居民生活能源消费比重变动情况

(四)山东省能源利用水平及利用效率分析

用万元 GDP 能耗和人均能耗分别表示山东省能源利用效率和利用水平。从图 2-14 可见，1990～2006 年 17 年以来，山东省能源利用效率不断提高，万元 GDP 能耗从 1990 年的 5.01TCE/万元降到 2006 年的 1.28TCE/万元，能源利用效率大为提高，并且高于同期全国的平均水平；同期人均能耗 2004 年以前缓慢上升(见图 2-15)，以后则相对高速增加，这与整个能源消费量变化趋势是一致的。

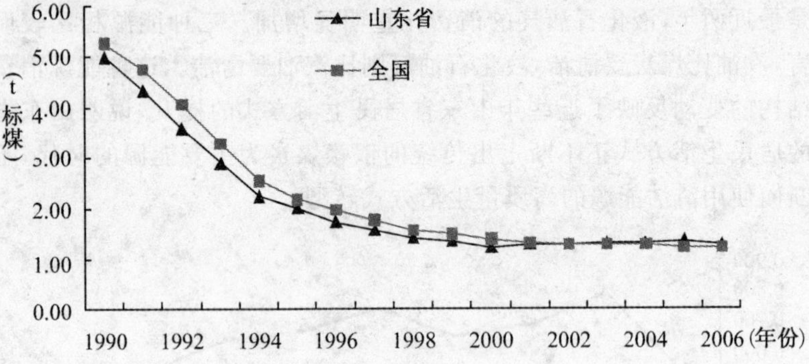

图 2-14　山东省及全国能源利用效率曲线图

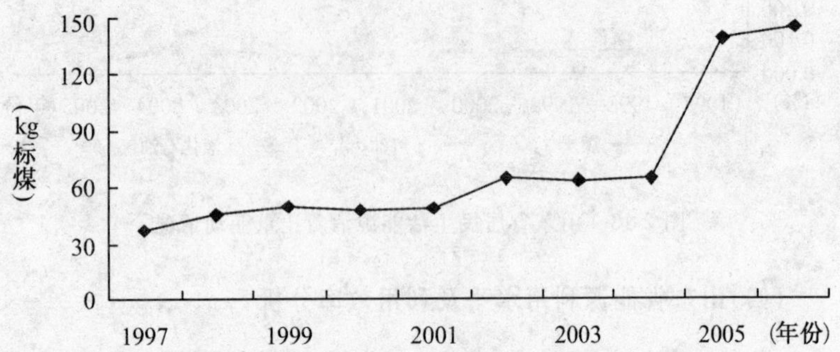

图 2-15　山东省人均年生活能源消费量统计

(五)山东省能源消费中存在的问题

从山东省一次能源消费结构、终端能源消费结构以及不同产业能源消费结构来看,尽管山东省能源消费结构在不断调整优化之中,但目前仍存在着不甚合理之处。煤及煤制品在能源消费结构中的比例偏大,可再生能源、天然气、电力等清洁能源比例偏小。以煤为主的能源消费结构是造成城市大气污染的根本原因,特别是在冬季采暖期煤烟型污染是困扰山东省城市可持续发展的一个长期的问题。另外，由于技术设备落后，虽然近几年能源利用效率有所提高，但总体水平仍然偏低，能源消耗系数高，单位 GDP 或产品能耗量大。全省产业结构水平低，高能耗的第二产业比例偏大，而且在第二产业中轻重工业比例严重失调，这些重工业都是高能耗、高物耗和高污染的三高产业，是山东省环境污染的重点污染源。

（六）山东省经济增长与能源消费结构关系

经济增长必须消费能源，能源消费弹性系数反映经济每增长一个百分点，相应能源消费需要增长多少个百分点，即某一时期能源消费的增长率与 GDP 增长率的比值。如能源消费弹性系数小于 1，则本年单位不变价 GDP 能耗比上年降低；如能源消费弹性系数大于 1，则本年单位不变价 GDP 能耗比上年上升；如能源消费弹性系数等于 1，则本年单位不变价 GDP 能耗与上年持平。因此，能源消费弹性系数越大，从某种意义上讲，意味着经济增长利用能源效率越低，反之则越高。

从山东省近 15 年的能源消费弹性系数变动情况来看（见表 2-8），2001 年以前，除了 1998 年弹性系数超过 1 以外，其余年份均小于 1，说明此段时期，山东省每年的 GDP 能耗还是较低的；2001 年之后，能源消费弹性系数始终大于 1，2002 年达到最高值。此段时期，山东省每年的 GDP 能耗都高居不下，2004 年，山东省能耗居全国第二位，2005 年则高居全国首位，也从侧面反映了山东省近几年的 GDP 高速增长的一个主因——粗放式经济增长模式。但从能源消费弹性系数的总体变动趋势来看（见图 2-16），山东省能源消费弹性系数有变缓的趋势，近两年，能源消费弹性系数还有所下降。可见，山东省的 GDP 能耗终结了持续上升的趋势，开始有所改观，并有不断向能源节约型经济增长模式转型的迹象。

表 2-8 山东省能源消费弹性系数

年份	地区生产总值比上年增长(%)	能源消费比上年增长(%)	能源消费弹性系数
1990	16.47619	3.46	0.21
1991	20.33333	3.05	0.15
1992	21.33333	1.92	0.09
1993	20.36	−1.07	−0.05
1994	39.66667	13.09	0.33
1995	29.38889	10.58	0.36
1996	19.5	3.12	0.16
1997	11.09	−0.02	0.00
1998	11.54545	12.70	1.10
1999	0.252874	0.22	0.87
2000	10.28	−9.17	−0.89
2001	10.1068	10.41	1.03
2002	11.57692	18.06	1.56
2003	13.77941	18.74	1.36
2004	15.32374	21.30	1.39
2005	15.21212	20.08	1.32

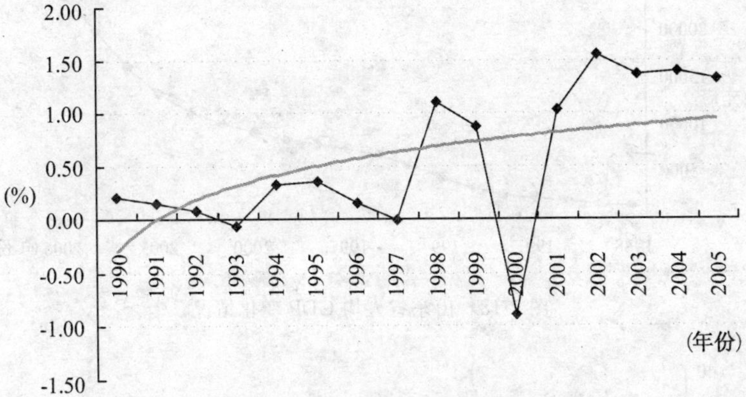

图 2-16　山东省能源消耗弹性系数变动曲线

随着城市的快速发展，经济总量的提升以及产业结构的变化，能源消费结构、方式等也随之发生变化。能源消费在促进城市社会经济发展的同时，也对城市生态系统产生了负面影响，如以煤为主的能源消费结构，造成城市煤烟型污染的大气环境，进而影响城市居民的生理健康；大量能源的消费，使得温室气体排放增加，带来城市热岛效应强度加剧等环境负效应。

（七）城市化发展与能源消费互动分析

伴随着经济快速发展的是人均 GDP 的增加，从图 2-18 可以看出人均 GDP 的变化趋势与山东省经济发展情况正好吻合。山东省城市化速度从 1988 年开始一直比较平稳，呈现逐渐提高的趋势，期间没有太大的波澜（见图 2-19）。城市化率由 1988 年的 16.32％提高到 2006 年的 35％，非农人口由 1307 万人增加到 3228 万人，增加 1.5 倍左右。

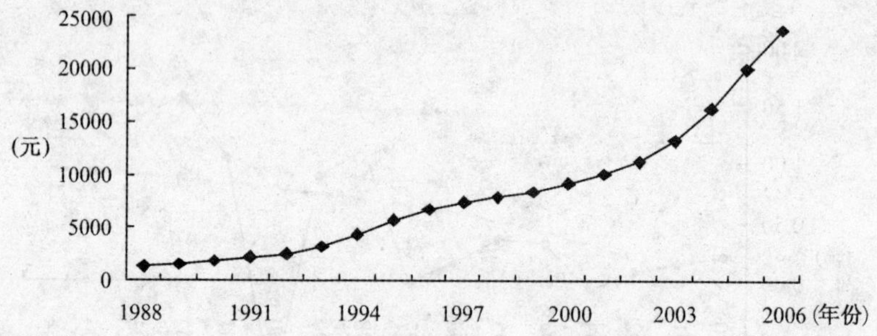

图 2-18　山东省人均 GDP 变化情况

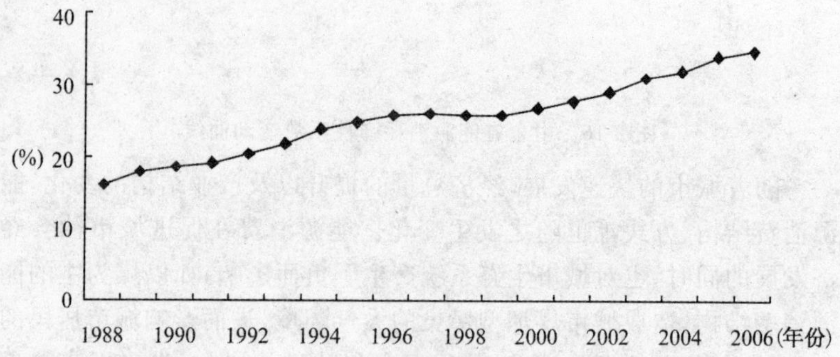

图 2-19　1988～2006 年山东省城市化率变化

城镇生态系统是一个巨大的耗散结构系统，随着山东省城市化水平的提高和社会经济的快速发展，必须以消耗大量的能源作为基础保障。城市人口、经济总量、城市的产业结构都是影响能源消费水平、消费方式的关键因素。本节采用多元通径分析模型，定量分析山东省城市化发展与能源消费的关系。

1. 模型建立

Y 为能源消费量。

选取下列 4 个指标作为影响山东省能源消费因素的自变量：

X_1 为城市化率；X_2 为人均 GDP；X_3 为单位 GDP 能耗；X_4 为人

均耗能。

设自变量与因变量之间呈如下线性关系：

$$Y=\beta_0+\beta_1X_1+\beta_2X_2+\cdots+\beta_nX_n+e$$

在应用模型开始计算之前，应先将1990～2006年数据进行归一化无量纲处理，然后按照步骤分别计算。

2. 通径分析

计算自变量指标间的相关系数矩阵 r_{ij}

表 2-9　　影响因素指标的相关系数矩阵

影响因素	城市化率	人均 GDP	单位 GDP 能耗	人均能耗
X_1	1			
X_2	0.9369	1		
X_3	−0.9026	−0.9321	1	
X_4	0.7198	0.7888	−0.8613	1

计算因变量与影响因素之间的相关系数矩阵 r_{iY}

表 2-10　因变量与影响因素的各指标之间的相关系数矩阵

因变量	城市化率	人均 GDP	单位 GDP 能耗	人均能耗
Y	0.8719	0.9082	−0.9376	0.9037

解正规矩阵方程，求出通径系数矩阵 P_{iY}

表 2-11　　影响因素对因变量指标的通径系数矩阵

因变量	城市化率	人均 GDP	单位 GDP 能耗	人均能耗
Y	0.4286	−0.1565	−0.2293	0.5004

计算影响因素的直接、间接影响力和通径剩余效应

表 2-12　影响因素对能源消费量的直接影响和间接影响

影响因素	X_1	X_2	X_3	X_4	间接影响总计	直接影响
X_1	0.4286	−0.1546	0.2182	0.3797	0.4433	0.4286
X_2	0.4232	−0.1565	0.2253	0.4160	1.0646	−0.1565
X_3	−0.4078	0.1539	−0.2293	−0.4544	−0.7083	−0.2293
X_4	0.3252	−0.1301	0.2082	0.5004	0.4032	0.5004

（注:表中带下划线者为该因素对因变量的直接影响力）

在各影响因素对能源消费量的通径分析中,计算出不可控因素对能源消费量的剩余通径效应为0.0235,说明上述自变量基本涵盖了对因变量的影响的主要因素。

3. 结果分析

从上表可见,自变量与因变量的相关系数均大于0.87,说明自变量与因变量相关度均很高,其中相关性:单位 GDP 能耗＞人均 GDP＞人均耗能＞城市化率,而且单位 GDP 能耗与能源消费总量之间成负向相关关系。在对因变量直接影响方面,人均耗能＞城市化率,并且为正向影响;|单位 GDP 耗能|＞|人均 GDP|,对自变量为负向影响。城市化率对能源消费量的影响是正向的,说明城市化率越高,城市在发生量变和质变的同时越需要大量的物质、能量来做基础支撑,因而需要的能源供应也就越大。可见,随着山东省整体城市化进程的加快,能源需求仍会有增加。另外,城市化率是通过其他因素来共同影响能源消费量的,其间接影响＞直接影响,但两者相差不大。人均 GDP 对能源消费的影响是负向的,人均 GDP 在一定程度上代表了城市化质量、城市化水平,随着城市化水平和质量的提高,开始关注环境而减少有害环境的能源消费,所以人均 GDP 增加会直接削弱能源消费。至于人均 GDP 与能源高度相关,其缘由是人均 GDP 通过其他三个因素而对能源产生正向间接效应,且间接影响力度又远远大于直接影响力度,两者融合便产生了变化趋势上的高度相关,这一点是只作相关分析所无法解释的。单位 GDP 能耗无论

对能源消耗量的直接影响还是间接影响都是负向的，说明单位 GDP 能耗的降低，代表了技术水平和设备得到了改善，从而进一步推动城市经济和城市化的发展，进而引起能源消费大量增加。人均能耗则和能源消费量成正向关联，随城市不断发展，有庞大的人口基数作为支撑，人均能耗的多少不管直接间接都会对能源消费量产生同向作用。

综上所述，城市化率和人均耗能对能源消费量的直接影响最大，且同向变化。人均 GDP 则主要通过其他因素对能源消费量起作用，而且间接正向影响大于直接负向影响，因为人均 GDP 直接是城市人口和城市经济总量的一种变通。而单位 GDP 能耗对能源消费为负向影响。另外城市化率和人均耗能起到的中介作用非同寻常，其他因素通过这两个因素起中介作用的影响和机会最大。

二、经济发展与水资源利用的动态分析

山东省是中国极度缺水的省份之一，全省当地地表水量多年平均为 228 亿 m^3，地下水资源量多年平均为 157.3 亿 m^3，扣除两者重复计算量 77.3 亿 m^3，全省水资源总量为 308 亿 m^3，仅占全国水资源总量 28124 亿 m^3 的 1.1%，人均水资源量仅为 359 m^3，不足全国人均的 1/6，远远低于国际公认的维持一个地区社会经济可持续发展所必需的 1000 m^3 的下限值。水资源不足已成为山东社会经济发展的“瓶颈”。

(一)山东省水资源利用状况及存在问题

1. 山东省水资源供给状况

从图 2-20 中可以看出，近五年中，山东省的供水结构发生了较为明显的变化。地下水供水仍然在山东省供水中处于垄断地位，在总供水中的比重持续下降，由 2001 年的 52.91%下降到 2005 年的 48.65%，而当地地表水供水与引黄供水呈现互动进退趋势，有比较

明显的负相关性。2001～2002 年期间，引黄供水比重有所上升，与此同时当地地表水供水比重则出现下降趋势；2002～2005 年期间，引黄供水比重出现下降态势，而当地地表水供水比重则不断上升。其他途径的供水比重呈波动性变化，但比重一直较小。

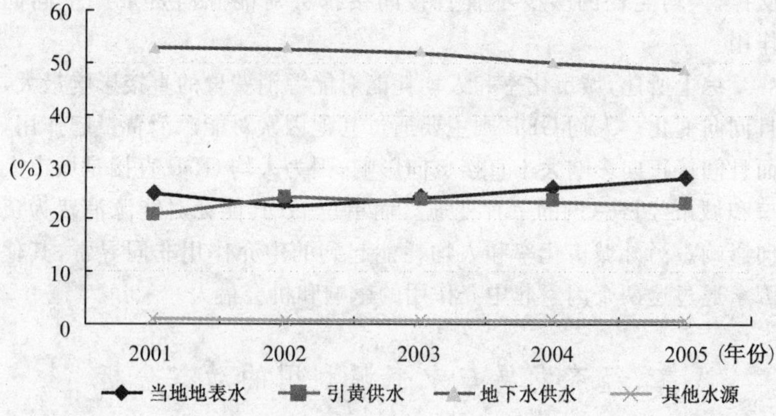

图 2-20　山东省供水结构变动状况

2. 山东省水资源利用结构变动分析

改革开放以来，随着山东省经济的高速增长，水资源的需求量也不断增加，用水总量由 1987 年的 197.94 亿 m^3 增长到 2001 年的 252.72 亿 m^3，年均增长 1.89%。然而 2001 年之后，随着山东省经济的增长，水资源的需求量却呈现出下降趋势。从图 2-21 中可以清楚地看到，山东省用水总量近五年持续下降，从 2001 年的 252.718 亿 m^3 降到 2005 年的 211.03 亿 m^3。从表 2-13 中的数据可以看出，农田灌溉用水、工业用水和生活用水的减少应该是山东省近五年用水量下降的主要因素。其中，农田灌溉用水从 2001 年的 167.32 亿 m^3 降低到 2005 年的 141.49 亿 m^3，工业用水由 2001 年的 41.91 亿 m^3 减少为 2005 年的 21.76 亿 m^3，生活用水由 2001 年的 27.9 亿 m^3 减少为 2005 年的 21.39 亿 m^3。

这些变化主要归功于山东省近几年做出的节水举措。山东省提出取水许可坚持“五不批”原则，即：未开展水资源论证的不审批、中水利用量低于 1/3 的不审批、以地下水为主要水源的不审批、未配套建设节水设施的不审批、废水未合理利用的不审批。通过严格管理，城市、工业用水水源结构发生了较大变化，地下水利用量由 2000 年的 54%下降到 2004 年的 50%。此外，全省农业节水灌溉面积发展到 5000 多万亩，高标准、高技术含量的农田节水灌溉面积已发展到 1000 多万亩。工业方面，“十五”以来先后整顿、关停、淘汰“五小”及新“六小”企业 5000 多家，对污染重、耗水高的 3500 个工业企业进行重点治理整顿。另外，加强了企业用水管理，全省累计完成企业水平衡测试 1500 个，所有工业企业采取了“三级计量”措施，企业取水计量率达到 100%。

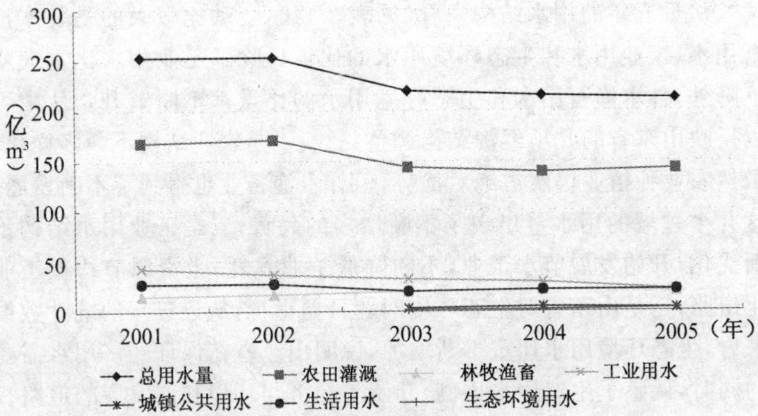

图 2-21　山东省水资源利用变动曲线

表 2-13　山东省近五年水资源利用结构情况　单位：亿 m^3

年份	总用水量	农田灌溉	林牧渔畜	工业用水	城镇公共用水	生活用水	生态环境用水
2001	252.718	167.32	15.59	41.91	—	27.9	—

续表

2002	252.39	170.98	17.29	36.59	—	27.53	—
2003	219.35	142.87	19.67	31.62	3.59	20.22	1.38
2004	214.88	138.78	21.36	28.39	3.97	20.7	1.68
2005	211.03	141.49	20.24	21.76	3.78	21.39	2.37

通过一系列措施的整顿，山东水资源年利用总量由2001年的252.72亿m^3下降到2005年的211.03亿m^3左右，实现了增产增效不增水。2005年，万元GDP取水量约为125m^3，工业用水重复利用率为65%，万元工业增加值用水量为36m^3，农业灌溉水利用系数为0.55，各项指标都排在全国前列。

从近五年的用水结构来看(见表2-14)，变动比较大的是林木渔畜用水、工业用水和生态环境用水的比重。除了工业用水比重大幅下降外，林木渔畜用水和生态环境用水的比重都不断上升。从中可以反映山东省的几项经济结构调整路线：一是农业结构不断多样化，虽然农业种植业仍然占绝对优势，但林木渔畜业也得到了不断发展，这几个领域的用水量出现了不断增多的趋势；二是工业用水结构不断优化，开始发展节水工业，不断降低工业水耗，走资源节约型工业化道路；三是山东省对生态环境问题日益重视，从近三年的统计数据来看，生态环境用水比重不断增加，说明山东省在保证经济用水需要的同时，调整了生态用水比例，开始了经济与环境和谐发展的道路。

表2-14　山东省近几年用水结构情况

年份	总用水量/亿m^3	各类用水所占比重(%)					
		农田灌溉用水	林木渔畜用水	工业用水	城镇公共用水	生活用水	生态环境用水
2001	252.718	66.21	6.17	16.58	—	11.04	—
2002	252.39	67.74	6.85	14.5	—	10.91	—

续表

2003	219.35	65.13	8.97	14.42	1.64	9.22	0.62
2004	214.88	64.59	9.94	13.21	1.85	9.63	0.78
2005	211.03	67.05	9.59	10.31	1.79	10.14	1.12

(二)山东省水资源承载力分析

面对我国水资源日益贫乏的情况,我国学者在可持续发展理论框架下提出了水资源(环境)承载力的概念。2001 年,时任国家水利部部长的汪恕诚在中国水利学会成立 70 周年讲话中曾指出,水资源承载能力指的是在一定流域或区域内,其自身的水资源能够持续支撑经济社会发展规模,并维系良好的生态系统的能力。经济社会发展在水资源承载能力以内,就能实现可持续发展;超越了,发展就会失去物质基础,造成生态系统破坏,生存条件恶化。惠泱河二元模式下水资源认为,水资源承载力可理解为某一区域的水资源条件在自然——人工二元模式影响下,以可预见的技术、经济、社会发展水平及水资源的动态变化为依据,以可持续发展为原则,以维护生态良性循环发展为条件,经过合理优化配置,对该地区社会经济发展所能提供的最大支撑能力。该定义充分考虑了人类活动影响对水资源系统的干预和水循环过程的影响作用,并强调了动态发展的观念。

由于当代的水循环已经不是纯自然的循环模式了,实际上已经是自然——人工水循环模式,因此,水资源承载力问题就必须考虑不同历史发展阶段的社会经济发展水平、水资源开发的现状和趋势以及水资源的储量。所以,水资源承载力具体是指在当时的技术条件下,人类已经开发利用的各种水利工程和供水设施可以提供给人类社会经济发展的水资源的支撑能力。

鉴于以上分析,本文依据 Somlyody's 和 Varis's 提出的总体(宏观)观察和综合的方法,应用自然科学和社会科学相结合的方法,从资源与社会经济发展相结合的角度来研究水资源的承载能力。

1. 利用山东省近十年(1995～2005年)的相关数据资料对人口、工业总产值、耕地面积、灌溉面积等指标,采用多元回归方法进行趋势分析,预测结果见表2-15。

表2-15　　山东省社会经济发展相关指标预测

年　份	2010	2015	2020	2025	2030
城镇人口(万人)	4813.75	5532.70	6333.06	7113.22	7981.43
农村人口(万人)	4813.75	4526.76	4222.04	4001.19	3755.97
工业总产值(亿元)	73953.76	135217.9	216570	318010.1	439538.2
耕地面积(公顷)	6703467	6645372	6605514	6575184	6550716
有效灌溉面积(公顷)	4833267	4928607	5005724	5059341	5087352

注:人口根据山东省城市发展规划和相关社会经济发展规划,按照相应的城市化比率预测;工业总产值通过多元回归方法预测;由于耕地变化的细微性和限制性,耕地通过指数回归方法预测;有效灌溉面积根据耕地面积变化,结合有效灌溉面积占耕地面积比重的增长率曲线进行预测。

2. 根据上述指标的预测结果,根据各指标的年递增率,利用自然趋势法,结合山东省社会经济发展规划,分别确定山东省未来农业灌溉用水量、工业产值用水量和生活用水量(见表2-16)。

表2-16　　山东省未来用水量预测

年　份	2010	2015	2020	2025	2030
平均城镇用水量(m^3/人·年)	47.744	50.967	54.189	57.883	61.576
平均农村用水量(m^3/人·年)	26.303	28.161	30.018	32.204	34.389
平均灌溉用水量(m^3/hm^2)	3733.412	3733.412	3733.412	3733.412	3733.412
万元工业产值用水量(m^3/万元)	44.696	36.586	31.023	27.683	25.349

注:参考尹海伟硕士论文,采用多年平均增长率,运用 $a_n = a_n(1+r)^n$ 方法预测。

3. 根据预测的各用水量和山东社会经济各数值，分别计算了2010年、2015年、2020年、2025年、2030年山东省的工业、农业、城镇和农村生活需水量，四者之和为总需水量（见表2-17、图2-22）。

表2-17　山东省未来需水量预测　单位：亿 m^3

年份	2010	2015	2020	2025	2030
城镇生活需水量	22.98277	28.19851	34.31822	41.17345	49.14645
农村生活需水量	12.66161	12.74781	12.67372	12.88543	12.91641
农业灌溉需水量	180.4458	184.0052	186.8843	188.886	189.9318
工业需水量	330.5437	494.7082	671.8651	880.3474	1114.185
总需水量	546.6339	719.6597	905.7414	1123.292	1366.18

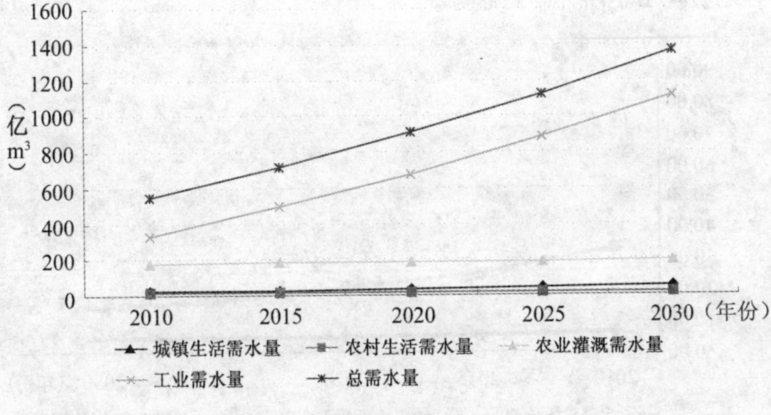

图2-22　山东省水资源需水量预测

从山东省未来的用水趋势来看，总需水量仍将大幅度上升，2010年总用水量预计达到546.6339亿 m^3，2030年总用水量预计达到1366.18亿 m^3，用水年均增长率预计达到25.79%。从几个方面的未来用水情况来看，农业用水量变化幅度不是太大，工业需水量仍然会上涨很快。从表2-17中可以看出，农村生活需水量未来变动不大，但城镇生活需水量会有小幅度的上升，主要因为农村生活较为单一，而城镇生活较为复杂，特别是耗水电器的普遍使用容易导致用水量的上升。

从生活需水量、农业需水量和工业需水量三者比例情况来看（见图 2-23），工业需水量比重有不断上升的趋势，而生活需水量和农业需水量的比重将不断下降。用水结构由 2010 年的 6.52 ∶ 33.01 ∶ 60.47 变为 2030 年的 4.54 ∶ 13.9 ∶ 81.55。出现这种变化，一方面由于政府不断通过调整水价强化人们的节水意识，未来生活需水量所占比重自然呈现下降趋势。另一方面由于耕地资源的有限性，以及节水农业灌溉技术的发展，导致农业需水量的比重也呈现下降趋势。而随着科学技术的提高，虽然单位工业产值耗水量逐渐降低，但伴随着未来经济的飞速发展，工业经济的快速增长，工业需水量比重必定呈现出不断升高的趋势。

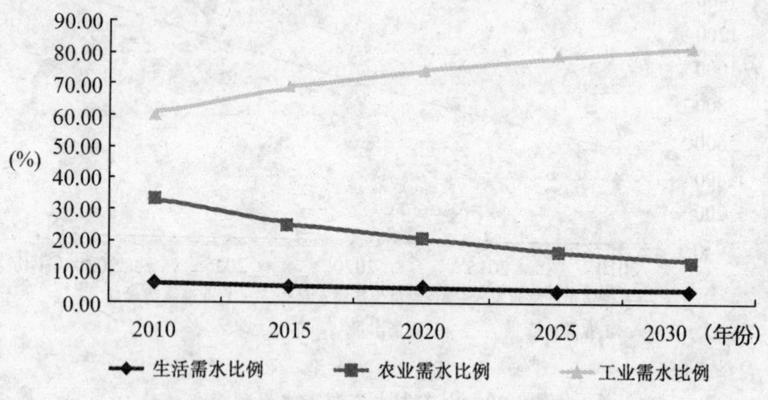

图 2-23 山东省需水结构变动预测曲线

4. 根据目前各种水利工程和供水设施的供水能力，利用自然趋势法预测不同时段的供水能力，并计算水资源供需差额，然后根据下边的公式计算水资源承载力指数。

$$Bh=\frac{V_s}{n}-1$$

式中，Bh 为水资源承载力指数；VS 为供水能力；n 为总需水量。此关系式反映的是水的供需盈亏占总需水量的比例，Bh 值为正数表明有承载力，$Bh=0$ 为临界值，Bh 为负值则表明已经超载；Bh 值越大承载力越高，反之则承载力越低。

表 2-18　　山东省未来水资源承载力指数测算

年份	2010	2015	2020	2025	2030
供水能力（亿 m^3）	264.32	270.45	283.98	291.67	310.58
总需水量（亿 m^3）	546.6339	719.6597	905.7414	1123.292	1366.18
承载力指数	−0.52	−0.62	−0.69	−0.74	−0.77

注：供水能力数据根据尹海伟硕士论文中的数据资料推算整理得到。

可以看出，山东省未来的水资源承载能力不容乐观。2010 年预计达到−0.52，已经出现较大的超载状况，水资源缺口在 282.3 亿 m^3 左右。而且从 2010 年到 2030 年，如果不及时采取补救措施，超载情况将持续加重，到 2030 年，水资源承载力指数达到−0.77，水资源缺口预计达到 1055.6 亿 m^3。虽然未来山东省的供水能力有所增强，但增长幅度较小，然而伴随着山东省经济的快速发展，工业用水总量大幅度上升，可见，目前的工业节水技术尚不能满足节约用水的需求，山东省未来的工业节水之路仍然任重而道远。

三、经济发展与土地结构互动作用

(一)土地资源利用现状

全省土地总面积为 15705241 公顷，占全国土地总面积的 1.6%。境内中部和东部为山区，西部和西北部为平原。山地丘陵占

34%，平原盆地占63%，河流湖泊占3%。全省土壤总面积11979519公顷，约占全省土地总面积的76.3%。其中潮土、棕壤土占71.8%，褐土占18.2%，涝洼黑土占4.6%，盐碱地占3.4%。

2005年，全省农用地面积为173578336亩，占土地总面积的73.7%。其中耕地面积为112783804.9亩，占土地总面积的47.91%；园地面积为15311114.9亩，占土地总面积的6.49%；林地面积为20274306.9亩，占土地总面积的8.62%；牧草地面积为510794.2亩，占土地总面积的0.22%；其他用地面积为24698315.2亩，占土地总面积的10.47%。

建设用地面积为36336302.6亩，占土地总面积的15.4%。其中城乡居民点及工矿用地面积为30164859.8亩，占土地总面积的12.78%；交通用地面积为2420009.6亩，占土地总面积的1.03%；水利设施用地面积3751433.2亩，占土地总面积的1.59%。未利用地面积为25774819亩，占土地总面积的10.9%。

（二）山东省土地利用结构变动趋势

土地利用格局是人类在一定的自然及社会经济条件下对土地利用的结果，因此土地利用格局的变化反映了土地自然的变化、社会经济条件的变化以及人为影响的变化。研究模拟土地利用格局变化对于及时而有效地进行土地利用的调整、优化，合理而高效地利用有限土地具有重要意义。

从近几年三大土地利用类型的变动来看（见表2-11），2002年农用地所占比重为74.13%，建设用地所占比重为14.66%，未利用地所占比重为11.2%。2005年三种土地类型变化分别为73.7%、15.4%、10.9%。可见，随着经济的快速发展以及城市化进程的日益加快，城市建设用地的比重有不断上升的趋势，而农用地和未利用地的比重则呈现下降趋势。虽然三种土地类型的变化都十分微妙，但变化趋势非常明显。

表 2-11 山东省三大土地类型变化 单位:%

年份	农用地	建设用地	未利用地
2002	74.13	14.66	11.21
2003	74	14.9	11.1
2004	73.9	15.2	10.9
2005	73.7	15.4	10.9

资料来源:山东省国土资源统计年报(2002～2005 年)。

最近五年,山东省农业用地结构变动不太明显(见表 2-20),主要有两个方面:一是耕地所占比重有略微下降趋势,二是林地所占比重有上升趋势,这主要与山东省近期某些地市采取的"退耕还林"政策有关。退耕还林是我国西部生态脆弱区为了保护濒临恶化的生态环境而采取的一项得力政策。山东省的环境问题主要是环境污染,生态退化问题本并不十分严重,然而山东省中西部地区某些市县却片面追求政绩,盲目把良田禁耕,改为林地,一味提高森林覆盖率,片面追求"生态环境友好",导致我省中西部地区大批良田消失,耕地面积减少。生态环境保护与建设固然重要,但拆东墙补西墙的做法未免太过偏激,对区域发展大局也于事无补。

表 2-20 山东省农用地结构变化 单位:万亩

年份	耕地	园地	林地	牧草地	其他
2002	65.66	8.76	11.24	0.39	13.96
2003	65.3	8.8	11.4	0.4	14.1
2004	65	8.9	11.6	0.3	14.2
2005	65	8.8	11.7	0.3	14.2

资料来源:山东省国土资源统计年报(2002～2005 年)。

从山东省建设用地结构的变动情况来看(见表 2-21),居民点及工矿用地变动不大,交通用地比重上升幅度较大,水利设施用地比重有所下降。由此可以反映出山东省近期城市化进程非常迅速，特别是道路交通建设发展较快，体现了"基础设施"先行的发展思路。而城市化进程中配套服务设施建设还比较缓慢，居民点工矿用地建设比重变化不大，此项应作为今后山东省城市化过程中需要加强的部分。

表 2-21　山东省建设用地结构变化　单位：万亩

年份	居民点工矿用地	交通用地	水利设施用地
2002	83.02	6.13	10.83
2003	82.9	6.4	10.7
2004	83	6.5	10.5
2005	83	6.7	10.3

资料来源：山东省国土资源统计年报(2002～2005 年)。

(三)土地资源人口承载能力预测

随着人口的增加，土地资源的不断减少，尤其是耕地的减少，如何合理有效利用土地，充分挖掘土地资源生产潜力，成为摆在我们面前的一个重大课题。土地承载力(Land Carrying Capacity)的研究主要探讨人口、食物(粮食)和资源(土地)之间的关系，实质上就是研究人口消费与食物生产、人类需求与资源供给之间的平衡发展问题。1650 年，沃仑在《通论地理》一书中正式提出人地关系理论(Man and Nature Relation)，之后围绕这一主题，孟德斯鸠的"地理环境决定论"和马尔萨斯的"人口论"一直都是学术界争论不休的重大问题。工业革命以来，特别是第二次世界大战以后，人地关系研究进入了一个新的历史阶段，人口、资源、环境与发展等全球性问题日益突出，各国的科学家和政治家都在为这些问题的缓解做不懈的努力。

课题通过对山东省人口承载力的研究，力求弄清全省土地人口最大承载量，揭示出不同时期土地生产潜力和人口承载量的一个合理的动态关系，并结合人口预测结果，分析今后 20 年内土地资源的负载情况，从而为省政府相关领导部门制定或调整社会经济发展规划提供重要依据。

土地人口承载力研究的根本目的就在于寻取一整套措施和策略，使国家或地区在人口不断变化的情况下能保证社会经济的持续稳定发展。分析不同策略方案下土地承载力与人口变化的动态关系，以求获得一条既能满足需求，又能提高经济效益、改善生态环境的途径。

课题采用陈百明先生(1991)对土地承载力所下的定义：土地承载力是指“在未来不同时间尺度上，以一定的技术、经济和社会发展水平及与相适应的物质生活水准为根据，一个国家或地区利用其自身的资源所能持续供养的人口数量”。土地人口承载力的计算方式有两种：一种是按耕地所能生产的粮食和人均年所需粮食量来计算，计算出的土地资源承载人口的数量，即土地人口承载力。一般表示为：

$$P=\frac{T\times S}{E}$$

式中：P 为土地人口承载力(人)；

T 为土地生产潜力(播种面积粮食单产)(kg/hm^2)；

E 为预测年人均粮食需求量(kg/人·年)；

S 为粮食播种总面积(hm^2)。

另一种是将土地所生产的农产品换算为人们生活所需的热量和蛋白质后计算的土地人口承载力。课题采用前一种计算方法进行预测。

1. 人口增长预测

人口预测的方法或模型很多，主要有人口自然增长法、复利公式法、计划生育胎数模型法、指数增长法、多相式法、年龄移算法、矩阵方程法、人口发展方程法、劳动力模型法、线性回归模型法和灰色系统理论方法等。

本文采用自然增长法。人口自然增长法是应用最为广泛的人口预测方法，该方法应用的前提条件是区域人口在一定的期限内均以一定的平均增长率增长，则可利用基期的总人口基数，通过人口的自然增长率和机械增长率确定预测末期的总人口数，其预测模型为：

$$P=P_0\times(1+K)n\pm\Delta P$$

式中：P 为预测末期总人口数；

P_0 为预测基期总人口数；

K 为预测期内人口的自然增长率；

$K=$[(年度出生人数－年度死亡人数)/年度平均人数]×1000‰；

n 为预测年限；

ΔP 为预测期内机械增长数。

为了更科学地对人口增长进行预测，首先要从动态把握山东省人口演变规律。为此，选取了 1986～2005 年的 20 年山东省人口变动数据作为前期分析，作为课题人口增长预测的基础。图 2-24 是山东山近 20 年的人口出生率、死亡率和自然增长率演变情况。从中可以看出，1992 年以前，由于计划生育政策调控，山东省人口出生率一直呈现下降趋势，而 1992 年之后，出生率出现波动上升的趋势。主要是由于 1992 年后，新的一批高峰期青年（主要指 20 世纪 80 年代前后出生的一批高峰人群）将逐渐进入婚配与生育期，因此将带来山东省近期的一个人口出生小高潮。从人口死亡率来看，1992 年开始由于现代医学技术的提升和人们生活质量的提高，山东省人口死亡率一直比较平稳，而且略有下降趋势。两项内容也决定了 1992 年之后，山东省人口自然增长率呈现波动上升趋势。根据人口出生率和死亡率的演变规律，可以得出 1992 年以来，山东省人口死亡率平均水平为 6.512‰，人口出生率的年平均增长率为 0.6‰。在此基础上，假定未来 20 年山东省人口死亡率水平依然变化不大，人口出生率在 2010 年之前受高峰人群生育期到来的影响，依然保持人口出生率年平均增长 0.6‰，而 2010 年之后，人口出生率可能会有一个短时期回落,人口出生率年平均下降 0.6‰。以 2005 年为预测基期,可以得到以下年份的预测人口数(见表 2-22)。

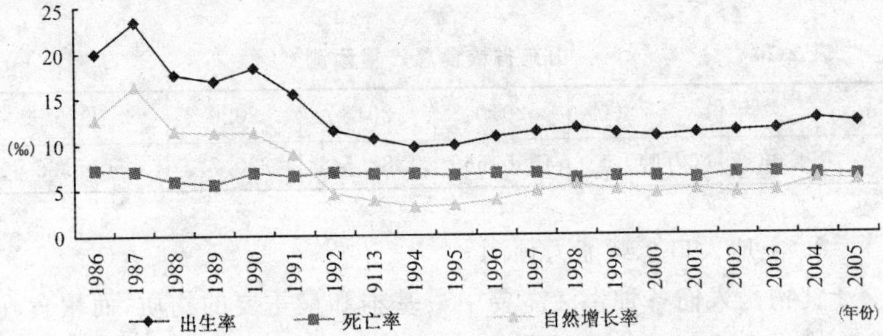

图 2-24　山东省人口自然增长情况

表 2-22　　**山东省人口增长预测**

年份	2010	2015	2020	2025
人口自然增长率(‰)	6.109	5.738	5.378	5.029
总人口(万人)	9833.843	10452.92	11091.01	11747.51

2. 粮食产量预测

粮食单产的预测是一个典型的数列预测问题,灰色 GM(1,1)模型对此类问题的预测有很好的效果。选取山东省 1986～2005 年近 20 年的粮食单产数据建立的灰色 GM(1,1)模型为:

$x(t)=266462.16\exp(0.0157999t-262622.159)$

其中,$c=0.4928<0.5$, $p=0.8421>0.8$,精度等级均属于二类标准,可以进行预测。根据上述公式计算,可以得到山东省未来 20 年的粮食单产数据如下(见表 2-23):

表 2-23　　**山东省粮食单产预测**

年份	2010	2015	2020	2025
粮食单产(千克/公顷)	6102.318	6603.906	7146.722	7734.156

结合前面对山东省未来耕地面积的预测情况(经济发展与水资源互动分析部分),可以初步预测出山东省未来20年的粮食总产量。数据如下(见表2-24):

表2-24 山东省粮食总产量预测

年份	2010	2015	2020	2025
粮食总产量(万吨)	4090.669	4388.541	4720.777	5085.35

3. 土地人口承载能力预测

食物是人们各种生活需要中最基本和最重要的物质,而粮食在食物构成中又起着决定性作用,这是由于食物能量最终源于粮食。况且在今后相当长的一段时期内,山东省人口食物消费以植物性食品为主的膳食结构不会改变。因此,参考国内外的食物消费变化趋势,估算山东省未来不同时间人均粮食需求标准,作为土地承载力研究中消费水平(主要是物质生活水准)的主要依据。据联合国粮农组织标准,发达国家人均粮食消费量为600kg～1000kg /年,中等发达国家400kg～600kg /年,贫困国家低于400kg /年。山东省2005年人均占有粮食424kg,基本达到中等发达国家的初期水平,基于以上分析,确定2010年、2015年、2020年和2025年山东人均消费粮食依次为450kg、500kg、550kg、600kg。根据人口预测数据,可以计算出山东省未来所需粮食总量,结合山东省未来粮食生产总量数据,可以初步估算出山东省耕地资源未来的人口承载力概况如下(见表2-25):

表2-25 山东省耕地资源人口承载力预测

年份	2010	2015	2020	2025
粮食需求量(万吨)	4425.22935	5226.46	6100.056	7048.506
粮食总产量(万吨)	4090.669	4388.541	4720.777	5085.35
人口承载状况	超载	超载	超载	超载
粮食缺口(万吨)	334.56035	837.919	1379.279	1963.156

预测中采用耕地面积代替了粮食播种面积，因此预测的粮食总产量可能有所偏高，但即便如此，山东省未来的粮食本土供应很不乐观。人口的不断增加，人们生活水平的日益提高都大大增加了山东省未来的粮食需求。而粮食生产效率依然不高，单产水平有限，伴随着城市化的发展，耕地不断被强占、征用，耕地面积不断减少，粮食生产总量提高有限。因此，导致山东省未来粮食缺口不断加大，耕地资源的人口承载能力问题已非常棘手。

从以上预测过程来看，人口增长已经按照比较合理的增长速度进行预测，而为了保证山东省经济又快又好地发展，人们生活水平日益提高，在 2025 年人均粮食消费达到中等发达国家的上等水平应该也不为过。因此如何能改善山东省未来耕地资源的人口承载能力，尽可能缩小粮食供给缺口只有两个可行途径。一是利用农业科学技术提高粮食单产水平，通过此种途径可以增强有效耕地资源的最大生产潜力，增加粮食产量，扩大供给；二是严格控制耕地面积，规范和合理规划城市化进程，杜绝各种途径的侵占耕地资源现象，适度开发未利用土地为耕地资源，确保在耕地资源不减少的情况下适量增加耕地资源，做好粮食增产的物质保障。

四、矿产资源利用与经济可持续发展

21 世纪是山东省全面推进信息化、工业化、城市化和经济国际化进程，努力建成“大而强、富而美”新山东的重要时期。矿产资源是国民经济和社会发展的重要物质基础，矿业作为国民经济的先行和支柱产业在现代化进程中占有举足轻重的地位。矿产资源是不可再生的，开发矿产资源要按照中央人口、资源、环境基本国策的要求，坚持“在保护中开发，在开发中保护”的总原则和“有偿有序、供需平衡、结构优化、集约高效”的总方针。要发挥区域资源优势，加强矿产勘查，并以保护与合理开发利用矿产资源为出发点，以资源开发与生态环境协调发展为总要求，努力实现矿业经济的可持续发展。逐步形成与全省现代化建设进程相适应，与国民经济和社会发展密切衔接的矿业体系新格局，建立多元、稳定、安全、经济的矿产品供给体系，保障全省国民经济和社会发展对矿产资源的需求。

(一)山东省矿产资源与利用现状

全省已发现矿产 150 种，矿产种类比较齐全。探明储量的矿产 81 种，探明总量较大，在全国占有较重要的地位。在探明储量的矿产中，能源矿产 7 种，金属矿产 24 种，非金属矿产 47 种，水气矿产 3 种。其中保有储量居全国前 3 位的矿产 24 种，剩余可采储量占全国比例较高的矿产有：石油（13 34%）、金矿（12.93%）、金刚石（46 59%）、石膏(64 29%)、晶质石墨(7.40%)、饰面石材(20 12%)、玻璃用砂岩(23.64%)、陶瓷土(11 46%)。此外，煤、铁、铝土矿和滑石在全国虽居第 3 位之后，但是探明储量也较丰富，保有储量分别占全国的 2.2%、3 9%、1.9%和 11.31%。山东省保有资源储量潜在总值 43500 亿元，约占全国的 3.43%，居第 7 位，属于矿产资源中等丰富的省份。但是人均占有资源量相对较少，仅相当全国人均值的 49%，居第 11 位，属于人均矿产资源偏少的省份。

全省 17 个市及毗邻海域，均赋存有矿产资源，分布范围十分广泛。但由于成矿地质条件不同，各地形成的矿产资源也各具特色，在地域组合和矿种配置上呈现出明显差异。胶东地区主要分布有贵金属、有色金属及部分非金属矿产，重要矿产有金、铜、石墨、滑石、菱镁矿、透辉石等；鲁中地区主要蕴藏有黑色金属、冶金辅助原料、化工原料、建材及其他非金属矿产，重要矿产有煤、铁、铝土矿、石膏、岩盐、金刚石、玻璃用砂岩、耐火黏土、自然硫、蓝宝石等；鲁西北地区以蕴藏丰富的石油、天然气、天然卤水矿产为特征；鲁西南地区以丰富的煤炭资源为其优势；毗邻海域主要分布有石油、天然气、煤、天然卤水及滨海砂等。此外，地热、矿泉水在全省各地均有分布，饰面花岗石、大理石等则广泛分布于胶东、鲁中等地。矿产资源在地域上的分布特点，为形成山东省具有特色的矿业生产力布局奠定了基础。

截至2000年，全省开发利用矿产(含亚矿种)共83种，矿山企业9482个(胜利油田按1个企业计)，持有各类采矿许可证9552个(石油、天然气71个)矿区总面积8050平方公里，从业人数88万人。矿产品产量:固体矿产26054万吨，石油2676万吨，天然气6.88亿立方米。矿业总产值657.8亿元，其中，大型矿山企业(矿区)75个，矿业产值506.6亿元，占全省矿业总产值的77.02%；中型矿山企业157个，矿业产值56.4亿元，占全省矿业总产值的8.57%；小型矿山企业9320个，矿业产值94.8亿元，占全省矿业总产值的14.41%。

矿业和矿产品加工业在全省国民经济中有着举足轻重的地位。矿业总产值占全省工业总产值的7.91%。据《山东省统计年鉴》资料，全省矿业和矿产品加工业产值达2654亿元，占全省工业总产值的31.93%。矿业的发展为钢铁、黄金、建材(水泥、玻璃、陶瓷)、化学工业(石油化工、盐化工、煤化工)和新材料等重要产业的发展提供了原料支撑。以矿产资源与矿业开发为依托，形成了多产业、多门类、多层次的工业体系。我省石油、煤炭、黄金、冶金、建材和化学工业的经济总量、技术水平及主要产品产量均位居全国前列，从而奠定了山东工业大省的地位。形成了胶东黄金、东营—滨州油气、淄博—济南—莱芜冶金、枣庄—泰安—济宁煤炭以及胶东、鲁中陶瓷和建材原料等矿业生产基地，与之相关的冶金、化工等后续产业也得到快速发展，涌现出一大批具有较强经济实力和市场竞争力的大型、特大型矿山企业和相关原材料工业企业，如胜利油田、齐鲁石化、兖矿集团、山东铝业公司、济钢、莱钢、海化集团、山东黄金集团有限公司等。同时，也建成了枣庄、东营、莱芜、招远等一批新型矿业城市。

山东省矿产资源开发历史悠久，开发强度较大。保有资源储量潜在总值居全国第七位，但矿业总产值却占全国的14.69%，居第二位。一些重要矿产，如石油，剩余可采储量居全国第三位，但年产原油占全国总产量的18.70%，居全国第二位；煤炭保有储量居全国第十一位，但原煤产量占全国总产量的9.68%，居第二位；金矿保有储量居全国第二位，但黄金产量占全国总产量的24%，位居全国之首。

此外，水泥用灰岩、石膏、石墨、滑石等重要建材非金属矿产，开发强度也相当大。矿产资源是典型的短期内不可再生资源，矿产资源的富足是我省的天然优势，而后期开采利用强度过大，极易导致资源的过早衰竭和经济发展对资源消耗的过度依赖。山东省许多城市都是依赖于本地矿产资源优势发展起来的，在有限资源的约束下，如何实现经济可持续发展，是摆在众多资源型城市面前的一个重大挑战。

(二)山东省矿产资源利用面临的问题与形势

1. 经营粗放，利用率较低，浪费和破坏矿产资源的现象仍比较严重 。全省 83%的煤矿和 75%的金矿均为小型矿山，建材矿绝大多数是小型矿山。有些小型矿山资金短缺，技术力量薄弱，技术投入少，造成了资源浪费。各类矿山企业，包括一些大型矿山采选水平、综合回收率和综合利用率仍比较低。如铁矿，开采回采率仅为 60%～70%；煤矿的采区回采率多数在 80%左右，有些大型煤矿采用“放顶煤”采矿，采区和矿井回采率更低；石膏矿，尤其是多层矿、厚层矿，其实际开采回采率不到 20%。矿产开发中，破坏浪费矿产资源的现象仍比较严重。初级矿产品多，深加工产品、高科技产品较少，也影响了矿产资源开发的经济效益。

2. 矿产资源保证程度下降，部分濒临衰竭。未来 5～10 年，石油、天然气、铁、铝土矿、金、金刚石、耐火黏土、重晶石等这些矿产供需缺口将不断扩大，自给程度将明显下降，有的将不得不依赖省外或国外购进矿石，才能保证对矿产资源的需求。硫铁矿、磷矿、钾盐、铜、铅、锌、高岭土、石棉以及地下水等矿产与资源短缺严重。其中铜、铅、锌等成矿地质条件差，探明储量少，今后扩大储量困难很大；硫、磷、钾为山东省短缺矿产，探明储量虽然较多，但属贫矿，加之开发条件差，目前尚难开发利用。全省 75 处大型矿山中，约有 13 处是资源危机矿山。预计到 2010 年，山东省除煤、石膏、石灰岩、矿盐外，其余大宗矿产如石油、天然气、金、铁、铜、铅、锌、铝土矿、硫铁矿、磷矿、钾盐等均不能满足需求。全省人均水资源量仅为全国人均水平的 1/6，一些水源地已处于严重超采状态。

3. 矿产资源开采的管理与技术不当，灾害隐患严重。不合理的大量的矿产资源开发引发了地面沉降、岩熔塌陷、采空塌陷、海（咸）水入侵、矿坑突水、地下水污染、崩塌、地裂缝等一系列地质灾害和地质环境问题，如山东因采煤而造成的地面沉降近 300km^2，仅肥城、新汶、宁阳三煤田 20 座煤矿造成的地面沉降就达 89 km^2；发生岩溶塌陷 600 余处，造成 4000 余间房屋破坏。因过量、不合理开采地下水造成济宁、德州市区地面沉降 200～300mm，现在仍以年均约 20 毫米的速度发展；并导致莱州湾南岸及烟台、青岛、日照等地的海（咸）水入侵，面积达 827 km^2，工农业生产和人民生活用水受到严重影响。

4. 矿产资源开采过程中生态破坏现象频繁发生。矿产开发中，由于忽视矿山生态环境和地质地貌景观保护，矿山生态环境的破坏和污染加剧。采矿造成的土地、植被、山体破坏和水、土污染相当严重，地面塌陷、滑坡、泥（渣）石流、山体开裂等次生地质灾害时有发生；局部地段或地区因地下水开采不合理，引发了地下水超采漏斗、海（咸）水入侵、地面沉降、岩溶塌陷等环境问题。截至 2000 年，全省采矿塌陷和露天采场破坏土地面积已达 537 km^2；矿渣、尾矿积存量 6.69 亿吨，占地面积 57km^2。采煤塌陷地环境恢复治理率仅为 37.6％，露天采场恢复治理率更低。

（三）山东省资源型城市与创新性社会建设探讨

资源型经济地区，是指因自然资源的开采而兴起、发展壮大，资源型产业在工业中占有较大比重的地区。一般来说资源储量的多少决定这些地区的发展规模和发展潜力，而目前我国许多重要矿产资源探明可采储量增长赶不上产量增长，产量增长赶不上消费增长，储、产、消、贸严重失衡。我国一些资源型经济地区经过多年开采相继进入资源开采后期，不同程度地出现了探明储量减少、开采成本上升、人员过剩、环境污染、经济发展缓慢的衰退现象。一些资源枯竭的地区，面临的形势更为严峻，这是由不可再生资源的本质所决定的。因此，如何实现资源型经济地区的产业转型和可持续发展，是引起我国乃至世界高度重视的问题。

由于矿产是不可持续利用的资源，决定了矿业经济的发展必然经历一个从勘探到开采、高产稳产（鼎盛）、衰退直到枯竭的过程。因此，资源型经济地区必须通过创新科学技术，通过创新观念、创新体制、创新人才素质，不断发展新能源技术，发展资源生命周期的延伸技术，发展资源可再生利用技术，才能实现资源型经济地区的可持续发展。说到底，只有尽快在资源型经济地区建立起创新型社会，才能实现其可持续发展的战略目标。

资源型经济地区因为其特殊的资源禀赋条件和产业结构体系，因此，资源型经济地区创新型社会的建设有着与其他区域不同的典型特点。

一是高度产业关联。创新型社会的建设最终要服务于经济发展，资源型经济地区特殊的经济条件和产业结构的单一性，决定了其创新型社会建设的相对单一性，既全面围绕本地资源的开采、加工和废弃的资源再生而建立起来的集技术创新、观念创新、文化创新为一体的创新型社会。因此，资源型经济地区的创新型社会与其产业体系有着高度的关联性。

二是独特的培训体系。特殊的经济结构决定了资源型经济地区必须有大量的从事生产实践活动的技术工人，众多的技术工人是产业发展的中坚力量。面临新经济的国内外挑战，新技术、新工艺成为资源型经济地区得以持续发展的根本保证，而技术工人是新工艺的创造者和操作者，技术工人能力和素质的提高才是重中之重。基于此，应该不断推广技术工人的培训和继续深造，完善发展资源型经济地区职业技术培训体系，并把培训体系作为贯穿资源型经济地区创新型社会建设的始终。

三是后续产业的创新。资源型经济地区的现有产业，大多是资源消耗型产业，随着资源的耗竭，这些产业也将逐渐完成历史使命，最终由新兴接续产业所替代。可见，资源型经济地区实施产业转移，是一次生存发展之路的再抉择，也是一次痛苦的必然嬗变。因此，资源型经济地区建设创新型社会，要具备长远目光，用创新理念和创新技术积极发展后续产业，把握适当时机，推进产业转型，推动资源型经济地区产业多元化发展。这样，才能真正实现资源型经济地区可持续发展。

资源型经济地区的创新型社会有其自身特点，其发展和建设必然有自身特有的方式。资源型经济地区要建立创新型社会，就要充分启动政府、企业和社会全方位的创新能力，增强创新理念。重点从政府管理理念创新、企业技术创新、区域科技创新体系创新、区域可持续发展的产业体系创新和社会创新氛围五个方面着手展开资源型经济地区创新型社会建设。

1. 用循环经济理念武装起全新的管理创新理念

有新思路，才有新出路；有新观念，才有新作为。资源型经济地区的可持续发展要牢固树立和贯彻落实科学发展观，真正把注意力放在节约资源、保护环境、追求可持续发展上，改进和完善政绩考核体系，确保政府施政的持续性和稳定性，防止片面追求短期经济增长的倾向。认真吸取过去以牺牲自然和生态环境为代价发展经济的教训，牢固树立保护生态环境就是保护生存环境和发展环境的理念，把发展新兴产业与加强生态环境建设综合考虑，走可持续发展之路。在指导思想上一定要改变对矿产资源的过分依赖性，努力寻求新的产业门路，培育一批能带动一方经济的新型支柱产业。与此同时，要积极引导干部群众努力破除“以矿为本”的狭隘的资源观，树立人口、环境、资源协调发展的正确理念。制定和完善法律法规、政策和交易规则，规范和维护市场秩序，为促进技术进步、加强资源集约利用和环境保护创造良好的制度环境。调整政府与市场的关系，逐步减少乃至取消政府对资源的过多占有、垄断和配置，改变政府为了单纯提高所谓“竞争力”而对企业实施过分保护和扶持的做法，以市场化的方式重估各种资源和要素的价格，把资源和要素价格与自然资源保护、环境保护及税收政策结合起来，以市场化的方式对一些产品、企业和行业优胜劣汰。以节约利用资源和提高资源利用率为核心，明确和严格企业节能降耗和资源综合利用的标准规范、市场准入条件和相关政策措施，强制企业遵守节能降耗、污染治理和资源再利用标准，严格控制高能耗、高污染项目，淘汰浪费资源、污染环境的落后生产工艺、技术、设备和产品。

2. 加快构建资源型经济地区"三位一体"的科技支撑体系

资源型经济地区是以本地特有资源的开采、加工和深加工为主导产业的地区，资源型经济地区的发展离不开资源开采技术、加工和深加工技术的支撑，因此，资源型经济地区要建立创新型社会离不开科学技术的支撑，离不开特有资源深加工核心技术的支撑。要在资源型经济地区建立创新型社会，必须采用高新技术和先进实用技术提高装备水平，改进生产工艺，提高加工能力，延长产业链条，提高产业层次，积极开发新能源、可再生能源和新材料，推行清洁生产，发展环保产业，加快推进资源综合利用和循环利用。加快构建起资源型经济地区"自上而下、从头到尾"的"三位一体"的科技支撑体系。要全面遵循循环经济理念，从资源开采源头，到资源加工过程，到资源加工够废弃物排放与再生三个过程全面提升科学技术。源头研发高效选矿和安全采矿技术，提高采矿安全系数和效率；资源加工过程中积极研发矿产资源深加工和精加工技术，提高资源利用效率；资源加工后积极研发废渣的循环再生利用技术和废水治理技术，延长资源使用寿命，保护生态环境。

3. 培育资源型经济地区独特的区域创新体系

资源型经济地区特殊的主导产业和经济发展环境，决定了其是一个实用技术主宰的特殊经济区域。因此，资源型经济地区的创新体系结构也有其独特的一面，要建立创新型社会，必须不断发展和完善其独特的区域创新体系，发挥区域创新体系对创新型社会建设的一份力量。要努力把职业技术培训纳入资源型经济地区的区域创新体系中，形成"产－学－研－培"的区域创新体系模式，发展资源型经济地区独特的区域创新体系。力争把职业技术培训放在资源型经济地区区域创新体系的首要位置,鼓励技术工人的自我研发和创新能力,增加带动技术工人的企业培训和高校继续深造的机会,同时,围绕资源型经济地区的产业发展需求,调动科研院所和高校的研发活动,打造以职业技术培训和再深造为主导的区域创新体系。根据再就业和产业发展的需要,组成若干不同类型、不同专业、不同所有制、不同层次的培训中心。培训中心根据培训者的文化、技术基础,有针对性地分门别类进行培训。特别要加快培育中小型企业,避免资源的开采浪费,建立企业园圃,帮助公司制订起步计划,帮助新公司成立,并在初期为之提供各种服务。企业园圃设有专家团,为在这里创办企业配有专家顾问,随时帮助企业解决发展过程中出现的问题。等企业主积累了一定的生产经营经验后,再出去发展。

4. 加快做好资源转型,培育替代产业

资源型经济地区的经济转型是百年大计,不能急于求成,要用科学的态度、发展的眼光、市场的观点去发现和解决问题,要充分认识到产业模式定位是一个动态的、复杂的过程,需将当前发展和长远利益相结合,并及时对产业结构进行调整、优化和升级,才能实现地区经济和社会的协调发展。如德国的鲁尔地区,20 世纪 60 年代以前,以采煤、钢铁、煤化工、重型机械为主的单一的重型工业经济结构日益显露弊端,经济的中心地位减弱。鲁尔区开展了以改变原有单一的经济结构为核心区域全面整治和更新,重点是使矿区经济朝着多样化综合化发展。到 20 世纪 80 年代,鲁尔区已发展成为煤炭、石油化工、炼钢业发达,汽车、电子通信等多种工业并存,科技教育水平较高,旅游业发展较快的经济高度发达地区,被誉为欧洲产业区位条件最好的地区之一。我国资源型经济地区应主动承接国内外产业转移和发达地区的辐射带动,积极发展低耗高效的新能源、新材料、生物医药、现代农业、旅游业等新兴产业。把发展接续产业作为区域经济发展的一项战略举措。通过狠抓技术改造、开发新产品等方式,改造提升传统产业,使之适应市场挑战,实现自然接续。转型初期,采用产业替代模式，重点发展劳动密集型产业和技术密集型产业，实现经济复苏，大量安置工人就业，提高人民群众的生活水平。但随着转型的深入，应吸取产业结构单一带来的经验教训，以市场为导向，加快发展地方特色工业，发展多元化地方工业。以延长产业链为重点，提高地区产品生产的深加工程度，增加产品的附加值为主，积极发展接续产业。注重培育多元化支柱产业体系，使第一、第二、第三产业结构合理，协调发展。

第三部分

山东省经济发展与生态环境互动作用分析

一、经济增长与环境污染水平的计量模型分析

环境污染是影响经济发展的重要因素，一个地区的经济发展水平和实力，也会从客观上影响环境质量，经济和环境之间存在着密切的联系，二者之间的这种关系通常用环境库兹涅茨曲线来描述。1995 年，美国经济学家古斯曼(Grossman)和克鲁格(Kreuger)在对全球 66 个国家的不同地区多年的污染物排放量的变动情况分析研究后提出，大多数环境污染物质的变动趋势与人均国民收入水平的变动趋势之间呈现倒 U 形关系，即污染程度随人均收入增长先增加，后下降。污染程度的峰值大约位于中等收入水平阶段，比较公认的 EKC 的转折点是人均 GDP 在 4000～5000 美元。如果用横轴表示经济增长(GDP、GNP 或其人均量等)，纵轴表示污染水平(三废排放量等)，那么污染水平和经济增长之间的关系曲线呈倒 U 形。据此，他们提出了环境库兹涅茨曲线(Environmental Kuznets Curves，缩写为 EKC)的假说。

(一)环境库茨涅茨曲线模型研究概述

环境库茨涅茨曲线自从 Grossman and Krueger 和 Shafik and Bandyopadhyay 根据经验数据提出以后,各国专家学者分别从不同角度对不同国家和地区的经济增长和环境污染关系进行了实证研究,证明了两者之间的确存在倒"U"形关系。我国对 EKC 研究较晚,处于初级研究阶段,大多是对工业污染的实证研究。但是一些研究结果表明国内有些环境污染指标比国外提前达到倒"U"形曲线的转折点,同时发现有些指标没有出现转折点,认为是由于经济处于特殊发展阶段所致。

随着研究的深入,关于环境库茨涅茨曲线的具体形式,不同的学者根据研究领域、对象的不同得到不同的结论。根据国内外诸多学者的研究,综合起来看,主要有倒"U"形关系、同步关系、"U"形关系和"N"形关系等。另外描述环境库茨涅茨曲线的函数模型通常有二次回归曲线和三次回归曲线等,出现这种差异是由于不同区域经济和环境处于不同发展阶段、水平及其相互协调情况不同而致。

(二)山东省经济增长与环境污染演进计量模型构建

1. 相关数据、指标选取

典型环境指标选取是构建经济增长和环境污染水平关系模型的关键。本文选取了两类指标:一是环境指标,包括流量指标:工业废水排放量、工业废气排放量、工业固体废弃物产生量、工业固体废弃物排放量;存量指标:工业废气中的 SO_2 和粉尘排放量、工业废水中 COD 的排放量。二是经济指标,是 1988～2005 年山东省的人均 GDP(当年价)。分析数据来源于山东省环境状况公报以及《山东省统计年鉴(1989～2006)》。

2. 计量模型构建

首先,分别以工业废水、工业废气排放量等环境指标为 Y 轴,以人均 GDP 为 X 轴,做出数值序列的散点图,发现其都不是线性关系，因此我们根据现有的环境库茨涅茨曲线研究的几种常见模式，结合山东省的实际情况，分别选用二次曲线、二次多项式、三次多项式和指数函数、复合模拟等多种函数曲线模型作拟合。从回归拟合系数 R^2 和 F 值检验效果等因素来看，以三次多项式曲线拟合最好，最具有统计意义，故我们采用三次多项式模型来刻画山东省经济增长与环境污染的相互关系。

计量模型为：　$Y=\beta_0+\beta_1 x+\beta_2 x^2+\beta_3 x^3+\varepsilon$(1)

(1)式中，Y 为工业污染物排放量，x 为人均 GDP，β_0、β_1、β_2、β_3 为模型参数，ε 为随机误差项。

3. 曲线模拟

(1)人均 GDP 与工业废水排放量的曲线模拟(见图 3-1)

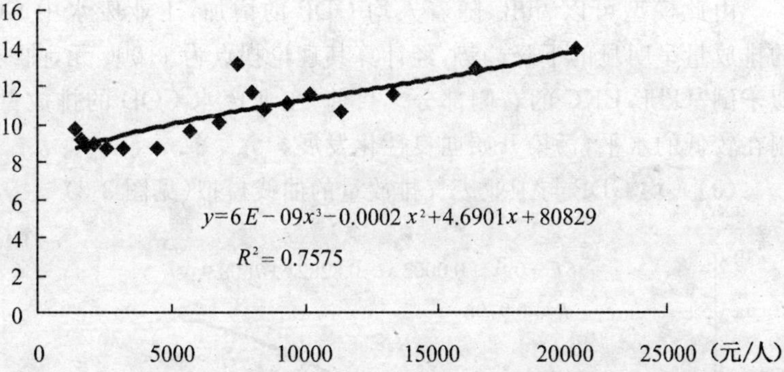

图 3-1　人均 GDP 与工业废水排放量关系

从图 3-1 可以看出经济增长与工业废水排放量拟合曲线的 R^2 为 0.7575，回归模型具有较好的拟合优度，对环境库兹涅茨曲线具有充分的解释意义。目前工业废水正处于倒“U”形曲线左边的上升阶段。随着人均 GDP 的增加，工业废水排放量的增加趋势较为平缓，这与山东省调整产业结构和加大工业废水处理力度不无关系。

(2)人均 GDP 与工业废水 COD 排放量的曲线模拟(见图 3-2)

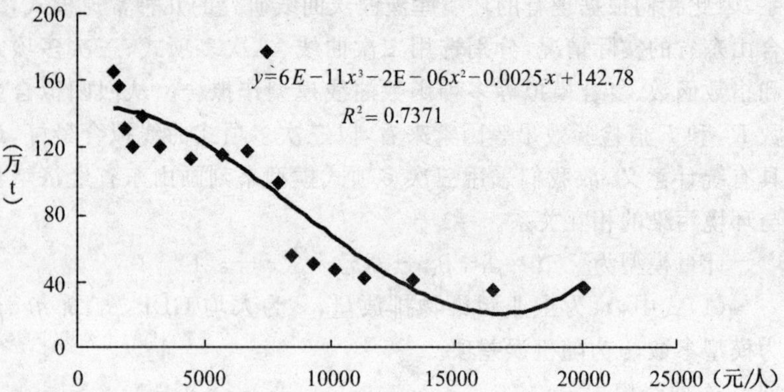

图 3-2　人均 GDP 与工业废水 COD 排放量关系

由此模型可以看出，随着人均 GDP 的增加，工业废水中 COD 的排放量呈明显的下降趋势，经计算其理论拐点为 11000 元，曲线近似于倒"U"形 EKC 的右侧部分。目前，工业废水 COD 的排放量控制在较低的水平，污染开始向良性化发展。

(3)人均 GDP 与工业废气排放量的曲线模拟(见图 3-3)

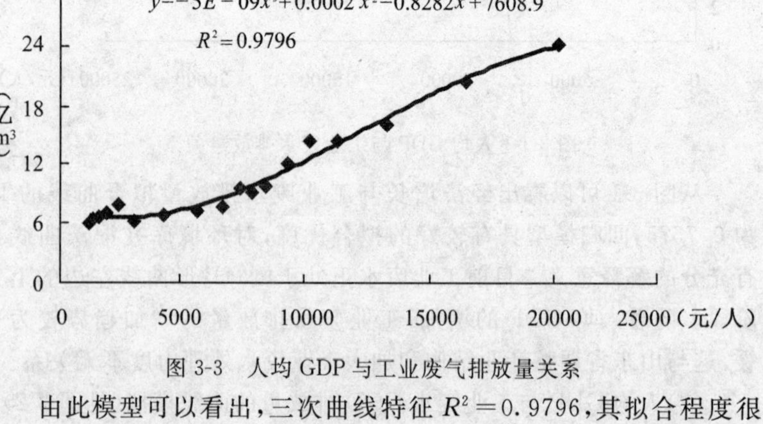

图 3-3　人均 GDP 与工业废气排放量关系

由此模型可以看出，三次曲线特征 $R^2=0.9796$，其拟合程度很高。当人均 GDP 达到 8000 元以上时，废气排放量呈现明显的上升趋势。曲线符合典型的 EKC 特征，处于倒"U"形曲线的左侧，经计算其理论转折点为 36300 元。

(4)人均 GDP 与工业固体废弃物产生量的曲线模拟(见图 3-4)

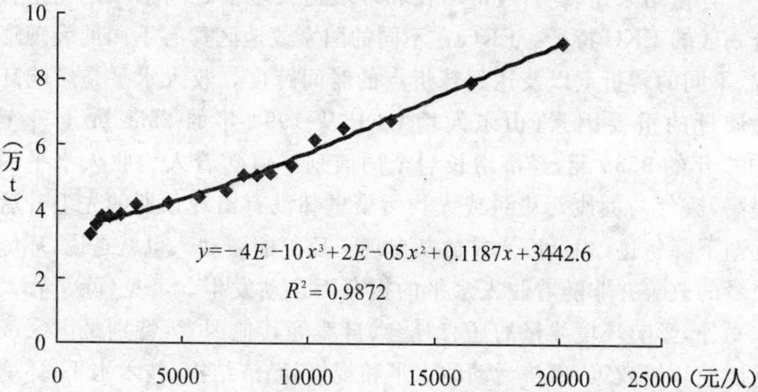

图 3-4　人均 GDP 与工业固废产生量关系

由此模型可以看出，三次曲线特征 $R^2=0.9872$，其拟合程度很高，曲线具有典型的 EKC 特征，处于倒"U"形曲线的左侧上升阶段，还未达到转折点。自 2000 年开始，工业固体废弃物产生量增长较快，经计算其理论转折点为 35800 元。

(三)结果分析

从山东省工业"三废"的 EKC 轨迹分析可以发现，山东省经济增长与环境污染之间不完全符合典型的 EKC 特征。工业废水中 COD 已经下降到较低水平，其余污染物的排放还存在着波动甚至上升的趋势，污染物排放与人均 GDP 的关系正处于 EKC 的上升阶段，离转折点尚有一段距离。可以说，到目前为止，山东省的经济增长并未对环境产生显著的改善作用。这主要是由于山东省正经历着工业化的增长阶段，工业尤其是重工业，如能源、化工、机械等在经济中占的比重不断攀升，势必对环境质量造成了一定的压力。随着人均

GDP 的增长，山东省工业“三废”所造成的环境污染将呈扩大趋势，在未来相当长的一段时期内仍继续肩负发展经济和保护环境的双重重任。

计量结果还说明，经济增长和环境污染水平之间不一定完全符合一般的 EKC 特征。EKC 在不同的国家或地区具有不同的表现形式、不同的转折点以及达到转折点的时间跨度。收入水平是影响环境质量的重要因素，山东人均 GDP 从 1992 年的 2556 元上升至 2002 年的 9555 元，经济增长居全国前列。但随着人均收入水平的提高，废气与固废污染量或人均污染量却没有出现预期的先上升后逐渐下降轨迹，相反废水排放却出现了反复的波动。也就是说，环境质量的改善并非随着收入水平的提高而自动发生。可见，除了收入水平外，影响环境质量的还有社会、自然等其他因素，特别是国家或地区的环境政策、经济活动的水平和规模、经济结构、技术水平、环境投资及其效果以及公众的环境意识等。

（四）一点启示

经济发展与环境保护综合决策对 EKC 具有重要影响，污染预防比先污染后治理更节省费用。环境退化具有累积和放大效应，在经济发展的较早阶段所允许的某些环境恶化发展到后期有可能变为不可逆转的恶化。因此，山东既不能走世界发达国家“先污染，后治理”的老路，又不能不把经济发展置于优先位置。目前山东省工业化的水平虽然还较低，但经济增势强劲，近几年来的 GDP 增长率为 17.96%。经济结构不断优化，三次产业比例相应由 1988 年的 29.70∶44.48∶25.82 调整到 2005 年的 10.41∶57.40∶32.19。应在提高经济增长水平的同时就注意协调节好环境与发展的关系，走新型工业化的道路，利用后发优势，避免先进国家或新兴工业化国家所走的老路，努力降低 EKC 的峰值和曲率，使 EKC 成为环境与经济协调发展的指示器。

实现上述目标需要在经济发展过程中，促进经济结构从高能耗、高污染向环境友好的经济结构转变，大力倡导清洁生产、循环经济等理念。从根本上转变发展方式，坚持环境与发展综合决策，进行合理的政策调控。在当前经济水平刚性约束下，可以充分利用政策发挥作用的弹性区间，进行合理调控，促进经济发展与环境保护的协调。具体的调控方向是：

1. 倡导有利于可持续发展的经济增长方式、生产方式和消费方式

以绿色GDP引导经济增长方式向高效、低耗、低污染方向转化；在生产中加强污染控制，减少排污总量；通过产权明晰的制度安排和合理的环境资源定价，以及资源税、污染税等经济杠杆，调节人们的生产和消费行为向着有利于环境保护方向转化。实行清洁生产，实现末端治理到过程治理的转换；倡导绿色消费模式。

2. 坚持环境与发展综合决策，经济发展与环境保护并重

结合国民经济结构的战略性调整，用高新技术改造传统工业，淘汰落后的技术工艺，通过技术创新和升级，减少污染产生量；调整投资结构，诱导环境友好型项目的建设和产业群的形成。从开发建设的源头控制生态破坏，调整产业、产品结构，对污染防治进行源头和全过程控制。

3. 继续加大对环境治理的投入力度，建立市场化的环保投融资体系，实现投资主体多元化

目前，山东省环保投资占GDP的比重已超过1%，2002年的环保投资占同期GDP的1.37%。国际经验表明，环保投入占GDP的1%～1.5%，可以控制污染，占2%～3%可逐步改善环境。要使总体的环境质量不断改善，特别是工业废气和工业固体废弃物的质量改善，山东省应在保证经济发展的前提下，继续加大环保投资的力度，建立市场化的环保投融资体系，实现投资主体多元化，努力降低经济发展中伴随的环境质量恶化峰值，尽可能使曲线变缓和；努力缩短曲线跨度，使废气与固体废弃物环境质量变好的转折点提前到来。

4. 不断修订与完善各种相关的环境法规、标准和政策。市场经

济是法制经济，应不断完善各种环境法规、标准和政策，健全市场机制，强化环境管理，实现环境污染的外部成本内部化。

5. 进一步增强公众的环保意识。环境保护的基本推动力量是公众，因此要加强环境教育和宣传的力度，提高公众的环境意识。相信通过以上政策措施的完善与实施，逐步实现山东省工业化进程中经济增长和环境改善的双赢目标将为期不远。

(五)案例分析:济南市经济增长与环境污染水平的计量模型分析

省城济南位于山东中部，总面积 8177km²，2005 年末全市总人口达 344.80 万，它是全国副省级城市，也是全国区域性金融中心。一方面济南市经济总量进一步扩大。据统计，2005 年全市实现地区生产总值 1876.5 亿元，占全国生产总值的 1.03%，占全省生产总值的 10.16%。全市规模以上工业企业资产合计达 1833.5 亿元，工业实现增加值 734.0 亿元，比上一年增长 19.3%，占全市 GDP 的 39.1%。另一方面济南市经济结构得到进一步调整。全市三产比例由上一年末的 7.5∶45.1∶47.4 改变为 7.1∶46.0∶46.9，第一、三产业都有所下降，第二产业比重上升 0.9%；高新技术产业蓬勃发展，占工业比重为 30.1%，比去年提高了 1 个百分点。支柱行业和大企业支撑作用明显。石油加工业、交通运输设备业、黑色金属冶炼业等三大传统支柱行业合计实现销售收入达 845 亿元。而重汽、济钢、中石化济南分公司、浪潮四大过百亿集团实现销售收入合计达 722.3 亿元。

在经济快速发展的同时，济南市为完善自身形象，积极创建国家环保模范城市。为此济南市近些年来大力开展“蓝天保护”、“碧水”、“安静”、“固废治理”、“绿化建设”、“创模细胞”等六大环境工程，并且创模各项指标都取得较大幅度的提高。虽然济南市环境质量总体趋于好转，但环境污染问题依然很严重。以 2005 年为例，济南市在大气、水、固体废弃物等方面的污染依然很严重。环境空气中的三项主要污染物，其中二氧化硫、二氧化氮指标只达到了国家环境空气质量二级标准，而可吸入颗粒物指标甚至超过国家环境空气质量二级标准的 0.3 倍。全市环境空气质量只有 7 天优，虽无重度污染却有 99 天轻微污染，这使良好以下的天数占全年总天数的 28%。在地表水中，黄河干流只达到地表水环境质量 III 类标准。而鹊山水库、玉清胡水库、郎茂山水库、锦绣川水库水体总氮量均超标，呈现不同程度的富营养化。对于小清河除源头睦里庄断面外达到国家地表水 III 类标准外，其余各段面氨氮、化学需氧量等均超出国家地表水 V 类标准，为劣 V 类水体。2005 年度大明湖水质有所好转，但水质仍呈中度富营养化。与此同时工业固体废弃物、危险废弃物等产生量都在逐年增加，有些危险废弃物目前还未得到安全且有效的处置，而由固体废弃物的排放和堆放所引起的水、大气、土壤等污染和破坏亦未得到很好的控制。

1. 济南市环境库兹涅茨模拟分析

一些学者对济南市环境库兹涅茨曲线的研究结果表明，其并不符合典型倒“U”形曲线，而是呈现部分倒“U”形或“N”形。但随着时间的变化和所选用方法、环境指标、经济指标的不同，环境库兹涅茨曲线亦会表现出不同的特征。由于数据限制，本文通过对 1992～2005 年该市环境经济数据的分析处理，进一步研究济南市环境库兹涅茨曲线的发展变化。

先分别以工业废水排放量、工业废气排放量、工业固体废弃物产生量、工业废气中二氧化硫排放量和烟尘排放量为纵坐标，以同期人均 GDP 为横坐标做出数值散点图，发现其都不符合线性关系。因此本文根据现有的对环境库兹涅茨曲线模型研究中常用的几种模型，结合济南市具体情况，选取二次函数型、三次函数型以及对数函数型分别进行拟合。从拟合得出的回归拟合系数 R^2 值等来看，以三次多项式曲线拟合效果最好，也最具统计意义和实践意义。因而本文选用三次多项式模型来刻画济南市经济增长与环境质量之间的关系。计量模型为：

$$Y=\beta_0+\beta_1 X+\beta_2 X^2+\beta_3 X^3+\varepsilon \qquad (1)$$

式中:Y 为工业污染物排放量或产生量;X 为人均 GDP,β_0、β_1、β_2、β_3 为参数模型;ε 为随机误差项。

利用(1)式,借助 EXCEL 等统计软件,可得人均 GDP 分别与工业废水排放量、工业废气排放量、工业固体废弃物产生量、工业废气中二氧化硫排放量和烟尘排放量的环境经济计量模型拟合曲线,即图 3-5～图 3-9。另外,通过数学方法对这五图进行分析处理可得表 3-1。

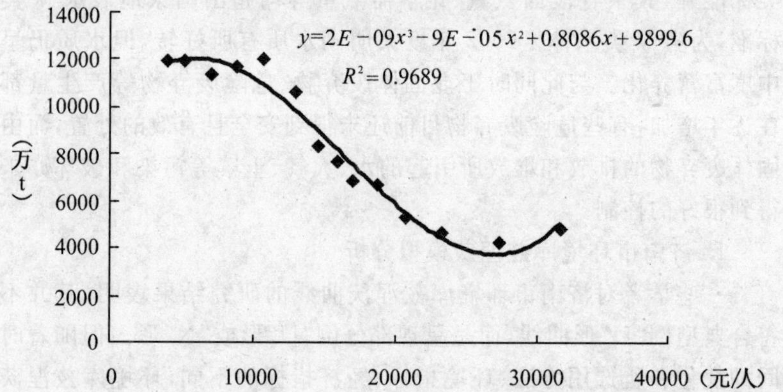

图 3-5　1992～2005 年人均 GDP 与工业废水排放量的模拟曲线

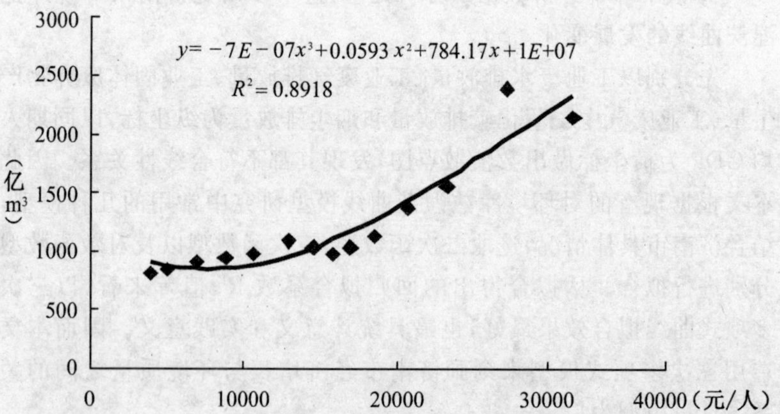

图 3-6　1992～2005 年人均 GDP 与工业废气排放量的模拟曲线

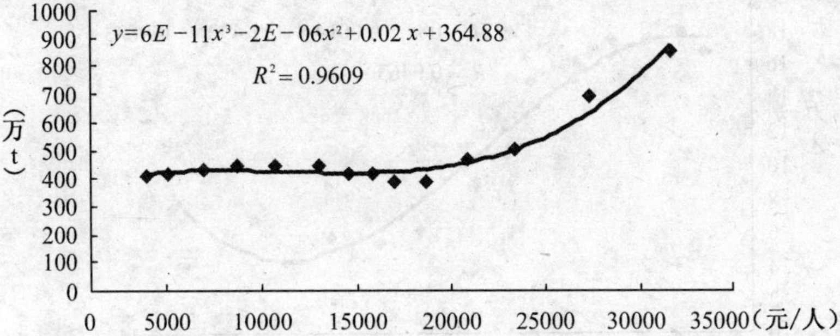

图 3-7 1992～2005 年人均 GDP 与工业固体废弃物产生量的模拟曲线

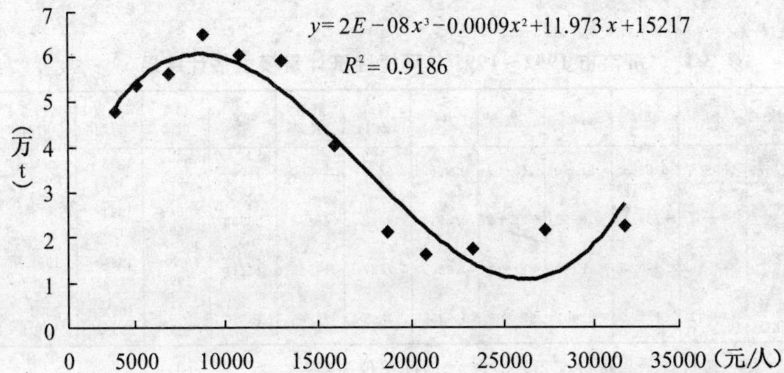

图 3-8 1992～2005 年人均 GDP 与烟尘排放量的模拟曲线

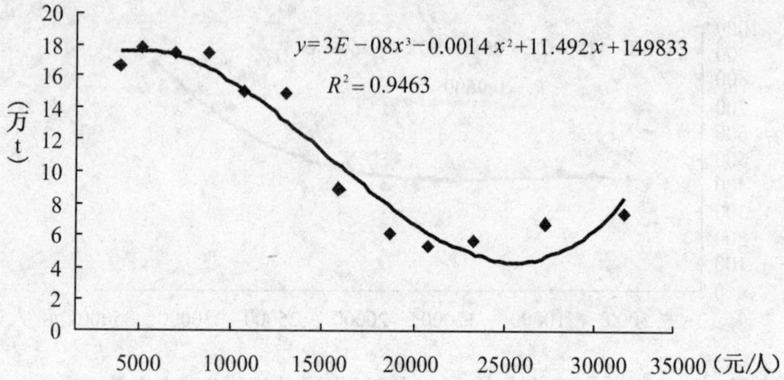

图 3-9 1992～2005 年人均 GDP 与二氧化硫排放量的模拟曲线

表 3-1 济南市 1992～1995 年环境经济计量模型估计结果

污染物	β_0	β_1	β_2	β_3	R^2	转折点 1	转折点 2	拐点	拐点时间	转折点 1 时间	转折点 2 时间
工业废水	9899.6	0.8086	−9E−05	2E−09	0.9689	5500	24500	15000	1998～1999	1993～1994	2003～2004
工业废气	1E+07	−784.17	0.0593	−7E−07	0.8918	7643	48833	28238	2004～2005	1994～1995	
工业固废	364.88	0.02	−2E−06	6E−11	0.9609	7597	14625	11111	1996～1997	1994～1995	1998～1999
二氧化硫	149833	11.492	−0.0014	3E−08	0.9463	4865	26246	15556	1998～1999	1992～1993	2003～2004

注：转折点 1 和转折点 2 单位为元，时间单位为年。

根据表 3-1 及上述五图，分别对工业废水排放量、工业废气排放量、工业固体废弃物产生量、工业废气中二氧化硫排放量、烟尘排放量与人均 GDP 拟合曲线的特征进行描述。

人均 GDP 与工业废水排放量的模拟曲线特征。由表 3-1 可知，经济增长与工业废水排放量拟合曲线的 R^2 为 0.9689。这表明回归模型具有很好的拟合优度，对环境库兹涅茨曲线具有充分的解释意义。由图 3-5 可知，其曲线不符合典型倒"U"形，而是呈现出比较缓和的"N"形。经计算其理论转折点有两个，分别是人均 GDP 为 5500 元和 24500 元的两点，结合表 3-1 可得其对应的年份分别为 1992～

1993年和2003～2004年；另有一拐点为15000元，对应的年份为1998～1999年。曲线在历经了1992～2004年十多年的下降阶段后，目前正处于继续上升的阶段，还没有到达下一个转折点。

人均GDP与工业废气排放量的模拟曲线特征。由图3-6及表3-1可知经济增长与工业废气排放量的拟合曲线呈现出倒"U"形曲线的左半部分，且R^2为0.8918。这表明拟合曲线具有较好的拟合优度，对环境库兹涅茨曲线具有较充分的解释意义。曲线的理论转折点的人均GDP为7643元和48833元，拐点人均GDP为28238元，转折点1对应的年份为1994～1995年，拐点对应的年份为2004～2005年，又由表3-1可见截至2005年还未到达第二个转折点，即曲线从1994年至今一直处于上升阶段。

由图3-8及表3-1可见，经济增长与工业废气中的烟尘排放量的拟合曲线亦不符合典型的倒"U"形的环境库兹涅茨曲线，而是呈现出比较完美的"N"形。其R^2为0.9186，它的拟合优度也比较好，对环境库兹涅茨曲线也具有较好的解释意义。它的理论转折点有两个分别在人均GDP为9955元和20045元，拐点为15000元。曲线在经历了1995～2002年几年的下降阶段后，目前正处于上升阶段。

由图3-9及表3-1分析可知，经济增长与工业废气中的二氧化硫排放量的拟合曲线亦不符合典型的倒"U"形的环境库兹涅茨曲线，而是呈现出倒"U"形曲线的右半部分加上左侧的一小部分。拟合曲线的R^2为0.9463，即拟合曲线具备良好的拟合优度，对环境库兹涅茨曲线具有充分的解释意义。经济算其理论转折点及拐点分别在人均GDP为4865元、26246元和15556元，对应出现的时间为1992～1993年、2003～2004年、1998～1999年。二氧化硫排放量在经历从1992～2004年十多年的缓慢下降后，目前正处于上升阶段。

人均GDP与工业固体废弃物排放量的模拟曲线特征。由图3-7及表3-1可见，人均GDP与工业固体废弃物产生量的拟合曲线呈现出倒"U"形曲线的左半部分，其中R^2为0.9609，这说明它具有很好的拟合优度，即对环境库兹涅茨曲线有很好的解释意义。曲线的两个理论转折点对应的人均 GDP 分别为 7597 元和 14625 元，对应的年份为 1994～1995 年和 1998～1999 年；理论拐点为 11111 元且对应的时间为 1996～1997 年。由图 3-7 可见，曲线在 1997 年之前一直处于水平状态，1997 年之后则处于加速上升阶段，到目前为止曲线还处于上升阶段且未达到下一个转折点。

2. 原因分析

经济增长对环境质量的影响突出表现在环境的规模效应、结构效应和技术效应上，即工业规模的扩大、三产结构的变动、新技术的应用、新政策的实施等都可导致曲线形状的改变。人均 GDP 与工业“三废”排放量拟合曲线变动的具体原因可从以下方面进行阐述：

(1)人均 GDP 与工业废水排放量曲线拟合结果的原因分析

根据图 3-5 在两个转折点之间工业废水排放量随着人均 GDP 的增加而呈现出逐渐下降的趋势。这并不表明济南市工业废水污染状况已达到标准环境库兹涅茨曲线转折点时的后工业化时期水平，出现这种情况与这一时期济南市环境工程的实施、环境基础设施的完善、环境监控能力的提高等有密切的关系。一是，水污染治理工程稳步实施。“九五”期间，济南市广泛实施水污染治理工程，对主要湖泊、水库、河流进行强化防治，对流域内工业污染源的限期达标进行重点治理。对有治理价值但在治理技术或资金上存在困难的企业给予积极的帮助，促使其加快治理污染物进度；对无治理价值的企业，实行关闭政策。由此辖区内 209 家工业废水重点污染源全部实现达标排放，全市 1 万吨以下的造纸制浆生产线被关停了 18 家。“十五”期间，对大明湖、白云湖，黄河、小清河、徒骇河，鹊山水库、玉清湖水库、卧虎山水库、锦秀水库等两湖、两库、三河实施环境综合整治。对全市 70 家重点废水污染源实施限期治理，全面实施工业污染源达标工程，关停了平阳子顺造纸厂、章丘造纸厂草浆生产线等等。二是，水污染治理投资初具规模。在“十五”期间，2001 年用于治理工业废水的资金为 0.81 亿元，到 2005 年投资为 3.85 亿元，五年累计总共投资 26.13 亿元。这部分资金广泛应用于环境保护事业，这一期间对济南市水质净化一、二厂进行的投资，使其污水处理能力达到 42 万立方米/每天。三是，水环境监测与公众参与机制初显成效。“十五”期间济南市建成了小清河水质自动检测站，并对污水排放量合计占市区总量 60%的 9 家单位安装了 10 套水污染在线监测装置，实现了对重点水污染源的实施监控。

由图 3-5 及表 3-1 可见，济南市工业污水排放量大约从 2004 年又开始有所增长，这与济南市产业结构不合理等有关。这是因为第二产业在济南市国民经济中占主导地位，在 2005 年一、三产业都有所下降的情况下，第二产业仍以 0.9%的速度增长。而第二产业所包含的行业大多是废水排放大户，它长足稳定的发展必将使水污染问题更加尖锐。

(2)人均 GDP 与工业废气排放量拟合曲线结果的原因分析

二氧化硫排放量、烟尘排放量在两个转折点之间随着人均 GDP 增长而逐渐下降，这与同期实施的相关环保政策等有关。一是，目标明确，开展城市大气污染防治大会战。在这一时期，针对空气污染特别严重的局面，全市展开了大气污染防治会战，相继实施了几个影响比较重大的环境工程，这包括大环境绿化工程、环境“容貌工程”和“蓝天工程”。与此同时接连发布了五个有关的治理大气污染改善环境空气质量的通告，又结合创建国家环保模范城市的工作，加大了环境综合整治力度。二是，重点突出，力抓烟尘和二氧化硫污染。在济南市大气污染中，烟尘和二氧化硫是比较重要的污染物。在这一时期济南市为改善空气质量，力抓烟尘和二氧化硫污染。又知烟尘和二氧化硫多数来自于城市工业燃煤，因此济南市在这一时期重点对工业用煤进行控制，突出体现在用煤质量与用煤数量的控制上。一方面在“九五”、“十五”期间为减少煤炭用量做了大量工作。“九五”期间为减少煤炭使用量，对市区 4500 个 1 吨以下的燃煤锅炉具实施更换，使其全部更用电、气、油等清洁燃料。而在“十五”期间则对污染严重的 10 吨以下的 933 台燃煤炉进行了淘汰。另一方面为减少二氧化硫、烟尘排放量，大力推行脱硫煤工程和静电除尘工程。在

1998年济南市政府发布了《关于禁止销售使用高含硫量燃煤的通知》,其中市区和章丘禁止销售和使用含硫量高于1.5%的煤炭。到2000年又进一步规定市区内燃用煤炭含硫量必须低于0.8%,灰粉必须低于20%。仅2005年全市99台20吨以上燃锅炉全部实现了脱硫除尘,由此一年就减少了5.5万吨二氧化硫的排放。

在1996年之前工业废气排放量基本处于低水平的稳定状态,这与当时社会经济发展水平低下有关,而并非高水平环境保护的结果。大约从1996年开始,济南市人均GDP突破10000元人民币,经济飞速发展,工业规模扩展迅速,第二产业更获得跨越式发展。与此同时,工业废气排放量亦开始大规模增长,济南市环境污染日益严重。一方面,第二产业尤其是黑色金属冶炼及延压加工业、非金属矿物制品业等工业废气产生的主要行业获得快速发展,工业废气排放量迅速增长;另一方面,虽然工业污染治理总投资不断增加,但是投资占生产总值的比例并没有上升,这使具体投入到个专项治理中的资金并未有明显增加,如此少的资金投入不足以使环境质量得到大幅提高,最多也只能控制个别污染物在一定时期的排放量有所下降。目前二氧化硫和烟尘排放量正处于上升阶段,这与排放二氧化硫和烟尘的行业企业的增加及黑色金属冶炼及延压加工业、电力、热力等二氧化硫和烟尘排放大户增加及快速发展有关。由此可知今后治理二氧化硫和烟尘排放量等大气污染物的工作仍然很严峻。

(3)人均GDP与工业固体废弃物排放量拟合曲线结果的原因分析

在1996年之前,曲线一直处于较低水平的稳定状态,这与济南市当时低水平的环境经济水平相符合。从1992年到1995年人均GDP从3928元增至8773元,未突破万元GDP大关。这时污染物排放量未增加与此时第二产业不发达有很大的关系。

1996年以后,工业固体废弃物排放量迅速增加,并且由此引起的二次污染、水污染、大气污染也日益加重。工业固体废弃物排放量增加的原因有很多,其中包括产业结构、投资治理力度等。一是以第二产业为主导的产业结构。济南市以第二产业为主导产业，而第二产业中黑色金属冶炼及延压加工业、水泥制造业、电力、热力的生产和供应业等行业都是产生工业固体废弃物的大户。仅2005年黑色金属冶炼及延压加工业工业固体废弃物产生量为549万吨，占工业固体废弃物当年排放量的64.29%；电力、热力的生产和供应业所产生的工业固体废弃物量为175万吨，而水泥制造业产生的工业固体废弃物量为6.79万吨。第二产业的长足发展，在相当长的时期内会导致固废产生量的持续增加。二是固体废弃物治理投资偏少。在工业污染物治理总投资中，治理固体废物的资金一直比治理废气和废水的投资少，在整个"十五"期间，治理固体废弃物的资金合计达86723万元，同期比治理废气的投资少43.94亿元，比治理废水的投资少18.86亿元。投资少而产生的固体废弃物多，使环境质量恶化不断加快。三是固体废弃物再利用效果不佳。对固体废弃物的处理和变废为宝的投资力度不够大，2005年工业固体废物综合利用量仅为827.45万吨，工业固体废物综合利用率仅达94.71%，尚有25.81万吨的固体废弃物未得到有效的利用。除了工业固废外，城市生活垃圾排放量的迅速增加也不容忽视，对于城市生活垃圾也需要加大治理力度。

3. 结果分析

通过以上研究可以得到以下结论：

(1)环境库兹涅茨曲线拟合的效果理想

由以上拟合图表可见，济南市人均GDP与工业"三废"的三次多项式曲线的拟合效果都较好，拟合优度除工业废气为0.8918外，其余均高于0.9，对环境库兹涅茨曲线都具有较充分的解释意义。

(2)环境库兹涅茨曲线呈现的特征明显、形成的原因广泛

由环境库兹涅茨曲线的形状可以看出它们并不符合典型的倒"U"形曲线，工业废气、工业固体废弃物的环境库兹涅茨曲线表现为倒"U"形曲线的左侧上升部分且尚未达到转折点；工业废水、烟尘的环境库兹涅茨曲线则呈现为"N"形的关系，并且目前都处于上升阶

段且没有到达下一个转折点;二氧化硫的环境库兹涅茨曲线表现为倒“U”形曲线的右侧部分加上左侧的一小部分。产生此特征的原因是多方面的,这不仅与济南市经济增长有关,而且还与污染物排放量变化、产业结构的调整、环境保护投资力度的大小、环境保护政策等有着直接的关系。

(3)环保投资不足致使环境治理效果不显著

根据研究表明,一个国家在经济增长时期,环保投入要占到国民生产总值的1%～1.5%时,才能有效地控制环境污染;投资达到3%才能使环境质量得到明显改善。济南市2005年的环保投资仅为39.6亿元,占生产总值的2.1%,这说明济南市环境污染以得到一定控制,但是要得到环境质量的明显提高还有很长的路要走。

(4)产业结构不优促使环保难度加大

改革开放以来,济南市第一产业比重下降,第三产业比重上升,第二产业比重缓慢下降,三次产业结构变动趋势基本上符合产业结构趋向高度化的演进规律,也基本上符合工业化演进的规律。第二产业由1983年的48.7%下降至2001年的41.6%,下降了7.2个百分点,近几年又有回升,2005年到了46.0%。由此可见济南市目前正处于并长期处于工业化中期阶段,第二产业仍将长期占据主导地位。而第二产业的进一步发展势必加重环境污染,探讨新型工业化道路迫在眉睫。

(5)污染物持续增长威胁环境的安全阈值

由上述五图来看污染物排放量目前都处于上升阶段还没达到下一个转折点,而济南市正处于并长期处于工业化中期,污染物排放量在今后一段时间还将继续增加。环境库兹涅茨曲线适应于一定的阈值,这是因为环境都有有限的承载能力,一旦超越了限值环境生态系统将会崩溃,因而环境库兹涅茨曲线的峰值必须在阈值之内。因而降低污染物总量的峰值并缩短峰值到达时间成为今后环保工作的重点。

(6)环境库兹涅茨曲线不能成为“先污染后治理”的借口

西方发达国家大都走了“先污染后治理”的道路，事实证明这并不是理想的工业化发展道路。这是因为投资治理污染的边际效益是递减的。当污染比较严重时，投入一定量的资本可以获得环境质量的显著提高。但在污染控制到一定程度后，要再改善环境就要加大投资的力度，然而即便增加投资也未必获得环境质量的提高。很明显济南市要想保持自身发展特色，获得环境经济综合效益就不适合走“先污染后治理”的工业化道路。

通过模型分析我们可以看出，工业“三废”排放量目前都处于上升阶段又知济南市正处于并长期处于工业化中期，环境治理工作仍然还很艰巨。虽然经济增长会改变环境质量，但是这一过程不会自动发生。特定形状的环境库兹涅茨曲线反映特定时期的经济、技术、政治的发展水平，但它并不是一成不变的，而是处于一个动态的变化过程中，要想使曲线的峰值降低且提前到达，我们必须采取一些措施。针对环保投资不足的情况，我们应进行多渠道融资，一方面借助国内外的经验提高排污收费标准，另一方面建立多元化的投资机制，大力发展环保产业。针对产业结构的现状，积极调整三产的发展，推广生态工业园区的建设，大力发展循环经济。另外政府应鼓励科技创新，开展有关环境管理政策研究以及为环境管理服务的监测、监控技术的研究。政府及有关部门还应推进环境科研成果的尽快转化，发挥企业在技术创新中的中流砥柱作用，营造出有利于技术创新的政策环境，加大开发具有自主知识产权技术，推动污染防治关键技术和产品开发应用。政府还应发动全民环保行动，建立健全公众参与机制。

二、山东省产业结构变动的生态环境效应

产业结构是由生产方式和生活方式决定的。现有的生产方式和生活方式的形成以及传统经济学都是以资源包括环境资源的无限供

应为前提的。然而这个前提并不存在，自然资源不是取之不尽用之不竭的，地球的环境承载能力对满足人类现在和未来的各种需求来讲也是有限的。现有的这种建立在对自然资源肆意掠夺和破坏的基础上的生产方式是不可持续的。

产业对环境质量的影响主要通过生产过程中向环境排放对环境有害的废弃物造成。通过对不同产业部门的废弃物排放情况进行分析，将使我们对产业结构与生态环境质量状况的关系有一个比较清晰的了解。

(一)山东省产业结构的变动分析

1. 产业结构增长的波动分析

产业结构增长是指各产业部门的相对稳定增长和相互之间的协调增长，产业结构中的任何“异军突起”和“大起大落”现象都是结构低效益的表现。我们利用下面两个指标来衡量产业结构增长的波动情况。

$$\delta = \sqrt{\frac{\sum(X_i - \overline{X})}{n}},$$

$$V_\delta = \frac{\delta}{\overline{X}} \times 100\%$$

其中：δ 为标准差；

X_i 为分析期内各年增长速度(标志值)；

n 为项数(分析期内年数)；

V_δ 为标准差系数(离散系数)；

$\overline{X}$为平均数(平均增长速度)。

通过上面公式，计算出山东省 1988～2005 年的三次产业变动的结果(见表 3-2)。结果表明，山东省的三大产业中，近 18 年来波动最小的是第三产业，其次是第二产业，波动最大的为第一产业。与全国同期相比，山东省产业结构的稳定性相对较差，特别是第二产业的发展变动过大，体现了山东省的第二产业发展的偶然性和不稳定性，以及第三产业发展的相对稳定性或者说“发展得缓慢”。

表 3-2 山东省三次产业波动分析

		GDP	第一产业	第二产业	第三产业
山东	δ	6.10	5.10	8.38	6.73
	V_δ	46.73	98.22	61.06	40.19
全国	δ	3.35	4.37	5.66	5.12
	V_δ	32.48	92.50	45.36	46.23

2. 产业结构对经济增长的贡献率

产业结构对经济增长的贡献，通常是指产业比例关系变化引起的经济总量的增加。这一增加额占同期经济总增加量的百分比，就是产业结构变动对经济增长的贡献率。可以根据统计分析中的因素分析方法的原理来考察产业结构变动对经济增长的贡献率。运用下面的模型进行计量：

$$g=\sum_{i=1}^{3}w_i g_i$$

其中，g 表示国民生产总值的增长率；w_i 为第 i 产业增加值占国民生产总值的比重；g_i 为第 i 产业增加值的增长率。

公式表明，国内生产总值增长率的大小取决于两个因素，一是各产业增长率的大小，二是各产业增加值的比重。一般而言，假定各产业增长率一定，增加值比重较高的产业对国内生产总值的拉动作用就越大，因此，要测定产业结构变动对经济增长的贡献率，可以借鉴因素分析方法，以各产业的报告期增长率，乘以基期的增加值比重来求得国内生产总值增长率，与报告期实际 GDP 增长率相减就是产业结构变动对经济增长的贡献率。

由图 3-10 可知，从贡献率的角度分析，山东省产业结构对经济增长有很大的影响作用，从 1988 年以来，第二产业对经济增长的贡献率一直居首，多年保持在 60%左右，可以说工业是推动山东省经济发展的主要推力。其次是第三产业除 1988～1990 年三年间贡献率较小外，自 1991 年开始一直稳定在 35%左右；与之相对应的第一产业的贡献率一直处于下降的趋势，由同阶段开始的 10%左右，稳定在后期的 5%左右。依据产业对经济增长的贡献率，我们计算出各个产业对于经济增长拉动的百分点，如图 3-11 所示。

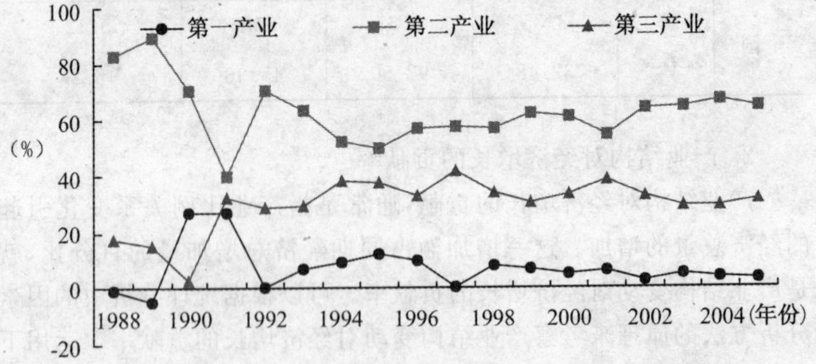

图 3-10　1988～2005 年山东省三次产业对经济增长的贡献率

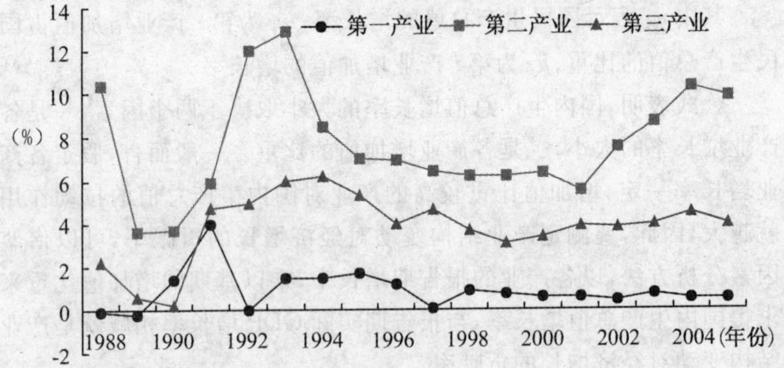

图 3-11　1988～2005 年山东省三次产业对经济增长的拉动关系

(二)山东省工业“三废”排放的趋势分析

环境污染主要包括大气污染、水污染、固体废弃物污染、噪音污染等,其中我们简称为“三废”的废气、废水和固体废弃物污染是造成环境污染的主要污染物。二氧化硫是废气特别是工业废气排放的主要产物,根据 2005 年资料显示,山东省共排放二氧化硫 2002832 吨,而工业二氧化硫排放达到 1715362 吨,占到了 86%。受数据资料限制,通过山东省二氧化硫排放量来反映山东省工业废气排放的走势(见图 3-12)。

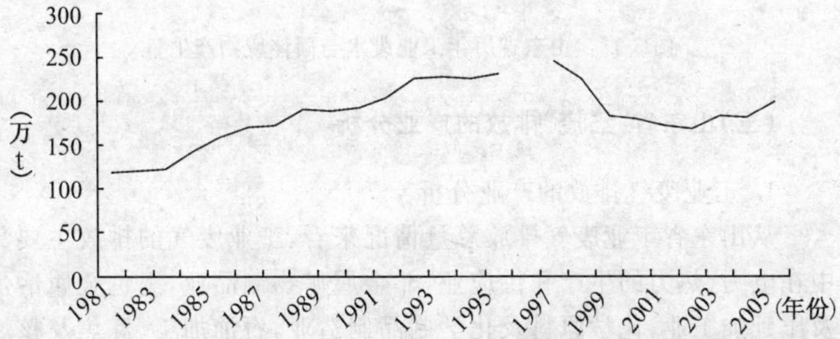

图 3-12　山东省历年二氧化硫排放量

通过图 3-13 可以看出,山东省工业废水与工业固体废物产生量一直呈现持续增长的态势,由图 3-12 看出,山东省二氧化硫排放在 1998 年之前一直增长迅速,1998 年之后虽然出现了短期下降,但 2005 年又有上涨的趋势。综合分析,山东省工业“三废”的排放量在近期仍会出现上升趋势,“三废”排放的控制还没有发挥很好的效应。

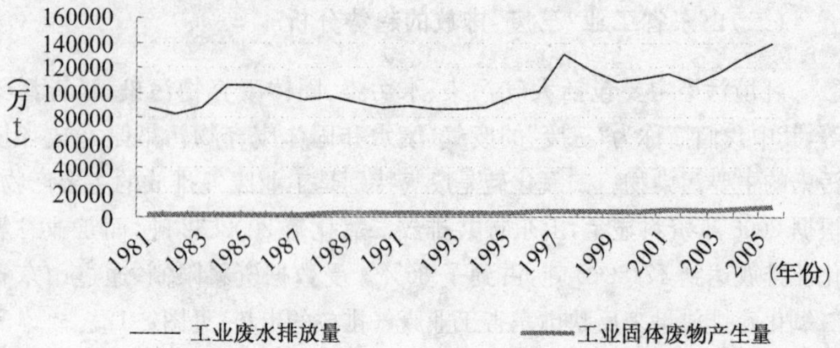

图 3-13　山东省历年工业废水与固体废物产生量

(三)山东省"三废"排放的产业分析

1. 工业废气排放的产业分析

从山东省工业废气排放总量情况来看,工业废气的排放主要集中在电力、热力的生产和供应业,非金属矿物制品业,黑色金属冶炼及压延加工业,化学原料及化学制品制造业,石油加工、炼焦及核燃料加工业五个行业。五个行业 2005 年废气排放共达到 20816 亿标立方米,占到当年工业废气排放总量的 86.3%。山东省的机械制造行业的废气排放量也普遍较低,如通用设备制造业,专用设备制造业,交通运输设备制造业,电气机械及器材制造业,通信设备、计算机及其他电子设备制造业,仪器仪表及文化、办公用机械制造业,工艺品及其他制造业这些行业的废气排放量都比较低,总共占到山东省废气排放总量的 1.31%。

我们用每单位工业增加值(按生产法计算)对应的废气排放量来衡量各行业的废气污染排放强度。从废气排放强度情况来看,单位工业增加值废气排放量最高的是电力、热力的生产和供应业;其次非金属矿物制品业,黑色金属冶炼及压延加工业,化学纤维制造业,有色金属矿采选业,石油加工、炼焦及核燃料加工业等行业的单位工业增加值废气排放量也很高。从图 3-14 可以看出,这几个行业基本上也是山东省废气排放总量比较大的一些行业，说明这六大行业应该属于工业废气排放的高污染行业，不仅仅废气排放强度大，而且是山东省工业增加值比较大的几个行业。今后，随着工业增加值的迅速增长，这六大行业在废气治理方面需要加大力度。

值得一提的是，制造业中的仪器仪表及文化、办公用机械制造业虽然废气排放总量很低，2005 年只有 64 亿标立方米，但排放强度相对比较高，万元工业增加值的废气排放就达到 1.51 万标立方米，是制造业中废气排放强度唯一比较高的。

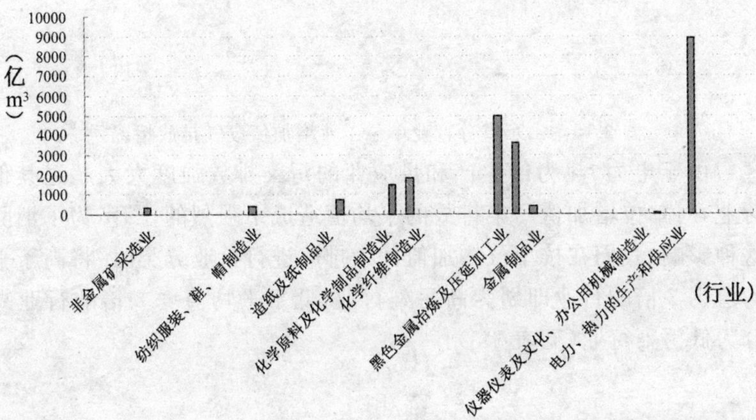

图 3-14　山东省工业废气排放的产业分布

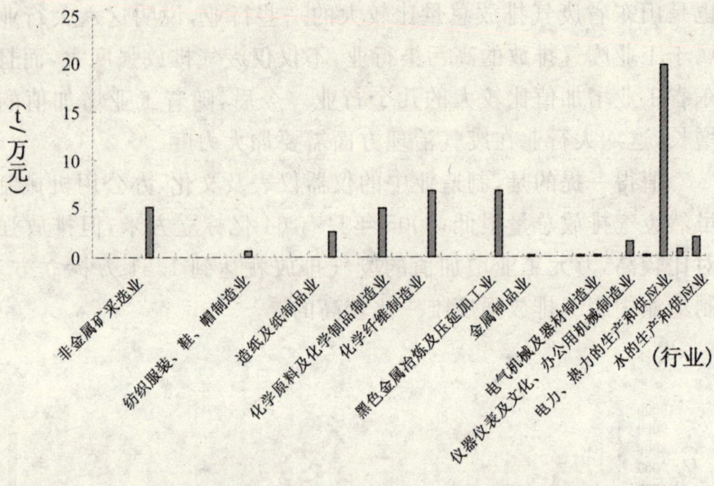

图 3-15　山东省分行业单位工业增加值废气排放情况

由于电力、热力的生产和供应业的污染排放强度大大超过其他行业，对单位增加值污染排放的平均值造成了强烈的拉升，为了消除这种影响，我们在按单位增加值污染排放进行行业分类时，将高于平均值 1.2 倍的行业即划为高污染行业，低于平均值 0.2 倍的行业划分为低污染行业(见表 3-3)。

表 3-3　按废气排放强度的行业分类

高污染行业	中等污染行业	低污染行业
电力、热力的生产和供应业	黑色金属矿采选业	煤炭开采和洗选业
有色金属矿采选业	饮料制造业	石油和天然气开采业
非金属矿物制品业	食品制造业	非金属矿采选业
黑色金属冶炼及压延加工业	纺织业	农副食品加工业
化学原料及化学制品制造业	橡胶制品业	烟草制品业
石油加工、炼焦及核燃料加工业	有色金属冶炼及压延加工业	纺织服装、鞋、帽制造业
化学纤维制造业	仪器仪表及文化、办公用机械制造业	皮革、毛皮、羽毛(绒)及其制品业
造纸及纸制品业	燃气生产和供应业	木材加工及木、竹、藤、棕、草制品业
	水的生产和供应业	家具制造业
		印刷业和记录媒介的复制
		文教体育用品制造业
		医药制造业
		塑料制品业
		金属制品业
		通用设备制造业
		专用设备制造业
		交通运输设备制造业
		电气机械及器材制造业
		通信设备、计算机及其他电子设备制造业
		工艺品及其他制造业

2. 工业废水排放的产业分析

从山东省工业废水排放的行业分布来看，造纸及纸制品行业，化学原料及化学制品制造业，纺织业，电力、热力的生产和供应业四个行业最为集中，2005 年共排放工业废水 79941 万吨，占到了山东省工业废水排放总量的 61.3%；此外，石油加工、炼焦及核燃料加工业，农副食品加工业，食品制造业，煤炭开采业，非金属矿物制品业及各行业的废水排放量也比较大；山东省的机械制造行业的废水排放量普遍较低，如通用设备制造业，专用设备制造业，交通运输设备制造业，电气机械及器材制造业，通信设备、计算机及其他电子设备制造业，仪器仪表及文化、办公用机械制造业，工艺品及其他制造业这些行业的废水排放量都比较低，总共占到山东省废水排放总量的2.67%。机械制造业和电子制造业都是山东省的强势产业，良好的废水减排，为强化山东省优势产业升级打下较好的基础。

从山东省工业废水排放强度来看，造纸及纸制品行业最大，其次是化学纤维制造业，饮料制造业，食品制造业，化学原料及化学制品制造业，石油加工、炼焦及核燃料加工业，电力、热力的生产和供应业等。需要指出的是，制造业中仪器仪表及文化、办公用机械制造业的废水排放强度同样比较大。

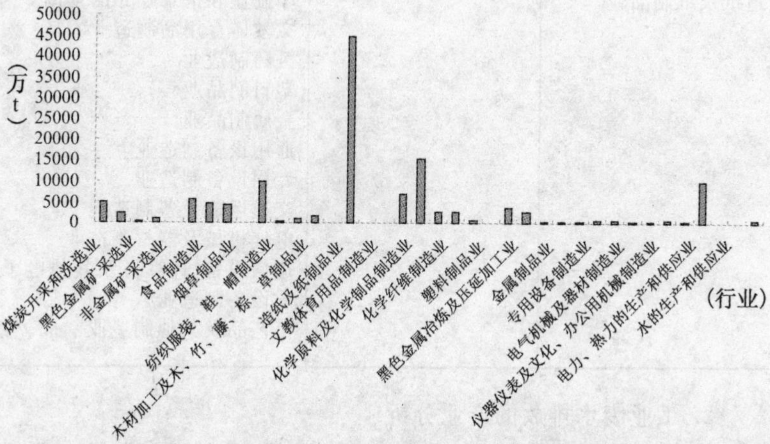

图 3-16　山东省工业废水排放量的产业分布

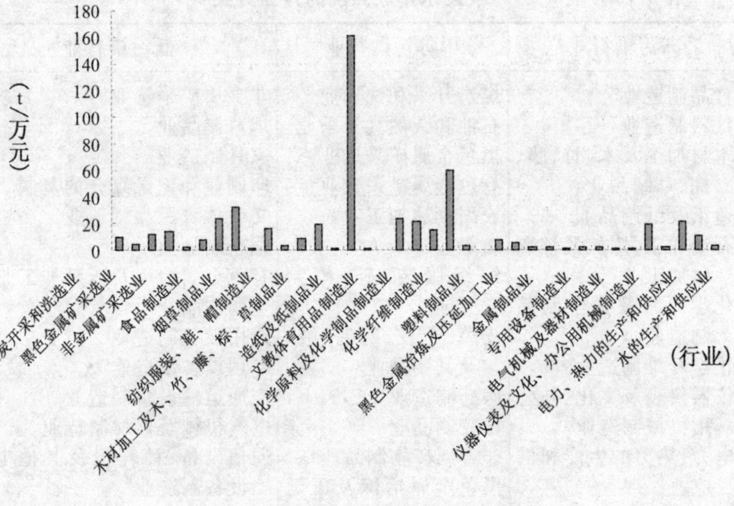

图 3-17　山东省工业废水排放强度的产业分布

采用废气排放的行业分类标准，将高于废水排放量平均值 1.2 倍的行业即划为高污染行业，低于平均值 0.2 倍的行业划分为低污染行业（见表 3-4）。

3. 工业固体废物排放的产业分析

山东省近期工业固体废物逐渐进入循环利用阶段，废物排放得到基本控制。2005 年山东省 5042 家重点调查企业，共产生工业废物 8821.1 万吨，固体废物综合利用量达到 8379 万吨，综合利用率达到 95%。从行业分布来看，除了皮革、毛皮、羽毛（绒）及其制品业，石油和天然气开采业，黑色金属矿采选业等少数行业外，工业固体废物综合利用率都在 80%以上。

表 3-4 按废水排放强度的行业分类

高污染行业	中等污染行业	低污染行业
食品制造业	煤炭开采和洗选业	非金属矿采选业
饮料制造业	石油和天然气开采业	烟草制品业
木材加工及木、竹、藤、棕、草制品业	黑色金属矿采选业	家具制造业
造纸及纸制品业	有色金属矿采选业	印刷业和记录媒介的复制
石油加工、炼焦及核燃料加工业	农副食品加工业	文教体育用品制造业
化学原料及化学制品制造业	纺织业	塑料制品业
化学纤维制造业	纺织服装、鞋、帽制造业	有色金属冶炼及压延加工业
仪器仪表及文化、办公用机械制造业	皮革、毛皮、羽毛(绒)及其制品业	金属制品业
电力、热力的生产和供应业	医药制造业	通用设备制造业
	橡胶制品业	专用设备制造业
	非金属矿物制品业	交通运输设备制造业
	黑色金属冶炼及压延加工业	电气机械及器材制造业
	燃气生产和供应业	通信设备、计算机及其他电子设备制造业
	水的生产和供应业	工艺品及其他制造业

(四)山东省产业结构变动的环境效应分析

“十一五”期间，山东省产业结构取得重大突破和发展，产业结构升级与传统产业改造是一个突出亮点。山东省《国民经济和社会发展第十一个五年规划纲要》中明确指出，要“完善拉长七个产业链的基础上，大力发展支柱产业，突破重点装备产业，改造提升传统产业，全面提高制造业国际竞争力”。支柱产业主要包括电子信息及家电产业、机械设备产业、化工产业、食品产业、纺织服装业和材料产业6个行业；突破重点装备产业主要重点突破数控机床及数控系统、发电和输变电设备、精密仪器仪表、环保设备、大型施工机械、新型农业机械、大型化肥装置关键设备等20类重大装备；改造提升传统产业主要重点改造造纸、塑料、新型包装材料、化肥、轮胎、水泥、平板玻璃、建筑卫生陶瓷、新型墙体材料、耐火材料等10个行业。

通过表 3-3 和表 3-4 中对高污染行业的分类，可以看到，支柱产业中的化工产业、食品产业以及材料产业中的造纸业都属于废气和废水排放的高污染行业，电子信息及家电产业、机械设备产业和纺织服装业的污染强度相对较低，其中纺织服装业属于中等污染行业。也就是说，山东省“十一五”期间重点发展的六大支柱产业中有一半是高污染行业，这对“十一五”期间山东省的环境污染与治理是一个非常大的挑战。随着政府的大力支持，这些行业的高速发展，废气、废水排放强度会有增无减，废气、废水排放量也会大大增加。因此，能否在保证产业健康发展的同时，不断推进技术创新和产业工艺升级，做好节能减排工作，是“十一五”期间山东省经济、环境协调发展的关键。

重点装备产业中基本都属于低污染行业领域，“十一五”期间，加速推动这些装备产业的发展，对废气、废水排放量的变化影响甚微，基本上不会产生对生态环境较大的破坏。

山东省传统产业中除了塑料是低污染行业外，其余大多属于高、中污染行业，也是未来对生态环境破坏比较大的一些行业。“十一五”期间，山东省要“以增强技术创新、产品开发和精深加工能力为方向，加快运用高新技术和先进适用技术，提升产业的设计、制造、装备和管理水平，提高产品质量和档次，实现传统产品结构的优化升级”。加大改造提升传统产业的升级力度，也将会一定程度上降低传统产业废气、废水排放强度，对生态环境破坏起到一定的缓解作用。

电力、热力的生产和供应业是为人民生产和生活服务的公共行业。2008 年前后，山东省不少城市都要普及集体供暖，大力推进供暖设施和管道建设，人们对热力供应的需求将不断加大。加上人们生活水平不断提高，休闲娱乐项目不断增多，电力的消费需求将会继续上升。相信，未来几年内，电力、热力的生产和供应业会得到比较迅猛的发展。而无论是废气排放，还是废水排放，电力、热力的生产和供应业都是高污染行业，特别是废气排放，不管总量还是强度都遥遥领先于其他行业。因此，电力、热力的生产和供应业在未来的持续升温，将会对生态环境造成较大的影响，应该引起有关领导和决策部门的思考，作出适当改善，予以调节。

综上所述，近些年，山东省产业结构出现了一些调整，发展了一批污染排放强度较小的环保型行业，污染排放较大的一些传统行业也正得到不断的升级改造。但，仍有一些高污染行业未来将继续成为山东省产业发展的重点，这些行业将对今后山东省生态环境变化造成主要的影响。

三、居民消费结构变动的环境效应研究

消费是人类一切经济活动的出发点，又是一切经济活动的归宿点，是经济学研究的重要问题。近年来，随着居民收入水平的不断提高，山东省城镇居民的消费结构发生了显著的变化。在对山东省近几年城镇居民消费结构的现状分析的基础之上，剖析了目前消费结构中存在的主要问题。最后，针对存在的主要问题从如何建立正确的消费观念、引导居民合理消费、提高居民收入、完善和优化山东省城镇居民消费结构等方面，提出了进一步改善山东省城镇居民消费结构的建议和对策。

(一)山东省居民消费结构总体概况

改革开放二十多年来，山东省经济和社会状况发生了翻天覆地的变化，尤其是近年来，伴随着山东省国民经济的快速发展，山东省社会经济改革取得了可喜的成果，同时这一时期也是居民生活水平迅速提高的时期(见图 3-18)。2006 年山东省城镇居民人家全年可支配收入比 1990 年增加了 10726.02 元，增幅达 731.54%，高于同期的全国城镇居民可支配收入水平的 10249 元和增幅 678.66%；而同期人均全年消费性支出增加了 7239.12 元，增幅达 588.89%，基本与同期全国城镇居民消费性支出的 7418 元和 580%相持平(见图 3-19)，表现出了收入、支出同比高增长的走势。不过从 1998 年开始

收入与支出的差距在不断增大，两者增加的速度不成正比，这反映出山东省城镇居民消费结构的变化，从而表现出一系列新的特点，出现了加大存款和投资的力度，实现经济的在生产蓄积。总体来说城镇居民生活已由小康向富裕迈进，其消费结构逐步在优化，居民吃、穿、住、用、行、娱乐、服务将持续改善，许多方面发生了质的飞跃。同时消费结构某些环节也存在一些问题，还应加以引导，使消费结构更加协调。

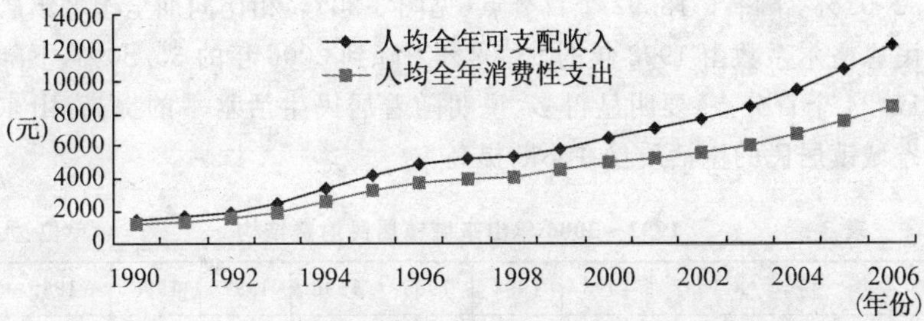

图 3-18 1990～2006 年山东城镇居民可支配收入及消费性支出统计

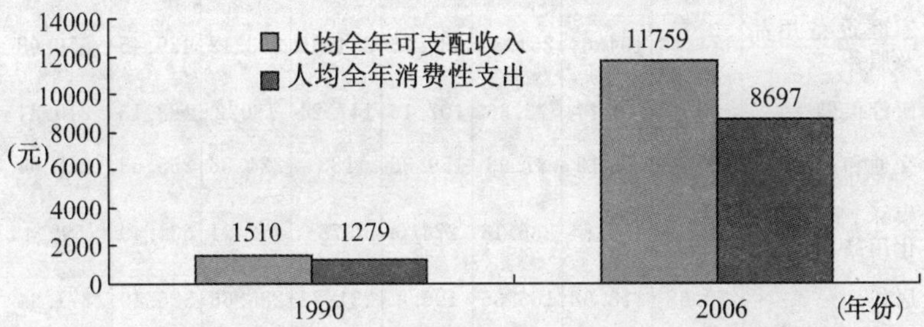

图 3-19 1990 年和 2006 年全国城镇居民可支配收入及消费性支出统计

从 1992 年到 2006 年的 15 年间，随着经济的发展和居民收入的增加，居民消费水平不断提高，从 1992 年的 1598.88 元增加到 2006 年的 8468.40 元，增加了 6869.52 元，增幅达到 429.65％。根据国际住户调查指标分类方法，居民消费可分为食品衣着、设备用品及服务、医疗保健、交通和通信、娱乐、文教用品服务、居住、杂货商品及服务等八项消费支出，山东省1992～2006年城镇居民消费结构如表3-5所示。

从表3-5可以看出，食品支出消费金额有较大增长，食品支出由1992年的814.44元增加到2006年的2711.65元，增加了1897.21元，实现了大幅度增加。但此项消费所占比例缺是在不断下降，1992年城镇居民恩格尔系数为50.94%，2006年城镇居民恩格尔系数为32.02%，下降了18.92个百分点(见图3-20)。相比同期全国城镇居民恩格尔系数由1992年的53.04%下降到2006年的35.80%，下降17.24个百分点，要明显得多，说明随着居民生活水平的提高，山东省城镇居民的生活质量在不断提高。

表3-5　　1992～2006年山东城镇居民消费结构　　单位:元

年　份	1992	1993	1994	1995	1996	1997	1998	1999
人均消费支出	1598.88	1946.88	2635.2	3285.48	3770.99	4040.64	4143.96	4515
食品支出	814.44	895.8	1209.24	1484.44	1645.8	1655.1	1642.13	1675.8
衣着支出	266.76	349.2	473.64	570.84	657.6	674.46	581.02	613.32
家庭设备用品及服务	174.36	194.64	261.84	336.36	354.36	383.12	429.45	550.68
医疗保健	32.4	48.24	72.36	107.16	147.24	180.2	188.13	219.84
交通和通信	33.72	54.12	87.96	159.36	183	221.86	255.53	272.64
娱乐、教育、文化用品	134.16	195.84	236.16	276.6	378	452.91	531.49	599.4
居住	70.68	118.68	165.36	196.8	231.72	285.66	326.49	371.64
杂项商品与服务	72.36	92.64	128.64	154.08	173.28	187.16	189.72	211.8

表 3-5(续) 1992～2006 年山东城镇居民消费结构 单位:元

年份	2000	2001	2002	2003	2004	2005	2006
人均消费支出	5022	5252.41	5596.39	6069.35	6676.15	7457.31	8468.40
食品支出	1744.09	1801.34	1927.6	2051.3	2310.66	2512.73	2711.65
衣着支出	665.62	700.29	751.8	790.6	829.22	925.94	1091.22
家庭设备用品及服务	561.15	522.36	396.97	461.09	457.33	503.36	526.29
医疗保健	322.6	327.49	407.69	444.04	484.42	579.01	624.06
交通和通信	353.61	411.29	538.5	638.22	801.23	902.32	1175.57
娱乐、教育、文化用品	712.42	777.79	929.12	931.46	983.07	1039.99	1201.97
居住	395.26	441.46	459.71	551.75	601.54	751.69	838.17
杂项商品与服务	267.24	270.38	184.98	200.89	206.28	242.29	299.48

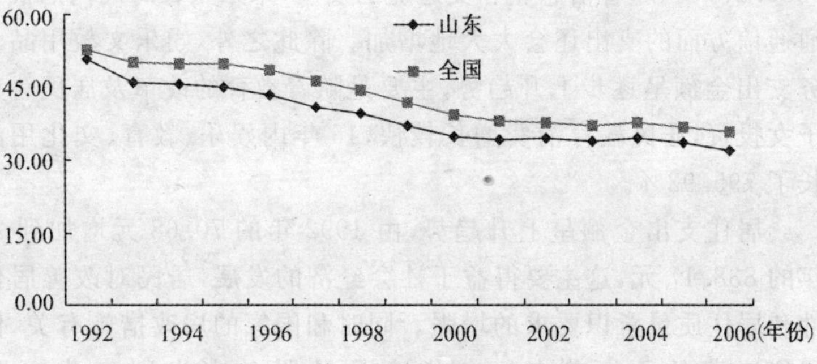

图 3-20 1992～2006 年山东省城镇居民恩格尔系数

衣着消费金额稳定增长，从 1992 年的 266.76 元增加到 2006 年的 1091.22 元，增加了 824.46 元，15 年中衣着消费增幅达到 309.06%。说明在居民收入水平提高的同时，居民衣着消费质量也在不断提高。家庭设备用品及服务支出则是波动变化，1992 年设备用品支出 174.36 元，2006 年设备用品服务支出 526.29 元，增加 351.93 元，增幅 201.84%。其中，用品支出相对平稳，住房装饰，家庭服务增长较快。

医疗保健支出增长迅猛，消费额从 1992 年的 32.4 元增加到 2006 年的 624.06 元，增加 591.66 元，增幅 1826.11%。保健意识的增强使居民医疗保健服务消费大幅增长，医疗改革的实施对居民此次消费也有较大影响，居民医疗费支出较快。交通通信支出大幅度增加。随着居民生活水平的提高和我国交通通信事业的飞速发展，居民旅游，信息消费需求增长迅猛，居民表现在交通通信方面的消费支出也呈大幅度增长趋势，15 年内居民消费支出由 1992 年的 33.72 元增加到 2006 年的 1175.57 元，增加了 1141.85 元，增幅达 3386.27%。随着信息业和交通业的发展，未来很长时间内居民对交通通信方面的支出还会大大地增加。除此之外，娱乐文教用品及服务支出金额呈逐步上升趋势，主要是随着教育的改革及居民舍得为子女投资，居民教育消费增长较快，15 年内娱乐、教育、文化用品增长了 795.92%。

居住支出金额呈上升趋势，由 1992 年的 70.68 元增加到 2006 年的 838.17 元，这主要得益于社会经济的发展，居民对改善居住条件和居住质量意识要求的增强。同时和国家的房改措施有关，促使居住消费的不断增长。杂货商品及服务支出则变化幅度为 313.88%，也有较大的增长。

1. 2001～2005 年时期城镇居民饮食消费结构

“民以食为天”现将 2001～2005 年期间山东省城镇居民饮食结构统计见表 3-6：

表 3-6　2001～2005 年山东省城镇居民饮食消费结构　单位:元

年 份	2001	2002	2003	2004	2005
粮食	152.35	173.71	178.71	212.62	219.23
油脂	39.07	37.57	48.95	58.71	66.11
肉食及制品	327.81	332.13	347.85	396.28	433.92
蛋类	72.01	74.56	75.71	87.19	95.54
水产品	127.42	120.65	120.79	133.32	146.95
菜类	146.50	158.53	179.91	194.77	211.92
烟草	53.58	58.77	60.59	62.43	75.49
酒和饮料	119.01	125.50	125.60	132.74	153.40
干鲜瓜果	121.40	160.55	156.02	181.33	206.89
奶制品	106.58	130.10	149.65	159.16	159.61

可以看出,居民饮食品种的多样化,这些品种的消费支出比重逐年持续增长,反映居民消费结构的优化和生活质量的提高。随着城镇居民生活水平的不断提高,更加注重饮食结构的合理搭配,注重科学的营养饮食。居民食品消费的品种多样化不断地丰富居民的饮食文化和饮食结构。其中,干鲜瓜果、油脂、菜类、粮食、烟草增幅较大,增幅分别达到 70.2%、69.2%、44.5%、44%、43.4%。烟草过快的增幅在一定程度上将危害人民群众的身体健康需要引起人们的重视。水产品酒和饮料的增幅缓慢,增幅分别达到 14.9%、29.1%,居民饮食结构还需进一步优化。

2.1992～2006 年城镇居民消费结构热点分析

恩格尔系数呈下降趋势,达到国际较富裕的标准(国际标准为 30%～40%为富裕型),食品消费占消费总支出的比重在下降,城镇居民生活水平在不断提高。城镇居民消费结构出现了许多消费亮点和消费热点。近年来,家用电器快速普及,像饮水机、组合音响、微波炉、数码相机、洗衣机、空调器、电冰箱、家用电脑等一大批新式家用电器已走进千家万户，说明城镇居民的消费结构在发生微妙的变化，家用电器已经成为家庭消费的一大亮点。另外随着社会经济的快速发展和城镇居民收入水平的不断增加，城镇居民日益增长的物质文化需求和精神文化需求会越来越高，城镇居民不断增长的各种需求要求我们通过各种途径和方法，不断优化消费结构和产业结构，以满足城镇居民日益增长的物质文化生活的需要。

3. 山东省城镇居民汽车消费分析

2001～2005 年的五年间山东省城镇居民生活质量显著提高，从家庭汽车数量的增加量上可窥豹一斑。由图 3-22 可以看出平均每百户家庭汽车数量从 2001 年的 0.3 辆上升到 4.5 辆，增长了 14 倍，说明居民消费已经开始向万元级消费品升级。汽车正慢慢地成为普通消费品走进普通居民的家庭。汽车作为大件商品走进平常百姓家，在很大程度上说明了山东经济在飞速发展的同时带给城镇居民丰厚的利润和回报，同时在某种程度上标志着家庭汽车消费时代的到来，它将刺激山东产业的快速调整，满足居民消费结构的需求。

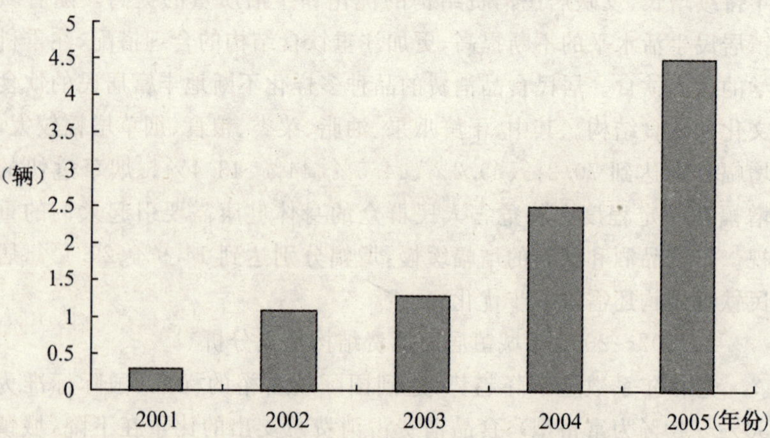

图 3-22　2001～2005 年平均每百户年末汽车拥有量

4. 山东省城镇居民住房消费分析

随着城镇居民收入水平的不断提高，居民已由小康向富裕迈进。“十五”期间，居民人均住房使用面积在不断扩大（见图 3-23）。

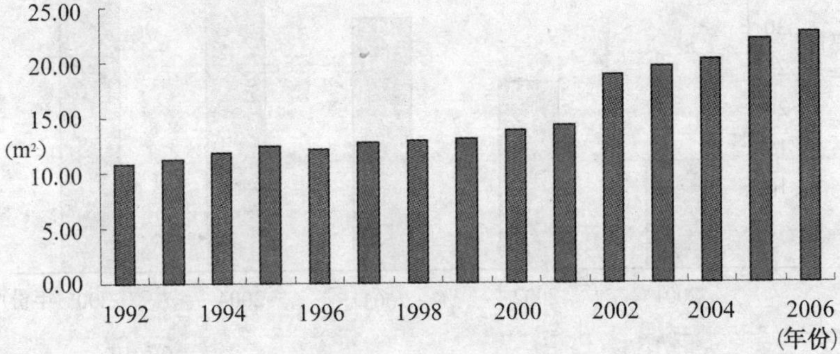

图 3-23　1992～2006 年山东城镇居民人均住宅使用面积

城镇居民住宅面积在不断扩大，反映居民居住条件的不断改善。通过图 3-23 可以看出人居住房面积由 1992 年的 10.80m^2 增加到 2005 年的 22.56m^2，这主要是由于生活条件的改善，使得人们越来越想住入面积大、交通方便、环境优雅、装饰漂亮的楼房里。而且随着城镇居民收入水平的不断提高，居民会优先考虑居住条件的改善，人民在满足了基本的物质生活需求之后，居住条件和环境成为人民消费的一大需求。

5. 山东省城镇居民电脑消费分析

城镇居民消费的又一热点还体现在居民家庭电脑拥有量的多少上，当今社会是一个信息快速传递的时代，消息与人们的生活息息相关。在第一时间快速掌握信息已成为一个现代人成功不可缺少的法宝。如图 3-24 所示：

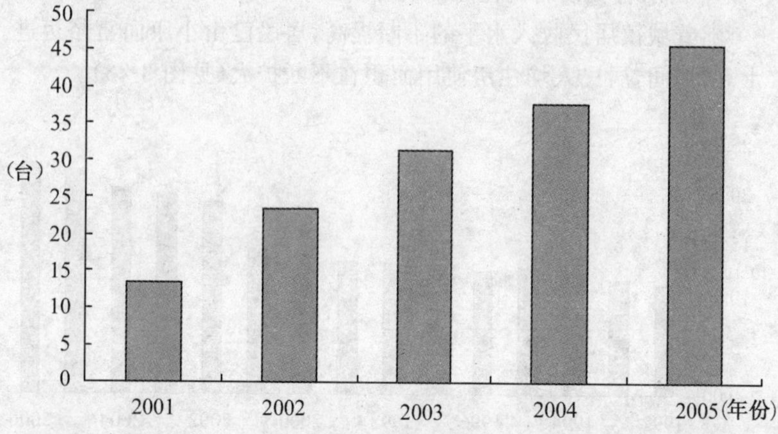

图 3-24　2001～2005 年山东城镇居民家庭平均每百户年末电脑拥有量

由图 3-24 可以看出山东省城镇居民在 2001 年每百户年末电脑拥有量还不足 15 台，随着山东经济的发展，为适应信息化社会的要求，2002 年末每百户电脑拥有量接近 25 台，变化趋势明显。在 2003～2005 年短短的三年时间里，城镇居民家庭电脑平均每百户电脑拥有量从 31 台猛增到 45 台，增长速度惊人。这一增长速度说明了人们在对信息需求方面的巨大市场，也说明了信息资源是当今社会发展的不可或缺的重要组成部分。

(二)山东省城镇居民消费结构中存在的问题

近些年来，山东省城镇居民消费结构虽然有了较大的改善，但在某些方面，某些环节上仍存在明显的缺陷。诸如居民的食品、衣着消费仍占居民全年消费支出的近 1/2，和发达省份相比差距明显。消费结构的优化掩盖了其内部结构的不足，设备用品等实用商品消费比重逐步提高，服务性的消费比重偏低，烟酒消费、不健康消费有增无减。

1. 食品、衣着消费支出仍占主导地位

食品、衣着的消费支出比重仍然偏高，食品消费支出占消费总支出的第一位，衣着消费支出占据第二位，虽然医疗保健设备用品及服务、交通通信支出的消费比重在不断增加，但与食品、衣着的消费支出仍有很大差距。食品消费和衣着消费在总消费结构仍占主导地位的现状如果得不到改观，它将会直接影响到其他产业结构的顺利调整和升级。居民在食品和衣着方面支出得过多，还会影响到居民生活水平的快速提高，因为居民消费结构是由多种消费结构组成的，这一方面支出得多少将直接关系到其他方面的消费是否能够兼顾到，加之山东城镇居民向来都有勤俭节约的习惯，所以食品和衣着的过快增长势必会影响到居民整体消费水平和生活质量的提高。但是要改变目前山东传统的吃、穿、住、用、行、娱乐这一传统观念，我们还有很长的路要走。

2. 消费结构中支出比例出现失调，影响消费结构的升级

尽管山东省城镇居民的消费结构在不断地发展和优化，居民消费结构也呈现出一个比较好的发展势头，但城镇居民消费结构仍存在严重的不足和缺陷，比如食品消费中的烟酒消费支出比重增长过快，这严重影响了居民身体健康。娱乐文教用品及服务也有很大程度的提高，一方面反映了居民在这方面消费支出的增加；另一方面也说明当前存在的教育乱收费现象，导致教育成本增加，从而导致教育消费支出的增加，这些都是非常值得注意的现象。

3. 重物质性消费，轻娱乐及服务性消费的观念仍有待改变

山东省城镇居民的消费重点仍然是物质性的即食品消费、衣着消费支出，这些消费支出所占比重比较大，而娱乐文教用品及服务和杂项商品及服务的消费比重偏低，这一消费观念直接影响到山东省服务业的发展，第三产业的发展快慢是衡量一个地区和国家发展速度的重要标准，所以人们轻视服务娱乐文化消费不利于山东第三产业的发展。提高精神文化消费的比重，根据文化消费具有不同层次的特点，引导人们合理搭配精神文化消费比重，提高闲暇消费质量。首先，引导居民充分认识文化消费的作用，自觉增加精神文化消费，

加大消费中的文化含量。其次,对闲暇时间利用进行引导。一要把握消费方向,开展有益于身心健康、发展智力、增长才能的消费活动。二要提高消费质量,引导人们主动、自觉地丰富消费内容,促进消费者素质的提高。

4. 收入水平的差距阻碍消费结构的快速升级

近年来,山东城镇居民收入差距一直呈扩大趋势,已经成为社会关注的焦点问题。低收入者由于收入过低及对未来感到不确定,他们会把货币存入银行而不是去直接用于消费,致使山东省乃至全国都出现了供过于求的现象,这一现象将直接影响消费结构的升级和优化。中低收入者占我国的人口比例比较大,如果不改变这一现状其最终将影响我国城镇居民消费结构的优化和升级。

5. 传统消费观念阻碍消费结构的升级

山东城镇居民受传统消费观念的影响,消费结构的升级受到很大的阻力,突出表现在城镇居民大多数只注重在传统消费领域中消费,而不愿过多在新的消费领域中消费。虽然这一现状目前有所改观,但较之传统领域发展速度仍比较滞后。城镇居民消费观念的建立和发展经历了一个很漫长的时间过程,但影响居民消费观念的主要因素还是当前经济发展的水平和家庭收入状况,另外旧的消费观念在居民身上积淀已久,加上目前有很多不稳定的社会因素,这些原因都会在不同程度上影响和制约着居民消费的行为和习惯。

(三)山东省城镇居民家庭消费结构变动的环境效应研究设想

微观消费结构是从单个家庭或个人来考虑的,家庭是社会生活的最基本单位,没有一个人不受家庭的影响,没有一个人的消费与家庭无关。所以个人消费实际上就是家庭消费。影响家庭消费结构的因素有很多,比如收入状况、家庭规模、人口结构、职业状况和消费习惯等等,微观消费结构比宏观消费结构更多样、更具体。

近年来随着山东省城市化的快速发展和城镇居民生活质量的快速提高,居民家庭消费结构正由温饱型向享受型、发展型转变,相应居民家庭的消费内容也发生了改变。消费内容和消费结构的变化，通过资源—生产—消费—废物—资源的连锁反应而作用于相对脆弱的城市生态系统，对城市环境产生一定的环境效应。各种研究结果表明，家庭消费的环境影响主要来源于住房、食品和交通消费，其中又以住房消费对环境影响最大。

根据近些年居民家庭消费的结构演变的特点，本部分主要分析家庭住房、交通、日常生活用品、能源和食品等消费结构变动的环境效应，内容涉及城市居民的吃、穿、住、用、行等方面。

(四)城镇居民家庭住房消费变动的环境效应分析

1. 山东省城镇居民家庭住房消费变动特点

近年来随着人民生活水平的不断提高和可支配收入的增加，居民住房消费已逐步从“温饱”型进入改善型消费阶段。2006 年，城市居民人均居住方面的消费支出 838.17 元，比 1992 年增长 7.68 倍，相应地居住支出占消费支出的比重从 1992 年的 4.42%增长到 2006 年的 9.90%。山东省各主要城镇经过大规模的房屋改造，居民居住条件明显改善。2006 年人均居住面积为 22.56m^2，比 1992 年的 10.80m^2 增加 11.76m^2，增长 1.09 倍。居民居住环境逐步改善，居住水平不断提高。城镇居民对住房需求出现了一些新的特点：

一是个人购买住房比重趋升，商品房发展迅速。随着住房制度改革，大部分居民将拥有部分产权或全部产权的住房，相当多的居民将多年积蓄投在了房屋的装修装饰上，居民对居住环境质量的追求已成时尚。二是居民“市区中心区位”住宅心理认同和依赖度较高。人们之所以对市区中心区位居住、生活的心理认同和依赖度较高，究其主要原因，除了心理因素外，根源在于市中心和近、远郊区存在着事实上的环境区位差，基础设施等方面更是天壤之别。三是对住宅环境的要求会愈来愈高，追求品牌住房的意识增强。大多数人愿意购买、居住配套设施齐全和全封闭管理的住宅小区，在住房消费上将会逐步转向环境、绿化、物业管理较好的小区住宅，逐步追求实力强，信誉好的开发商开发建设的品牌住房。四是在房型选择上也逐步由经济、实用型向舒适型、多功能型、享受型转变。

2. 山东省住房消费结构变动的生态环境效应

城镇居民住房消费结构的变动主要带来以下不良的生态环境效应：

第一，城市居民选择住房对“市区中心区位”的认同，使得市区中心住房林立，建筑密度高，人口密度增大，产生交通拥挤、住房紧张、热岛效应等环境问题。如图 3-25 所示，城区人口密度 2006 年比 1992 年增加了 1.91 倍，城市人口密度的增加，又产生用水紧张（见图 3-26），基础设施超负荷运转等严重的社会问题。

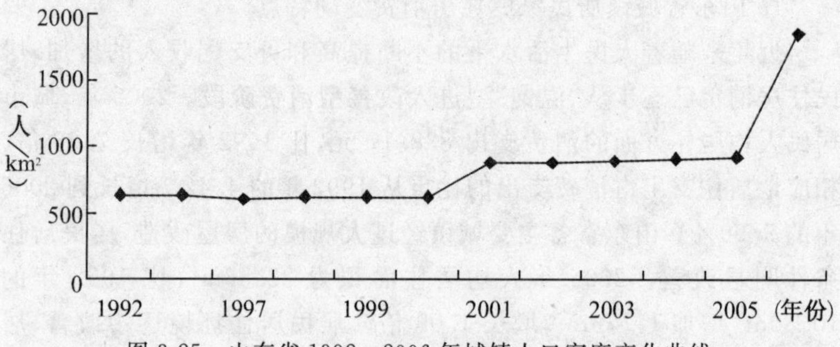

图 3-25　山东省 1992～2006 年城镇人口密度变化曲线

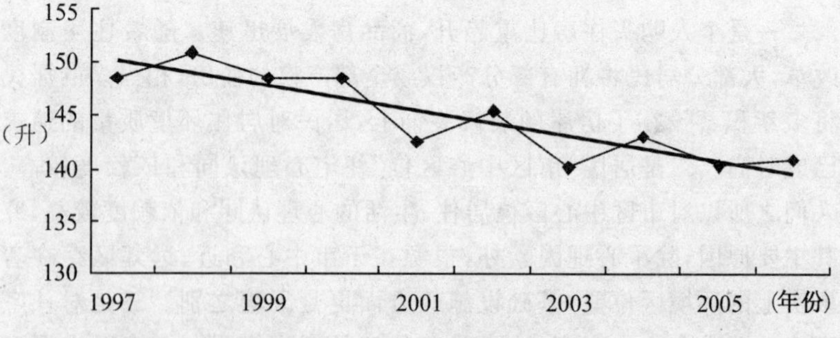

图 3-26　山东省 1997～2006 年城镇人口人均日生活用水量

第二，居民对住房的需求，特别是消费结构向改善型方向的过渡，拉动了房地产事业的发展，住房面积不断增加，占用了大量宝贵的土地资源。从图 3-27 可见，每年住房施工和竣工面积持续上涨，这代表住房需求从 1992 年以来增长速度迅速。一方面是建设用地受到地形和区位的严格限制，另一方面是住房面积的不断增加，从而使得其他城市建设只能不断压缩郊区良好的耕地资源。

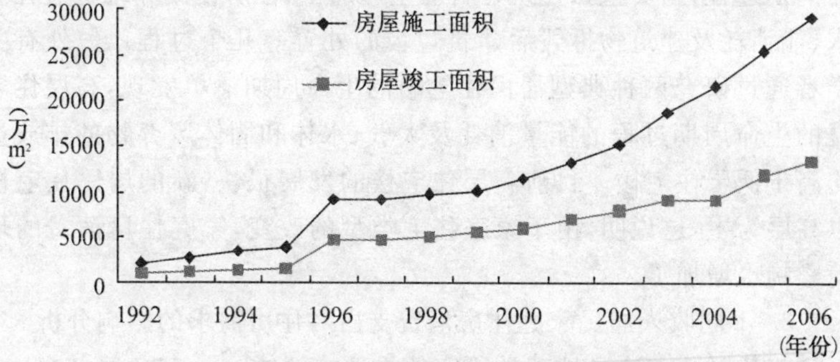

图 3-27　1992～2006 年山东省年房屋施工和竣工面积统计

第三，家庭住宅消费过程产生大量建筑垃圾污染环境。大量住房的翻建、新建产生大量城市建筑垃圾。根据资料显示，经对砖混结构、全现浇混凝土结构等建筑类型的施工材料统计分析，每 1 万 m^2 的建筑工程中，会产生 500～600 吨建筑垃圾，按此推算，山东省城镇每年产生建筑垃圾将是一个非常庞大的数字，这些垃圾绝大部分未经任何处理，便运送郊外露天堆放或填埋。同时如此大量的建筑垃圾，给交通运输造成了巨大压力，在清运和堆放过程中的遗散和粉尘、灰沙飞扬等问题影响城市土壤、大气和水体，加重了垃圾“围城”，给环境污染治理造成很大的压力。

但同时，也会带来一些正面影响。例如，城市居民对住宅环境的关注，在一定程度上会刺激城市园林绿地的发展。现在小区住房为吸引消费者，一般配以辅助的绿地休憩空间，极大改善了城市绿地环境。我们分别以年住房面积（X 单位：万 m^2）与园林绿地面积（Y 单位：ha）作回归分析，结果如下：

$Y = 3.2427X_1 + 19193 (R^2 = 0.9869, n = 8)$

在95%置信水平下，与园林绿地面积呈正线性相关关系，其中又以市属固定住宅投资与园林绿地面积的相关性最高，居民家庭住宅消费极大地带动了城市绿化面积的发展。

除以上环境效应外，住房对环境的影响其实来自住房的整个生命周期过程，主要包括建筑材料的生产加工、住房使用和维护过程的水、能消耗及建筑物拆毁后建筑垃圾的处置等几个过程。另外有关学者通过研究两种典型居民住宅楼的生命周期清单发现，高层住宅楼的生命周期过程的能量消耗及大气、水体和固体废弃物的排放量均高于低层住宅楼。目前高层住宅楼的发展很快，新的居民住宅楼以高层为主，这说明，由于家庭住宅类型的改变，家庭住房消费的环境影响也增加了。

3. 不同收入居民家庭住房消费支出对住房需求的影响分析

灰色系统方法是地理学研究的重要方法之一。灰色系统(Grey System)是指信息不完全的系统。灰色系统既含有已知信息，又含有未知信息，是现实世界普遍存在的一种系统。在地理系统中，许多因素之间的关系是灰色的，主导因素与非主导因素的界限比较模糊，灰色关联分析提供了一种行之有效的方法。

居民家庭收入不同，其对住房的需求也不同，除对住房质量和环境的关心程度不同之外，最明显的特征在于对住房面积大小的关注。采用灰色关联度模型分析不同收入城镇居民家庭人均住房消费支出与住房面积的关联度。分析因素选择每年竣工住房面积(Y)；比较因素按照山东省统计年鉴上按不同收入所划分类型为最低收入户人均住房消费支出(X_1)、困难户人均住房消费支出(X_2)、低收入户人均住房消费支出(X_3)、中等收入户人均住房消费支出(X_4)、高收入户人均住房消费支出(X_5)和最高收入户人均住房消费支出(X_6)。有关计算数据来源于山东省统计年鉴2000～2007年(不包括1997年)等资料。

首先将原始数据无量纲化处理，最终得到归一化比较数据(见表

3-7 和表 3-8)。

表 3-7　　居民家庭人均住房消费支出无量纲化处理结果值

分类		1	2	3	4	5	6	7	8
最低收入户	$X_1'(k)$	0.793	0.675	0.731	0.880	1.109	1.117	1.518	1.337
困难户	$X_2'(k)$	0.813	0.663	0.839	1.069	1.014	1.118	1.309	1.223
低收入户	$X_3'(k)$	0.626	0.581	0.717	0.752	0.746	1.056	2.347	0.900
中等收入户	$X_4'(k)$	0.520	0.455	0.694	0.916	1.102	1.238	1.900	1.329
高收入户	$X_5'(k)$	0.397	0.511	0.870	1.154	1.100	1.442	1.351	1.327
最高收入户	$X_6'(k)$	0.325	0.402	1.077	0.829	1.864	1.066	1.264	2.249

表 3-8　　分析因素无量纲化处理结果值

	1	2	3	4	5	6	7	8
每年竣工住房面积	0.528	0.513	0.697	1.522	1.338	1.098	1.129	1.613

按照计算步骤,最终得到分析因素与比较因素之间的关联度(见表 3-9):

表 3-9　　比较因素与分析因素之间的关联度

	最低收入户	困难户	低收入户	中等收入户	高收入户	最高收入户
每年竣工住房面积	0.810	0.819	0.781	0.864	0.839	0.765

从各分析因素对比较因素的关联度大小来看,以中等收入户对年竣工住房面积的关联度最大,其次为高收入户、困难户和最低收入户,关联度最小的是最高收入户。分析原因主要在于中等收入户和高收入户仍然是城镇居民购房的主要力量,这与山东省各主要城镇目前情况相吻合,而困难户和最低收入户随着家庭条件的逐步改善,特别是山东省近年来安居房工程和经济适用房的推行,为他们改善

住房条件提供了一定条件，因而他们对住房需求也不容忽视。关联度最小的最高收入户，住房条件一直很优越，对住房需求不存在很大刚性，而且人数总体较少，故影响力度最小。

(五)交通消费结构变动的环境效应

改革开放以来，随着我国社会经济的快速发展，城市居民的生活水平显著提高，都市化进程加快。与此同时，在我国以汽车工业为支柱产业的政策带动下，一些大城市的交通出行模式正在发生变化，由于私人小汽车的快速增长，机动交通出行量正在以前所未有的高速度增长。我国一些大城市已经显现出一些发达国家城市以小汽车出行为主导的城市机动化交通模式的迹象。值得注意的是，我国大城市普遍存在城市交通基础设施条件、公共交通供给、交通管理水平相对不足的情况，同时要应对机动化交通快速增长的压力，这将使业已严峻的道路拥挤、环境污染、交通安全等问题更加凸显。

随着居民生活水平的提高和我国交通通信事业的飞速发展，居民旅游和信息消费需求增长迅猛，具体表现在居民交通通信方面的消费支出呈现大幅度增长趋势。15 年内居民消费支出由 1992 年的 33.72 元增加到 2006 年的 1175.57 元，增加了 1141.85 元，增幅达 3386.27%(见图 3-28)。出行方式变得多样化，比如家用汽车方面，由 1997 年的百户均 0.1 辆，增加到 2004 年的百户均 2.5 辆和 2006 年的 6.15 辆;摩托车由 1997 年的百户均 20.6 辆增加到 2004 年的 47.2 辆和 2006 年的 46.63 辆，机动车辆均出现了大幅度的增加。而同期自行车百户均有量则由 1997 年的 228.7 辆下降到 2004 年的 192.1 辆和 2006 年的 168.16 辆(见图 3-29 和图 3-30)。

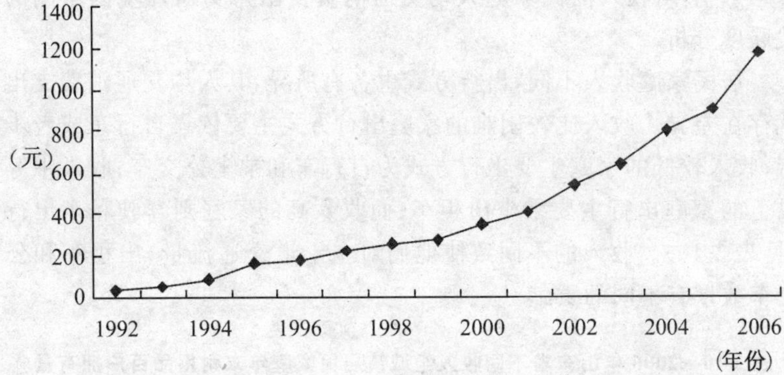

图 3-28　1992～2006 年山东省城镇居民家庭人均交通消费支出折线图

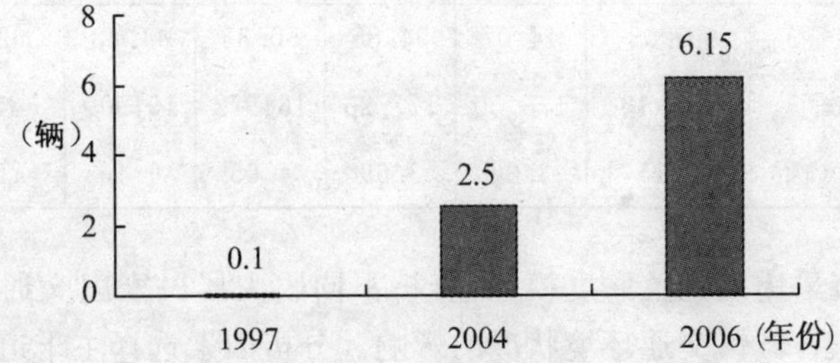

图 3-29　家用汽车百户拥有量

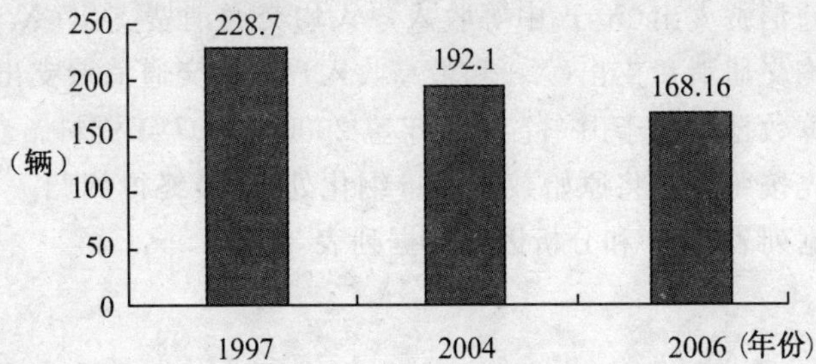

图 3-30　自行车百户拥有量

1. 不同收入居民家庭人均交通消费支出与交通环境因素间的关联度分析

居民家庭收入不同,出行方式也各有所异,其人均交通消费支出就存在差异。收入比较困难的家庭出行方式主要依靠自行车或者步行;收入较低的家庭主要出行方式为自行车和乘坐公交车;收入中等以上的家庭出行主要乘坐出租车;而收入高的家庭则驾驶私车出行(见表 3-10)。收入的不同致使他们对主干道交通流量、出租车和公交车数量有不同的贡献。

表 3-10　2006 年山东省不同收入组城镇居民家庭年末耐用品百户拥有量

类　别	总　计	收入水平				
		最低	较低	中间	较高	最高
摩托车(辆)	46.63	44.07	54.85	50.35	41.63	29.07
自行车(辆)	168.16	178.50	177.26	164.72	161.00	151.98
家用汽车(辆)	6.15	3.06	3.69	4.65	9.46	14.75

本节采用灰色关联度模型,分析不同收入居民家庭交通消费支出对山东省城镇交通环境状况的影响。分析因素选择主干道车流量(Y_1)、出租车数量(Y_2)和公交车数量(Y_3);比较因素为最低收入户人均交通消费支出(X_1)、困难户人均交通消费支出(X_2)、低收入户人均交通消费支出(X_3)、中等收入户人均交通消费支出(X_4)、高收入户人均交通消费支出(X_5)和最高收入户人均交通消费支出(X_6)。有关计算数据来源于山东省统计年鉴 2000～2007 年资料。

首先按照公式将原始数据无量纲化处理,最终得到归一化比较因素数据列表 3-11 和分析因素数据列表 3-12。

表 3-11 居民家庭人均交通消费支出无量纲化处理结果值

分类		1	2	3	4	5	6	7	8
最低收入户	$X_1'(k)$	0.449	0.668	0.660	1.373	1.598	1.154	1.769	1.651
困难户	$X_2'(k)$	0.596	0.579	0.447	1.828	1.031	0.557	1.789	1.243
低收入户	$X_3'(k)$	0.678	0.498	0.561	0.931	1.430	1.048	1.679	1.725
中等收入户	$X_4'(k)$	0.499	0.376	0.634	1.147	1.278	1.288	1.603	1.542
高收入户	$X_5'(k)$	0.481	0.477	0.793	0.882	1.455	1.279	1.458	1.755
最高收入户	$X_6'(k)$	0.350	0.403	0.620	0.837	1.527	1.048	1.915	1.842

表 3-12 分析因素无量纲化处理结果值

	1	2	3	4	5	6	7	8
主干道车流量	0.672	1.214	1.153	1.182	1.280	1.224	1.063	1.323
出租车数量	0.861	1.008	0.995	0.976	0.991	1.001	0.993	1.195
公交车数量	0.639	0.898	1.007	0.814	1.107	1.151	1.209	1.335

按照计算步骤，最终得到分析因素与比较因素之间的关联度（见表 3-13）：

表 3-13 比较因素与分析因素之间的关联度

	最低收入户	困难户	低收入户	中等收入户	高收入户	最高收入户
主干道车流量	0.761	0.688	0.774	0.752	0.815	0.775
出租车数量	0.673	0.672	0.659	0.698	0.676	0.652
公交车数量	0.670	0.610	0.696	0.687	0.663	0.655

与主干道车流量关联度最大的是高收入户，主要原因为高收入户出行方式主要依靠出租车和私车，特别是私车在近几年大量进入高收入家庭，从而相对其他收入家庭对交通流量的影响较大；其次为

最高收入户型，出行方式主要依靠私车，但这部分家庭数量比较少，从而对车流量影响小于高收入家庭；而困难户对交通力量影响力度最小，因为其出行方式主要依靠自行车或者偶尔乘坐公交车或出租车，从而对主干道车流量影响最小。

从与出租车数量的关联度来看：前三位依次为中等收入户＞高收入户＞最低收入户，主要原因为受收入限制，中等收入户出行方式主要乘坐出租车，高收入家庭居次。最高收入家庭关联度最小，这与大部分拥有私车有直接的关系。

对公交车数量影响按照关联度大小前三位依次为：低收入户＞中等收入户＞最低收入户，主要原因同样是因为收入的差别而造成的选择出行方式的不同。对公交车数量关联度最小的仍是困难户。

综合来看对交通环境影响最大的是高收入户、中等收入户和低收入户；困难户和最高收入户对交通环境影响最小。由收入的不同决定了对交通环境影响力度的不同。另外从表 3-13 来看，各比较因素对分析因素的关联度都比较小，说明比较因素并不能涵盖影响分析因素的所有影响因子。

2. 私人小汽车消费的环境效应分析

据有关数据显示，山东省私人小汽车数量增长迅速，大量汽车进入城镇居民家庭（见图 3-31）。

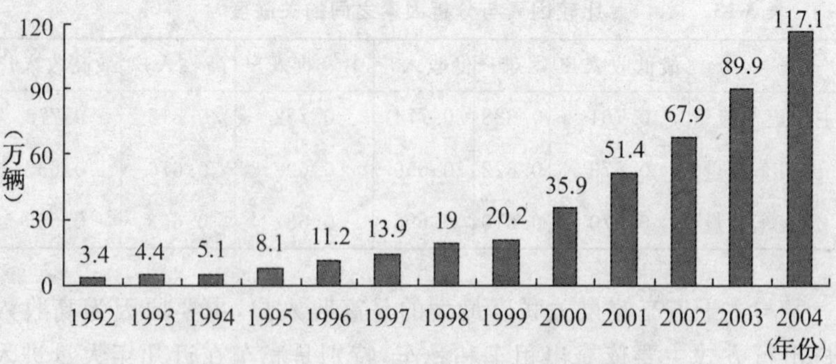

图 3-31 1992～2004 年山东省私人汽车数量统计

但目前我国包括山东省所有的大部分私人汽车是基于欧Ⅰ型[①]排气标准生产的，只有一小部分是基于欧Ⅱ型标准生产的。而世界上许多发达国家从2000年已经开始使用欧Ⅲ型标准，2005年开始使用欧Ⅳ型标准；我国北京于2005年7月1日实行欧Ⅲ型标准，2010年实行欧Ⅳ型标准。执行标准的落后，使得单车污染物排放要大大高于执行高标准的单车污染物排放量。如一氧化碳单车排放量执行欧Ⅱ标准要比执行欧Ⅰ标准降低81.62%。[②]

科学家的测定表明，大气中所含一氧化碳的75%、碳氢化合物和氮氧化合物的50%来源于汽车的排放。在汽车密度大的国家和地区，汽车排放污染早已成为严重的社会公害。据统计，每千辆汽车每天排放出一氧化碳约1000千克，氮氧化合物50～150千克，碳氢化合物200～400千克，平均燃烧1吨燃油生成有害物达40～70千克。1995年6月在我国上海的外滩，过高的汽车排放污染物已导致了光化学烟雾事件。

汽车从生产、使用到废弃的全过程中还会对人和环境造成其他一些危害。摩擦衬片中的石棉是致癌物质，磨损后形成石棉尘浮游在空气中，是城市肺癌增加的主要原因之一；汽油中的苯和芳香烃具有较强的挥发性，长期接触会造成皮肤化脓、呼吸道感染和败血症；废旧汽车的随意处理也会给环境带来很大的危害等等。

(六)家庭日常生活用品消费结构变动的环境效应

近年来随着城市化的快速发展和城市居民生活质量的不断提高，山东省城镇居民家庭消费结构正由温饱型向享受型、发展型转变，相应居民家庭的消费内容也发生了改变。消费内容和消费结构

---

① 欧洲标准是由欧洲经济委员会(ECE)的排放法规和欧共体(EEC)的排放指令共同加以实现的，欧共体(EEC)即是现在的欧盟(EU)，欧洲标准是我国借鉴的汽车排放标准。

② http://forum.speedycars.net/show.asp? id=10596.

的变化，通过“资源－生产－消费－废物－资源”的连锁反应而作用于相对脆弱的城市生态系统，对城市环境产生一定的环境效应。各种研究结果表明，居民家庭消费结构的变化对环境影响很大。

1. 山东省城镇居民家庭消费结构变动环境效应的通径分析

依据多元通径分析模型的原理，选取1992～2006年间生活污水排放量(Y_1)、生活垃圾产生量(Y_2)为因变量，代表城镇居民家庭消费结构变动引起的环境效应程度；选取对应期间食品消费支出(X_1)、衣着支出(X_2)、日常用品支出(X_3)和医疗保健支出(X_4)四个指标组成家庭消费结构构成，代表影响因变量因素的自变量。

计算自变量指标间的相关系数矩阵 r_{ij}

表 3-14　　影响因素指标的相关系数矩阵

自变量	食品	衣着	日常用品	医疗保健
X_1	1			
X_2	0.8332	1		
X_3	0.8422	0.7629	1	
X_4	0.9403	0.6915	0.8807	1

计算因变量与影响因素之间的相关系数矩阵 r_{iY}(见表3-15)

表 3-15　因变量与影响因素的各指标之间的相关系数矩阵

因变量	食品	衣着	日常用品	医疗保健
Y_1	0.8923	0.9454	0.7731	0.7799
Y_2	0.9201	0.6167	0.8023	0.9649

解正规矩阵方程，求出通径系数矩阵 P_{iY}(见表3-16)

表 3-16　　影响因素对因变量指标的通径系数矩阵

因变量	食品	衣着	日常用品	医疗保健
Y_1	－0.4492	1.0576	－0.4046	0.8281
Y_2	0.5035	－0.2617	－0.1202	0.7749

计算影响因素的直接、间接影响力和通径剩余效应(见表 3-17、表 3-18)

生活污水排放量＝3213.6427－1.6657 食品＋8.4279 衣着－1.6342 日常用品＋4.4848 医疗保健，统计值 $F=24.67>F_{0.05}(4,2)=19.20$，线性显著。

表 3-17　影响因素对生活污水排放量的直接影响和间接影响

影响因素	X_1	X_2	X_3	X_4	间接影响总计	直接影响
X_1	－0.4492	0.8961	－0.3465	0.7919	1.3415	－0.4492
X_2	－0.3805	1.0576	－0.3140	0.5824	－0.1122	1.0576
X_3	－0.3847	0.8207	－0.4046	0.7418	1.1777	－0.4046
X_4	－0.4296	0.7438	－0.3624	0.8281	－0.0482	0.8281

(注：表中带下划线者为该因素对因变量的直接影响力。)

在各影响因素对生活污水排放量的通径分析中，计算出不可控因素对能源消费量的剩余通径效应为 0.0853，说明上述自变量基本涵盖了对因变量影响的主要因素。

生活垃圾产生量＝37.5326＋0.0167 食品－0.0187 衣着－0.0039 日常用品＋0.0374 医疗保健，统计值 $F=31.42>F_{0.05}(4,2)=19.20$，线性显著。

表 3-18 影响因素对生活垃圾产生量的直接影响和间接影响

影响因素	X_1	X_2	X_3	X_4	间接影响总计	直接影响
X_1	<u>0.5035</u>	−0.2217	−0.1030	0.7411	0.4165	0.5035
X_2	0.4267	<u>−0.2617</u>	−0.0932	0.5449	0.8784	−0.2617
X_3	0.4313	−0.2031	<u>−0.1202</u>	0.6941	0.9223	−0.1202
X_4	0.4815	−0.1840	−0.1077	<u>0.7749</u>	0.1900	0.7749

(注:表中带下划线者为该因素对因变量的直接影响力。)

在各影响因素对生活污水排放量的通径分析中,计算出不可控因素对能源消费量的剩余通径效应为0.1167,说明上述自变量涵盖了对因变量影响的主要因素。

2. 结果分析

家庭日常生活用品消费结构对生活污水排放量的环境效应分析:

从直接影响力度来看,衣着对生活污水影响力度最大,而且是正向的,说明居民家庭日常衣服洗涤为山东省城镇生活污水最主要来源。主要原因在于随着城镇居民家庭生活水平的提高,洗衣机广泛进入百姓家庭(1997年每百户家庭平均拥有86.5台洗衣机,到2006年每百户平均拥有95.6台)代替人工洗涤衣物,降低了劳动强度,使得洗衣强度和频率有所提高。其次为医疗保健,影响力度为正向。医院本来就是生活污水的排放大户,加之诊所、美容院等的快速发展,医疗卫生产生的污水对生活污水贡献很大。食品和家庭设备用品对生活污水的直接影响力度较小,并且为负向。可想而知,他们在消费结构中的比例直接影响衣着和医疗保健所占的比例,因此直接影响力度方向为负向。

从间接影响力度来看,以食品和家庭设备用品的影响力度最大。原因很简单,衣着和医疗保健等通过食品和家庭设备用品在居民家庭日常生活用品消费结构中的比例变动来影响生活污水的排放量。食品通过衣着和医疗保健的消费比例对生活污水的影响力度分别为

0.8644 和 0.7640，说明通过增加衣着和医疗保健的比例而对生活污水排放量产生正向影响，发挥功能传递之效。家庭设备用品亦是通过衣着和医疗保健支出所占消费比例而发挥作用。

综合直接影响力度和间接影响力度来看，对生活污水总的影响：衣着消费支出＞食品消费支出＞医疗保健消费支出＞家庭设备用品消费支出。

家庭日常生活用品消费结构对生活垃圾产生量的环境效应分析：

从直接影响力度来看，以医疗保健消费支出的影响力度最大，食品消费支出影响力度居次，主要原因在于除医院、美容院等产生大量垃圾外，人们日常消费大量保健用品本身和包装也产生大量的生活垃圾。食品消费主要在日常饮食中产生大量有机污染物垃圾从而贡献率较高。而衣着和家庭设备用品基本上属于耐用品，从而对生活垃圾贡献率较小。

从间接影响力度来看，以衣着和家庭设备用品消费支出对生活垃圾的影响力度最大，而且是正向力度影响。原理也是通过医疗保健和食品消费支出在消费结构中的比例变动从而影响生活垃圾的产生量。

综合直接和间接影响来看，对生活垃圾总的影响：医疗保健消费支出＞食品消费支出＞家庭设备用品消费支出＞衣着消费支出。

（七）居民家庭其他消费结构变动的环境效应

1. 山东省家庭能源消费结构变动的环境效应研究

家庭是除工业和服务业外耗能最多的基本单元，能源消费数量和构成与家庭收入、人口等紧密相关。其中家电的快速普及大大增加了家庭用电的比例和数量。1997～2006 年，山东省城镇居民每百户家庭拥有耐用消费品不断增加，冰箱从 82.2 台增加到 92.09 台；洗衣机从 86.5 台增加到 95.6 台；彩电从 100.7 台增加到 120.4 台；家用电脑从 1.8 台增加到 52.71 台。仅电脑，通过我们调查发现好多家庭都有电脑，而且都有宽带上网，电脑网络已经是家庭生活必不可少的一部分了。但是不容乐观的是好多人平时即使不用电脑也开着，浪费电源非常之多。据有关资料统计，一般情况下，电视机的耗电量在 80W 以下，电脑在 250W～400W 之间。一台电脑每个月的耗电量：假如每小时为 300W，一天开 10 小时，一个月 30～90kW，即 90 度电，这只是一个保守的估计。（显示器耗电：15 英寸、17 英寸、19 英寸显示器耗电量分别在 60W、80W、100W 左右）。2008 年一份由加拿大某大学提出的报告指出，最新的电脑如果拥有省电功能，每小时待机耗电约 35W，约比一个一般亮度的灯泡稍高，尽管这一浪费对个人影响不大，但若全球所有的电脑长时间待机，每小时浪费的电量就非常惊人。电脑在睡眠状态下也有能耗，约为 7.5W，令人费解的是在 Windows XP 下进入待机时耗电竟达到 51.48W！说明主板此时为了保护数据，还在消耗着不小的电能；即便关了机，只要插头还没拔，电脑也照样有能耗，约为 4.81W。像遥控器和智能开关等在让电器用起来更为顺手的同时，也给电器增加了一项额外能耗——待机能耗。经常可以看到一些家庭或单位的显示器装有视保屏，原本是为了减少显示器对人体的电磁辐射，其实这是一个误区。试验证明，视保屏对电磁辐射的防护并无多大作用，相反，加装之后会导致图像亮度降低，为了得到理想的图像，用户又将显示器的亮度调高，加重了显示器的负荷，导致电磁辐射不降反升，无形中又增大了耗电量，实在是得不偿失。所以，对于已经通过 TCO 系列认证的显示器完全可以放心使用，没有必要加装视保屏。

家用电器的增加，在改善居民生活质量的同时，加重了空气污染。1997～2005 年人均生活用电由 113.81kW·h 增加到 257.03kW·h（见图 3-32）。因为山东省大部分电力原料为原煤，燃烧过程产生大量废气污染大气，电力需求的增加，会从源头加重煤炭资源的消耗，从而增加废气排放和固体废物的产生。

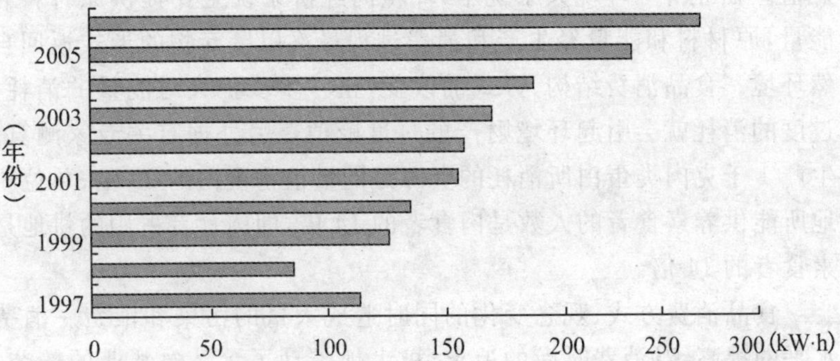

图 3-32 1997～2006 年山东省城镇居民人均生活用电统计

2. 家庭食品消费结构变动的环境效应研究

食品消费是居民家庭消费中最主要的一部分，随着人们生活水平的提高，食品的消费数量大大增加，消费结构、内容与方式也随之改变。通过近年来统计年鉴上记录的城市居民食品消费结构变化来看：粮食、蔬菜等植物性食品的消费量下降或保持稳定；猪牛羊肉、家禽、蛋及其制品和水产等动物性食品消费显著增加，营养结构有所改善。城市居民的消费方式逐渐由"生存型"消费向"享受型"消费转变。在这一逐渐转变的过程中，对环境产生正面影响的同时又不可避免地产生负面效应。

食品消费结构的变化（动物性食品消费加大），无疑将加剧食品产地畜牧业废气、废物对环境的污染。动物性食品的增加是人们生活水平提高的主要标志之一，但在我们现在的生产力水平下，畜牧业仍属于污染密集型产业。畜禽生产除了排放 NO_2、CO_2 等温室效应气体以外，还产生大量恶臭和污染物，致使空气质量下降，地表水和地下水水源污染。同时对动物性食品的需求，驱动生态脆弱地区不顾生态恶化的代价，为牟取眼前利益，超载超牧等现象时有发生。所有这些增加了产地和加工地的环境压力，加剧了环境危机。

食品消费结构的变化，使得能量消耗大量增加，引起环境财产的贬值。在经济一环境大系统中，环境向经济系统主要提供原材料和能量，原材料和能量经生产和消费过程最终以废弃物的形式返回自然环境。食品消费结构、方式的改变，正一步步扩大对能量的消耗，过度的消耗就会引起环境财产的过度贬值。另外据有关专家测算，生产 1 千克肉类蛋白所消耗的资源是同量植物蛋白的 20 倍；单位耕地所能供养素食者的人数是肉食者的 14 倍，即肉食者占用的耕地是素食者的 14 倍。

食品消费方式、观念变化的同时造成大量的污染和浪费。消费水平的提高，对消费时尚的追求，极大地带动了食品包装业的繁荣。大量华而不实的包装造成资产的流失和资源的浪费。如大量塑料快餐用具的发展，不仅造成白色污染，而且处理这些塑料垃圾的费用要 10 倍于生产这些垃圾的费用。另外热衷于肉类食品的煎、炸、烧、烤，无疑会排放有害气体和热量污染大气环境，同时加工过程又增加了生活污水排放和生活有机垃圾的产生。

综合上面谈到的家庭消费结构变化的环境效应外，还有无线通信设备和电脑均能产生强大的电磁辐射，对生物体和环境产生较大危害，使城市环境受到电磁波的严重污染；冰箱、空调等制冷设备释放出的氯氟烃气体可对臭氧层产生破坏等等都会对城市生态环境产生一定的负面影响。

(八)案例分析：青岛市居民消费结构变动的环境效应研究

近年来青岛经济迅猛发展，表现出了自己独特的发展特征与优势。作为山东省经济发展最快和居民消费最超前的城市，我们以青岛市为例研究城市居民消费结构变动的环境效应问题。表 3-19 为 2001～2006 年青岛市居民家庭消费构成：

表 3-19　2001～2006 年青岛市居民收入和支出情况统计表　单位:元

指标名称	2001 年	2002 年	2003 年	2004 年	2005 年	2006 年
城镇居民人均可支配收入	8963	9445	10235	11089	12920	15328
消费支出	7237.10	8042.53	8864.37	9002.32	9883.45	11398.3
(一)食品	2999.79	3125.89	3745.66	3423.60	3718.88	3988.00
(二)衣着	790.11	723.01	809.36	898.65	1041.7	1139.45
(三)家庭设备用品及服务	524.31	543.09	500.61	553.5	656.94	715.67
(四)医疗保健	509.56	589.00	632.78	678.22	804.75	1009.47
(五)交通与通信	603.21	779.68	876.57	914.1	988.28	1149
(六)文教娱乐及服务	1006.78	1278.00	1398.67	1414.52	1435.28	1460.00
(七)居住	697.29	734.03	702.35	872.33	951.56	1198.52
(八)杂项商品与服务	167.98	156.90	200.23	247.4	286.07	279.88

资料来源:《青岛市统计年鉴》(2001～2006)。

可以看出 2006 年青岛市城镇居民用于食品、衣着、家庭设备、医疗保健、交通通信、娱乐教育服务、居住等方面的支出分别比 2001 年分别增加 988.21 元、349.34 元、191.36 元、499.91 元、545.79 元、453.22 元、501.23 元。增幅分别为 32.94%、44.2%、36.50%、98.11%、90.48%、45.02%、71.88%。其中以医疗保健、交通通信增幅最大,其他消费支出均是稳步增长。

1. 研究区居民家庭消费结构变动分析

通过恩格尔系数研究青岛市居民消费结构的变化趋势,需要强调的是:恩格尔系数反映的是一种长期的趋势,而不是逐年下降的绝对倾向。青岛市 1999～2004 年人均 GDP 和恩格尔系数如表 3-20 所示:

表 3-20　2001～2006 年青岛市人均 GDP 和恩格尔系数

指标名称	2001 年	2002 年	2003 年	2004 年	2005 年	2006 年
人均 GDP(元)	12617	18630	24703	31051	36381	42790
恩格尔系数(%)	37.23	36.09	35.77	38.03	37.63	34.13

资料来源:《青岛市统计年鉴》(2001～2006 年)。

可以看出,2001 年青岛市恩格尔系数为 37.23,人均 GDP 为 42790 元,人民的生活水平已经开始向小康迈进,2006 年青岛市的恩格尔系数为 34.13,比 2001 年下降了 3.1 个百分点,尽管在 2001 年至 2006 年数据不稳定,但总体是下降的,说明人民的生活水平在不断提高,人民的消费结构也在不断变化,其中从食品消费结构的变动可以看出,青岛市人民生活水平有了较大的提高,消费结构进一步升级。

在人均 GDP 达到 1000 美元时,居民消费的恩格尔系数除美国占 34.7%、波兰占 49.7%以外,其余各国(地区)大体都处于 37%～45%之间 (见表 3-21)。可以预料的是,青岛市城镇居民用于吃的方面的支出比重将继续下降,食品消费水平将由过去简单的吃饱吃好转变为食品品种更加丰富,营养更加全面。同时,城镇居民消费结构升级也会使恩格尔系数继续稳定下降。这一方面得益于城镇居民收入水平的提高(青岛市城镇居民人均可支配收入从 2001 年的 8963 元提高到 2006 年的 15328 元);另一方面是由于城镇居民消费观念的改变。

表 3-21　世界一些国家 GDP 达到 1000 美元时消费结构构成表

项目	美国	日本	西德	法国	英国	前苏联	匈牙利	波兰
人均 GDP 达到 1000 美元的年份	1942 年	1967 年	1959 年	1958 年	1958 年	1958 年	1971 年	1970 年
食品(含饮料、烟草)	34.7%	37.3%	39.7%	45.3%	45.0%	37.9%	45.6%	49.7%

续表

衣着	14.8%	12.0%	12.4%	12.6%	10.9%	13.9%	11.7%	13.1%
房租（含燃料、水电）	12.4%	13.5%	10.8%	8.3%	13.8%	4.4%	6.9%	4.8%
家具及家庭设备品	14.4%	8.4%	13.5%	10.2%	11.1%	6.1%	8.2%	6.8%
交通通信	6.2%	28.8%	7.5%	7.7%	9.4%	37.7%	6.6%	5.0%
医疗卫生	5.7%	—	3.7%	7.3%	2.0%	—	6.2%	7.5%
文化娱乐教育	5.3%	—	7.6%	7.2%	5.4%	—	10.9%	11.5%
其他	6.5%	—	4.8%	1.4%	2.4%	—	3.8%	1.6%
合计	100%	100%	100%	100%	100%	100%	100%	100%

资料来源：据 2004 年 2 月 27 日《市场报》第四版资料整理。

2. 青岛市居民消费结构变化的六大趋势

涨价影响加大，食品支出呈两位数增长。2006 年上半年，食品类价格比上年同期上涨了 16.3%，受其影响，居民家庭用于食品支出大幅增加，人均为 2821 元，同比增长 15.6%，扣除价格因素实际增长 0.6%。

生活节奏加快，交通通信支出增长迅猛。居民家庭用于交通和通信方面的支出保持快速增长的态势，人均交通和通信支出 1149 元，同比增长 28.2%，居各类消费支出增幅之首。

崇尚身心健康，医疗保健支出加大。当今人们崇尚健康、自我保健的意识增强，居民用于保健品支出增加。人均购买滋补保健品支出 74 元，同比增长 8.1%。

生活品位提高，文教娱乐消费持续增长。人们在物质生活水平提高的同时，精神文化生活表现得更加丰富多彩。休闲娱乐、体育健身等消费已成为人们精神文化消费的新热点。

3. 青岛市居民家庭消费结构变动的环境效应分析

依据多元通径分析模型的原理，选取 2001～2006 年间生活污水排放量(Y_1)、生活垃圾产生量(Y_2)为因变量,代表居民家庭消费结构变动引起的环境效应程度;选取对应期间食品消费支出(X_1)、衣着支出(X_2)、家庭设备支出(X_3)、医疗保健支出(X_4)、交通通信支出(X_5)、娱乐教育(X_6)、居住(X_7)等 7 个指标作为居民家庭消费结构构成,代表影响因变量因素的自变量。

计算自变量指标间的相关系数矩阵 r_{ij} 和因变量与影响因素之间的相关系数矩阵 r_{iY}(见表 3-22、表 3-23、表 3-24)。

表 3-22　影响因素指标的相关系数矩阵

自变量	食品	衣着	家庭设备	医疗保健	交通通信	文教娱乐	居住
X_1	1.0000						
X_2	0.9575	1.0000					
X_3	0.9023	0.9543	1.0000				
X_4	0.9033	0.9250	0.9440	1.0000			
X_5	0.9426	0.9397	0.9728	0.9342	1.0000		
X_6	0.9097	0.9565	0.9424	0.8759	0.9248	1.0000	
X_7	0.8901	0.8552	0.9224	0.8843	0.9184	0.8808	1.0000

表 3-23　因变量与影响因素的各指标之间的相关系数矩阵

因变量	食品	衣着	家庭设备	医疗保健	交通通信	文教娱乐	居住
r_{iY_1}	0.9464	0.9733	0.907	0.9077	0.8912	0.9143	0.9298
r_{iY_2}	0.9707	0.9724	0.9387	0.9403	0.8872	0.8798	0.9278

根据式(4)解正规矩阵方程,求出通径系数矩阵 P_{iY}

表 3-24　影响因素对因变量指标的通径系数矩阵

因变量	食品	衣着	家庭设备	医疗保健	交通通信	文教娱乐	居住
P_{iY_1}	2.56	12.21	2.06	2.31	−15.00	−2.65	−1.51
P_{iY_2}	0.94	0.37	5.05	0.67	−4.19	−1.24	0.88

计算影响因素的直接、间接影响力和通径剩余效应(见表 3-25)。

表 3-25 影响因素对生活污水和生活垃圾的直接影响、间接影响和通径剩余效应

影响因素		X_1	X_2	X_3	X_4	X_5	X_6	X_7	间接影响	总计直接影响
生活污水	X_1	2.56	10.42	2.05	1.54	−12.27	−4.26	−1.00	−4.47	2.56
	X_2	2.29	12.21	2.52	1.30	−12.87	−4.39	−1.16	−12.32	12.21
	X_3	2.54	9.23	2.06	1.56	−12.20	−4.13	−1.54	−4.54	2.06
	X_4	2.62	9.23	2.04	2.31	−13.56	−2.81	−2.59	−5.07	2.31
	X_5	3.51	11.42	1.16	1.21	−15.00	−2.33	−1.97	13.01	−15.00
	X_6	3.21	9.46	1.45	0.57	−12.63	−2.65	−1.91	0.14	−2.65
	X_7	2.39	9.65	2.06	0.77	−13.75	−2.00	−1.51	−2.39	−1.51
剩余通径效应为 0.049										
生活垃圾	X_1	0.94	0.38	4.18	0.48	−4.67	−1.59	0.4	−0.75	0.94
	X_2	0.84	0.37	5.32	0.52	−6.37	−1.23	0.91	−0.01	0.37
	X_3	0.85	0.31	5.05	0.86	−5.25	−1.76	0.95	−4.05	5.05
	X_4	0.92	0.95	4.50	0.67	−5.25	−1.58	1.01	0.55	0.67
	X_5	0.91	0.98	4.94	0.71	−4.19	−1.51	0.86	6.88	−4.19
	X_6	0.88	0.85	4.83	0.42	−3.31	−1.24	0.55	4.22	−1.24
	X_7	0.92	0.98	3.93	0.42	−3.73	−1.72	0.88	0.79	0.88
剩余通径效应为 0.064										

由表 3-25 可以看出,在各影响因素对生活污水和生活垃圾排放量的通径分析中,不可控因素对能源消费量的剩余通径效应分别为 0.049、0.064,说明上述选取的自变量涵盖了对因变量造成影响的主要因素。

4. 结果分析

(1)居民家庭消费结构对生活污水排放量的环境效应分析

从直接影响力度来看,衣着消费支出对生活污水的影响力度最大,而且为正向,说明居民用于与衣着有关方面的消费是造成青岛市生活污水排放量增多的主要原因。这主要是由于随着居民生活水平的提高,人们购买的衣物增多,更换的频率增大,导致洗涤的次数增大;另一方面,洗衣机已广泛进入百姓家庭,使人们洗涤衣物更加方便,这也促使人们换洗衣物更加频繁。也就是说,洗涤用水对生活污水排放量的贡献最大。其次为食品,影响力度为正向,主要是由于烹饪和盛放食品的厨具、餐具的洗涤用水,以及一些食品的洗涤用水造成的生活污水。再次就是家庭设备和医疗保健,其影响力度均为正向。家庭设备方面的用水主要是在家具制造和使用过程中产生的大量废水,还有就是其擦拭用水等。而医疗保健本来就用水量很大,在加之小诊所、美容院、保健洗浴场所等的迅速增多,导致其污水排放量急剧上升。交通通信、娱乐教育、居住的影响力度为负向,说明它们对生活污水的排放产生间接影响。

从间接影响力度来看,交通通信的影响力度最大,其次是文教娱乐、居住。它们主要通过影响食品、衣着、家庭设备、医疗保健在居民家庭消费结构中的比重来影响生活污水排放量。尤其通过衣着产生的影响力度最大,依次为 11.42、9.46、9.65,说明通过增加衣着的消费比例对生活污水排放量产生正向影响,其传递功能非常有效。

综合直接影响力度和间接影响力度分析来看,对生活污水总的影响:衣着(0.9733)>食品(0.9464)>居住(0.9298)>文教娱乐(0.9143)>医疗保健(0.9077)>家庭设备(0.907)>交通通信(0.8912)。

(2)居民家庭消费结构对生活垃圾产生量的环境效应分析

从直接影响力度来看,家庭设备支出对生活垃圾产生量的影响力度居高,然后依次为食品、居住、医疗保健、衣着,影响力度均为正向。家庭设备消费产生的生活垃圾主要是由于其更新换代造成的废旧物品和新设备的包装品;食品消费产生的生活垃圾主要是食品包装、方便袋,家庭特别是餐馆、酒店等的残食垃圾;居住消费产生的生活垃圾主要是用于居住装修的剩余废料;医疗保健消费产生的生活垃圾主要是一次性医疗设备,如一次性注射器等;衣着消费产生的生活垃圾主要是由于人们追求衣着时尚,不断加快衣着的更新频率而产生的废弃衣物。

从间接影响力度来看,按大小顺序排列为交通通信、文教娱乐、居住、医疗保健。原理也是通过交通通信、文教娱乐、居住、医疗保健在消费结构中的比例变动从而影响生活垃圾的产生量。其中居住、医疗保健的直接和间接影响力度均为正向,但间接影响力度小于直接影响力度。

综合直接影响力度和间接影响力度分析来看,对生活垃圾总的影响:食品(0.9707)＞衣着(0.9724)＞医疗保健(0.9403)＞家庭设备(0.9387)＞居住(0.9278)＞交通通信(0.8872)＞文教娱乐(0.8798)。

可见,经济发展带动了青岛市居民消费结构的巨大变化。但是,目前青岛市居民消费结构最大的缺陷就是不持续消费,不利于青岛的经济可持续发展。面对现代社会经济科学技术的迅速发展,生态环境的破坏日益严重。一个最重要的原因就是由于居民家庭消费结构的变动升级导致生产扩大与人们物质消费量的迅速上升,排放到环境中的生活污水和生活垃圾总量也始终在增加,再加上这些废物的回收处理不经济,故只好放弃回收与处理,无疑,这使得原本脆弱的城市生态系统雪上加霜。为了青岛的长远发展,我们应该秉承优良的消费传统,特别是在青年一代中倡导适度消费与健康消费的消费观和过节俭生活的生活观,反对西方国家消费主义的生活方式,引导居民走一条适合自身的可持续发展之路。以改善城乡生态环境,全面提高人民生活质量为根本目的,通过实施四个转变,即由点源治理向流域、区域综合防治转变,由污染防治为主向污染防治与生态保护并重转变,由浓度控制向浓度与总量并重控制转变,由末端治理向生产全过程控制转变，实现环境与经济社会发展相协调，逐步使生态系统实现良性循环。走可持续消费之路是居民家庭消费结构合理化的必然选择。

四、山东省居民对消费行为与环境污染的认知研究

随着城市化进程的加快，城市成为了人们生活的主要场所，城市环境越来越受到人们的关注，关于城市环境的社会效应研究也日益成为各国学者、城市管理者及市民讨论研究的基本问题之一。目前，国外学者有从当代文学、人类生态学及社会地理学角度对城市环境与城市居民健康的关系进行宏观阐述的；还有通过城乡比较分析城市环境对人体健康有何影响的；有从引起城市环境污染的某一因子入手，研究悬浮物质与噪音对城市居民危害的。此外，在英美等国的科研机构则通过对空气污染物浓度变化与城市居民发病率间关系的分析，建立了人体健康承受空气污染物的剂量——反应关系。总之，试图从市民健康的角度论证城市环境对城市居民身体健康影响的研究，研究者们已经做了很多。但是，他们很少考虑城市居民对城市环境的非客观感受与认知以及城市环境在市民的心理、精神上造成的危害。为此一些学者、研究人员们又针对城市环境对城市居民的生理、心理、工作、学习、娱乐及其社会活动的影响及城市居民对环境污染的应对措施进行了研究，弥补了前者的缺憾。

(一)居民对消费行为与环境关系认知研究

以临沂市城市居民为调查对象，探讨城市居民对消费行为与环境关系的认知。2008 年 9 月 4 日至 9 月 11 日，在临沂市市区的人民广场、东方红广场、人民公园、向阳小区、八一小区、南纺新区、西苑小区、临沂四中、大学城、临沂市人事局、临沂市教育局、临沂市政府、师院北院附近的农贸市场等地，通过随机抽样的办法对临沂市城市居民进行了有关消费行为与环境关系的问卷调查，同时对市民的一

些环保行为进行了现场观察，并运用数理统计法与图表法对调查结果进行了统计分析。

调查过程中共发放调查问卷 500 份，最终收回问卷 490 份，其中有效问卷 478 份，问卷有效率约为 97.55%。其中男性有 249 人(52.09%)，女性有 229 人(47.91%)；高中及以下文化程度有 261 人(54.6%)，大专及以上文化程度有 217 人(45.4%)；年龄在 40 岁以下的有 384 人(80.33%)，40 岁及 40 岁以上的有 162 人(19.67%)。

1. 临沂市城市居民消费行为现状分析

(1)临沂市城市居民购物行为调查研究

日常生活中必不可少的是购物，通过本次调查，发现经常购物的有 30.23%，一般购物的有 44.34%，偶尔购物的有 14.6%，很少购物的有 10.83%(见图 3-23)。

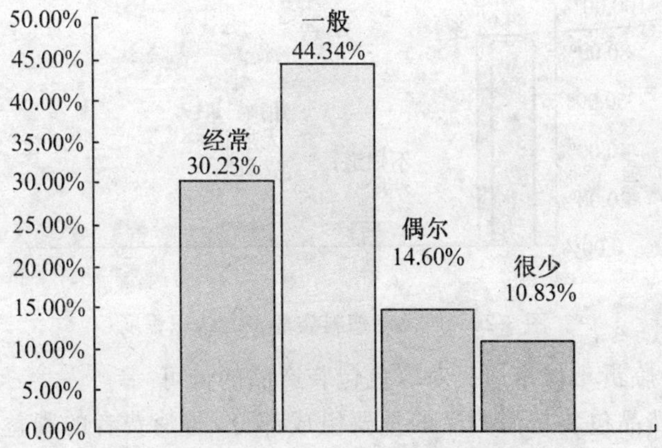

图 3-23　城市居民外出购物频度

从图 3-24 中我们可以看出只有少部分居民有自觉带购物袋的意识，40.57%的居民不会带购物袋，而超过 1/3 的人从来都不会带购物袋，不多这部分人绝大部分提出是有时空手带回家的。塑料袋造成的白色污染，由于难于降解，给环境造成了很大的危害。在被调查的人群中有 84.6%知道塑料方便袋的危害，7.82%的人不知道塑料袋的危害，更有 7.58％的居民知道塑料袋的危害，但是觉得无所谓(见图 3-25)。

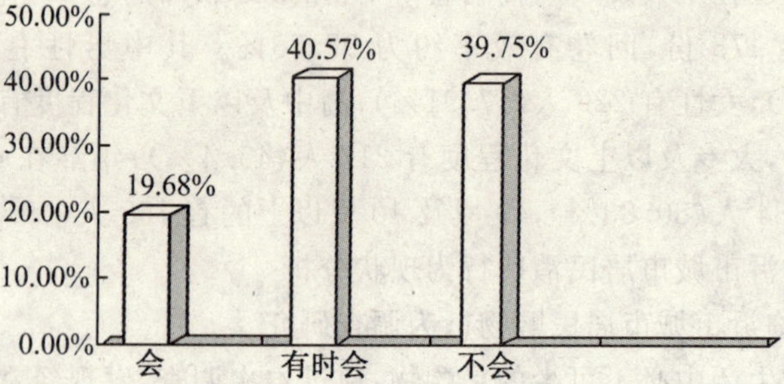

图 3-24　居民购物时自备购物袋情况

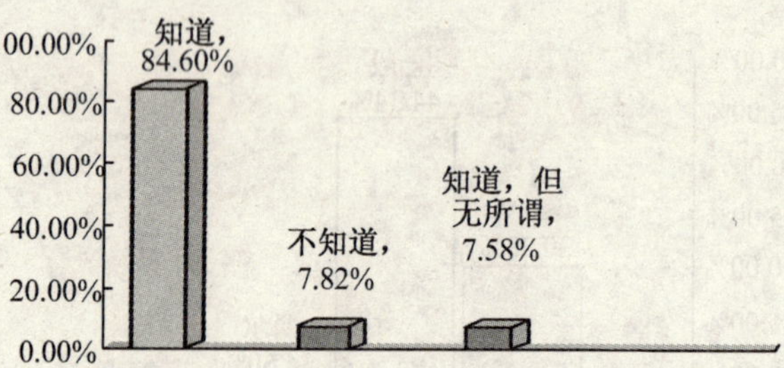

图 3-25　居民对塑料袋危害的认识程度

(2)临沂市城市居民对绿色包装产品的认可

消费品包装是消费品的重要组成部分，与消费者的利益密切相关。伴随着商品包装的发展与改进，商品的过度包装已呈现在市场经济的发展过程中，很多商品包装的成本比例已大大高于商品自身成本占总成本的比例，非常不合理。当我们消费的时候我们会发现相当一部分产品都是过度包装，比如说月饼、化妆品、保健品等，华丽的外包装，外包装内又有多层包装，这样的过度包装既增加了产品成本又造成了资源的浪费，对环境造成一定的污染。通过调查，75.48％的人知道过度包装会产生垃圾，24.52％的人不知道（见图 3-26）。

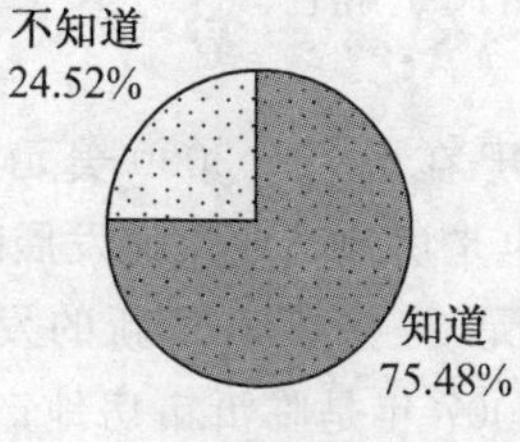

图 3-26　过度包装产生垃圾

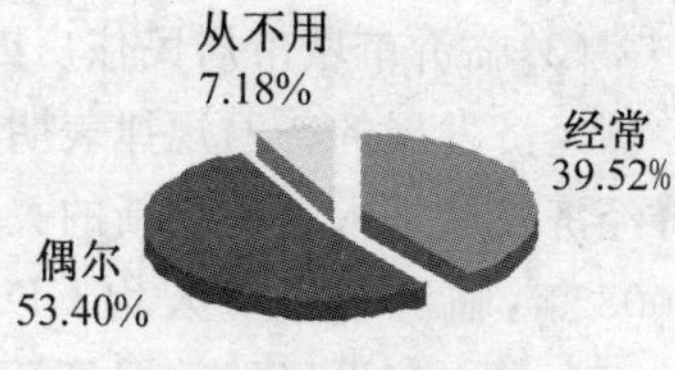

图 3-27　一次性餐具的使用情况

既然绝大多数人知道过度包装的危害，人们就要抵制使用过度包装的产品，断绝这些产品的销路，自然而然过度包装的产品就会逐渐在市场上消失。日常生活里我们还有部分人使用一次性餐具，39.52％的人经常使用，53.4％的人偶尔使用，仅仅 7.18％的人从不使用（见图 3-27）。通过分析我们认为出现这样的数据，主要是临沂市是一个以批发物流为主的城市，好多居民就餐图方便叫外卖所造成的。

通过对临沂市城市居民的调查，发现临沂市城市居民对绿色包装也有一定的认识，但是情况不容乐观。在调查的人群中 22.65％知道绿色包装，31.25％对绿色包装知道一点点，23.56％说不清楚什么是绿色包装，12.24％的人不太了解绿色包装，10.3％的人根本不知道什么是绿色包装（见图 3-28）。

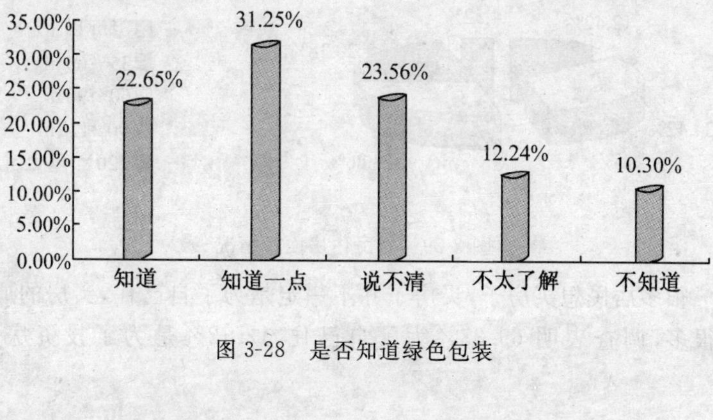

图 3-28　是否知道绿色包装

由此可以看出将近46.1%的居民对绿色包装毫无认知，有关部门应加强对绿色包装的宣传，让更多的居民了解它。

(3)临沂市城市居民住房因子研究

经济发展的普遍规律表明，人均GDP在1000～3000美元，意味着经济发展进入了一个新的关键阶段，也是房地产业快速发展时期。2003年，临沂市实现人均GDP1000美元，经济步入了新的发展轨道。来自市建设局的数据显示，2002～2007年是临沂市房地产业高速发展的重要时期。2007年全年完成房地产开发投资67.1亿元，约占当年国民生产总值的5%，约占当年固定资产投资总额的10%。房地产业已成为我市国民经济的重要支柱产业。

通过调查，临沂市城市居民现在居住的房子面积情况：35m^2以下的是4.52%，20.38%的是35～60m^2，28.26%的是60～90m^2，34.42%的是90～120m^2，120m^2以上的为12.42%(见图3-29)。可以看出60m^2以下的比例占了1/4，而90m^2以上的占了近半数，呈现出两极分化的现象。综合原因这主要是从事批发物流行业的居民购买力强劲，而且主要以大户型为主，其中又有许多为别墅的主要消费人群，而相对应的是一部分工人或外来务工人员，年均收入较低，仍住在面积较小的原住房或主要购买经济适用房为主，贫富差距相比其他城市要大得多。

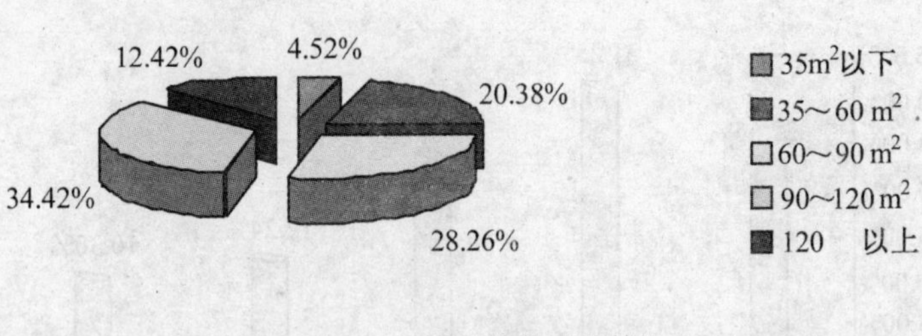

图3-29 居民住房面积情况

很多居民想买房子，买房子并不一定是为了自己住，买房的原因有很多，调查表明69.38%为了自己住，12.12%是为了投资房产，

12.15%是给子女用,2.06%用于出租,4%用于其他所用(见图 3-30)。

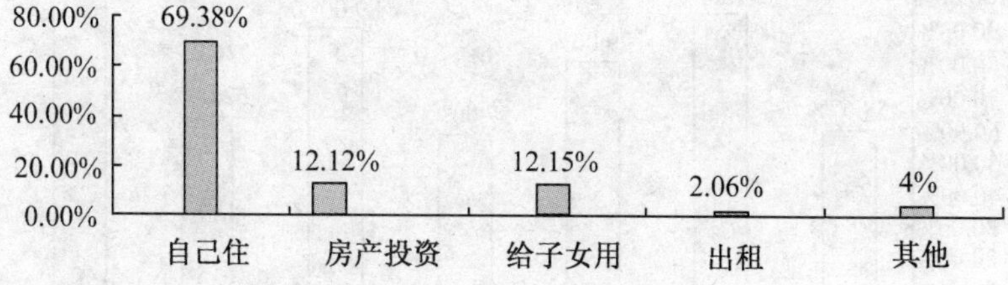

图 3-30　购房原因统计

在选择住房时地理位置也是人们的考虑因素之一,有是人喜欢住在市区,因为上班方便;有的人喜欢住在远郊区,因为远郊区空气好,环境安静,而且房型面积也大。在参与调查的人群中 28.89%的人选择住市中心,62.47%的居民选择住在近郊区,6.8%的人选住在远郊区,也有 1.84%的人觉得住在哪里都无所谓(见图 3-31)。

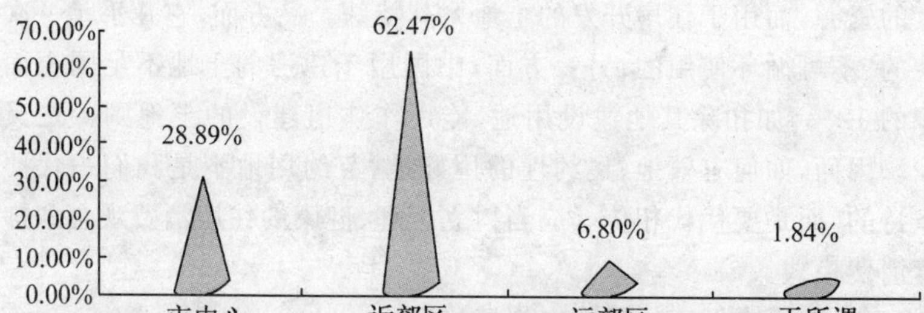

图 3-31　住房位置的选择情况

在购房首要因素中 58.67%的人选择了交通与地段,94%的人选择了价格,79%的人选择了社区环境,57%选择了房子的投资发展潜力,89%选择配套设施情况的好坏,62%选择周边商业设施条件,98%的人选择周边教育环境因素(见图 3-32)。从数据中我们可以看出 房子周围环境对居民的购房越来越重要。

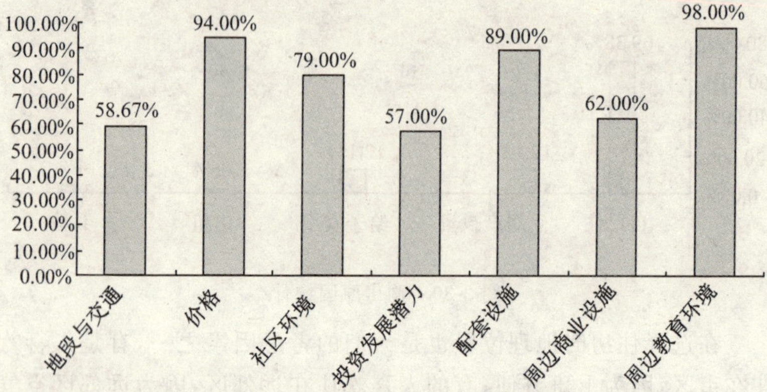

图 3-32　购房时考虑的首要因素

针对临沂的具体情况，我们认为首先，要引导国人深刻认识到住房用地资源是非常稀缺的宝贵资源。土地是一种非常特殊的不能再生的资源，而用于住房开发的土地尤其特殊。一方面，它几乎是一次性的、不可循环使用的；另一方面，中国用于建房的土地不足国土面积的 12%，如扣除其他建设用地，能用作住房建设的土地则少之又少。因而，如何有效地、集约性的用好地、节约用地不是我们一代要坚持的，而是要代代相传。应当树立合理、健康的住房消费观念和梯度消费模式。

(4)临沂市城市居民水电消费研究

居民的日常生活离不开用水用电，现在各种资源都十分紧张，所以我们要有节约能源的意识，更要有节约能源的实际行为。问卷中涉及了居民节水节电的原因、节水节电的方式。40.56%的人节水节电是为了省钱，14.93%的人是想从源头减少能源消耗，18.04%的人是为减少污染，23.3%的人是出于节俭意识，3.17%的人是因为其他一些原因(见图 3-33)。

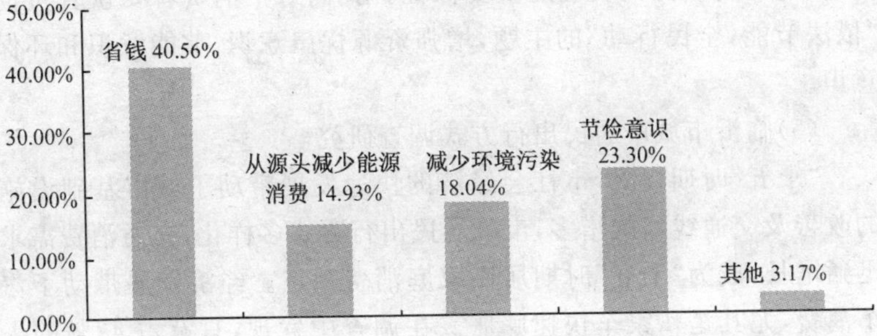

图 3-33　节水节电的动力

我们生活用水有很多情况下是可以多次利用的，例如洗菜的水用来浇花、冲厕所，洗衣服的水用来冲厕所等。通过调查，35.48%的居民坚持用洗菜或洗衣服的水冲厕所，42.89%的人会偶尔使用，15.32%的人不会使用，6.31%的居民觉得做不做都无所谓（见图 3-34）。

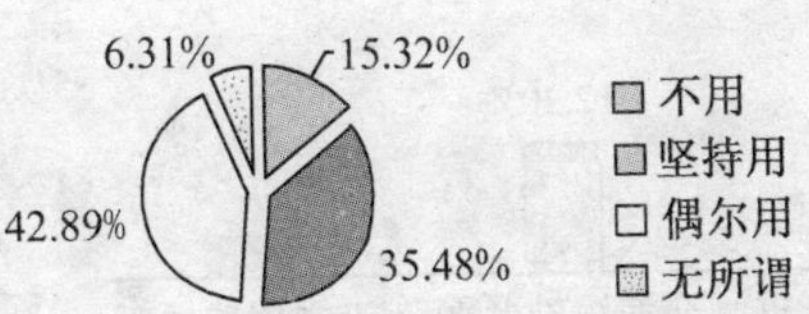

图 3-34　洗衣服或洗菜的水冲厕所

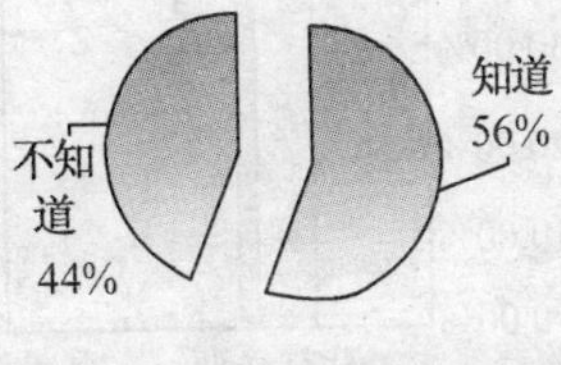

3-35　含磷洗衣粉造成水污染

说到洗衣服，现在各种品牌的洗衣粉的有，我们可以将洗衣粉分为两种，一种是含磷的，一种是无磷的。含磷的洗衣粉会对水环境造成污染，因为含磷的污水流入江河后会造成水华现象。56%的居民知道含磷洗衣粉的坏处，还有 44%的人不知道含磷洗衣粉的危害（见图 3-35）。

家庭是社会的基本细胞，节约能源从家庭开始是社会发展的必然要求，能源与环境是当今人类关注的重要课题，节能是促进国家经济、资源可持续协调发展的重要保证。我们每个消费者要认真贯彻“依法节能，全民行动”的主题，增强资源忧患意识、节能意识和环保意识。

(5)临沂市城市居民出行方式调查研究

“十五”时期，临沂市社会经济的快速发展带动了城市基础设施的改善及交通线路的增多，市区居民出行方式多样化，交通消费需求迅猛增长，成为“十五”时期居民家庭消费亮点。经济发展带动了汽车消费，尤其是私家车快速膨胀。在调查中发现，只有占 47%的人不打算买车。而其中具备买车能力时而有一部分人会选择不买，原因是多样的，36.54%认为没必要买，48.75%的人觉得交通拥挤严重，开车不方便，12.2%的人认为车辆增多会使交通污染更严重，2.51%的人是因为没有停车场所(见图 3-36)。

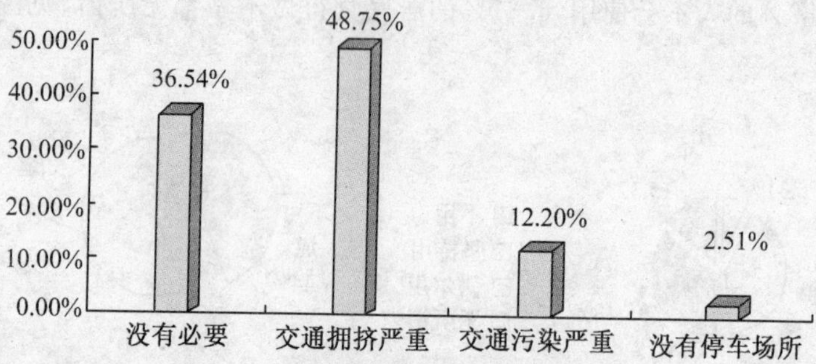

图 3-36 有购买汽车的能力而不买的原因

其中，85.6%的居民对汽车尾气污染很了解，14.4%的居民只了解一些(见图 3-37)。

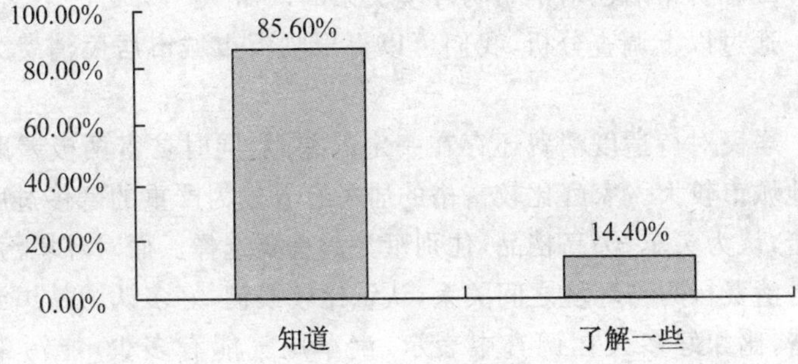

图 3-37　汽车尾气污染认知

车用燃料从普通汽油到无铅汽油，后来又出现了石油液化气代替汽油，目前还出现了用小麦、玉米等原料生产的变性乙醇和汽油混合而成的新型车用燃料——车用乙醇汽油。从车用燃料的发展过程，我们可以看到消费选择范围的扩大和产品的环保化趋势。现在提倡坐公交车，政府部门的车辆按车牌尾数进行出车，这些措施都是为了缓解交通压力，减轻环境污染。在被调查的人群中，出行时3.24％的人选择步行，28.54％的人选择骑自行车，9.8％的人选打出租车，18.1％的人选择开私家车，50.32％的人选择坐公交车（见图3-38）。我们出行时要尽量选择公交车，这样既环保又省钱。

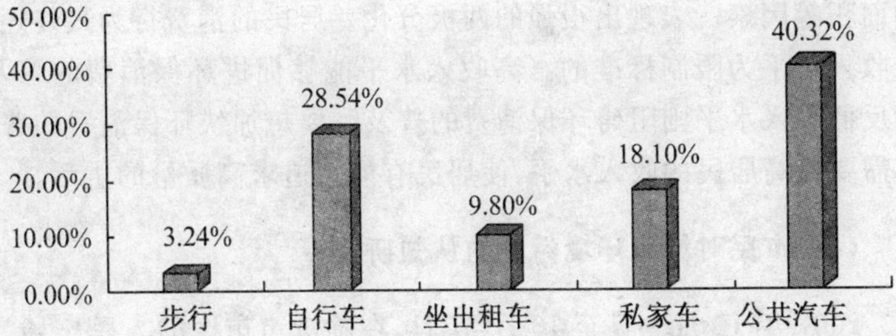

图 3-38　出行方式选择

2. 临沂市居民对消费与环境关系的认知

通过以上调查分析，我们可以得出临沂市城市居民消费方面的特点：

居民对待适度消费还存在一定的差距，同时贫富两极差距相比其他城市较大。家庭比较富裕的居民有着较为严重的奢侈过度消费情绪，认为买车、买高档品、住别墅为其首要选择。而对环境污染，特别是消费行为与环境之间关系，认识比较模糊，好多认为是想当然的事情，比如好多人在调查中表示，汽车尾气能有多少，能污染那么严重？

日常用水用电能够做到节约能源。大多数家庭中都有一些节水工具，如一年四季太阳能热水器储备水及利用洗衣水来冲厕所等。居民也注意节约家中用电，当房间内光线充足时都尽量避免开灯。但是大部分是从省钱的角度来施行的，把眼光放在节约能源和资源角度上的比例相对较小。

超过半数的居民表示只要经济条件允许，有购买汽车的意愿。而现实中居民外出时大多选择经济实惠的公交车。临沂市的公交线路很多，每时每刻在公交站牌前等车的人都络绎不绝。公交车与出租车相比经济实惠，是中低层收入者的首选出行交通工具。

居民选择住房时注重方便环境好，同时按照经济能力关注房型的面积等因素。表现出很强的两极分化。居民的消费行为最终还是以收入水平为限制标准的。高收入水平能够促进环保消费的普及，相反低收入水平则阻碍环保消费的普及。要想加快环保消费的普及还需要提高居民的收入水平，使居民有能力追求高质量的生活。

(三)市民对城市环境污染的认知研究

2007 年 10 月 9 日至 10 月 27 日，在临沂市市区的人民广场、东方红广场、新华书店、人民公园、向阳小区、八一小区、西苑小区、临沂四中、大学城、临沂市人事局、临沂市教育局、临沂市政府、师院北院附近的农贸市场等地，通过随机抽样的办法对临沂市城市居民进行了有关临沂市城市环境污染认知的问卷调查，同时对市民的一些环保行为进行了现场观察，并运用数理统计法与图表法对调查结果进行了统计分析。

以临沂市城市居民为调查对象，以临沂市城市居民对临沂市城市环境污染的认知为研究对象。调查过程中共发放调查问卷 600 份，最终收回问卷 580 份，其中有效问卷 565 份，问卷有效率约为 97.41%。其中男性有 263 人(46.55%)，女性有 302 人(53.45%)；高中及以下文化程度有 294 人(52.04%)，大专及以上文化程度有 271 人(47.96%)；年龄在 40 岁以下的有 403 人(71.33%)，40 岁及 40 岁以上有 162 人(28.67%)。

1.临沂市城市居民对城市环境质量的总体认知

除了各种城市污染物的排放量可以直接反映出一个城市的环境质量好坏之外，城市居民对其所在城市环境质量的满意程度以及他们对城市环境质量现状的评价也可以反映出城市环境质量的好坏状况。通过这次调查，发现临沂市城市居民对临沂市的城市环境质量满意程度总体上不是太高(见图 3-39)。

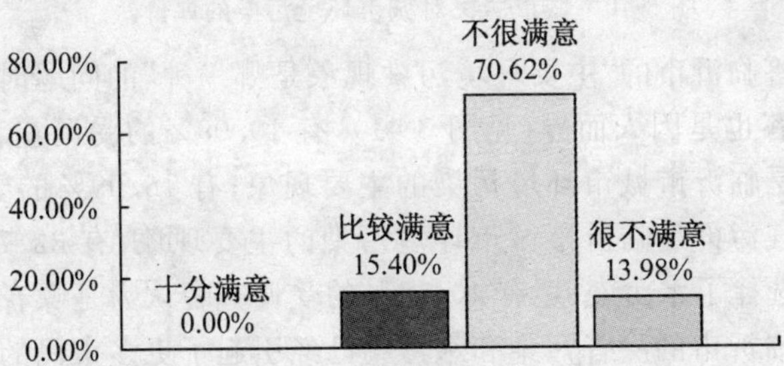

图 3-39 城市居民对城市环境质量的满意度

可以看出对本市城市环境质量表示十分满意的所占的比例为零；有 15.4%的受调查者表示对城市环境质量比较满意；70.62%的受调查者对城市环境质量不很满意，其中女性占了 58.15%；还有 13.98%的受调查者对城市环境质量很不满意。由此说明城市居民对临沂市的各级政府相关行政部门的工作的认可程度不是很高，同时临沂市的城市环境与城市居民将其作为居住、工作、学习、娱乐等场所的要求还存有偏差。临沂市城市居民对城市环境污染现状的评价结果如图 3-40 所示，7.79％的受调查者评价城市环境污染十分严重；68.67％的受调查者认为城市环境污染比较严重，其中 59.28％是大专及以上文化程度的城市居民；17.52％的受调查者认为城市环境污染严重；6.02％的受调查者则认为城市环境污染不严重，这部分受调查者主要是高中以下文化程度。由此可见，居民的文化程度越高，其对城市环境污染的认识也相对较清楚。

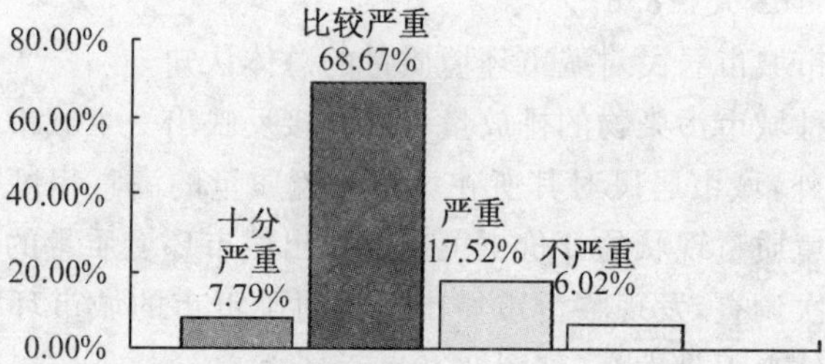

图 3-40 城市居民对城市环境污染的评价

在回答临沂市的“主要环境污染现象是哪一种”的问题时，受调查者的回答也是因人而异(见图 3-41)，有 10.09％的受调查者认为垃圾污染是临沂市城市环境污染的主要现象；有 16.99％的受调查者认为大气污染是临沂市城市环境污染的主要现象；有 32.74％的受调查者选择了水污染；还有 40.18％的受调查者认为是噪音污染。由此可见临沂市的噪音污染和水污染已经引起了更多市民的关注，这就在一定程度上为政府相关部门的工作重点指明了方向。当深入问及环境污染的原因时(见图 3-42)，环境执法不严、市民环保意识不强、城市企业太多、城市人口太多被选中的比例相当，但环境执法不严被选中的比例稍高，为 47.79％。这反映了相关环境执法部门的工作还没有被市民认可，相关环境执法部门应该加大执法力度，改善其在市民心目中的形象。

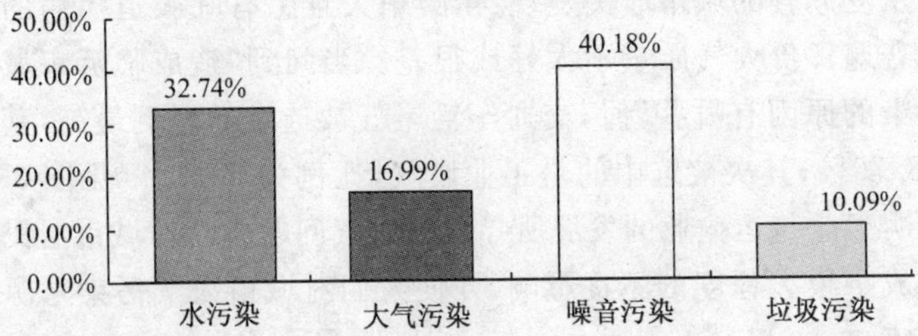

图 3-41　城市居民对城市环境污染的认知

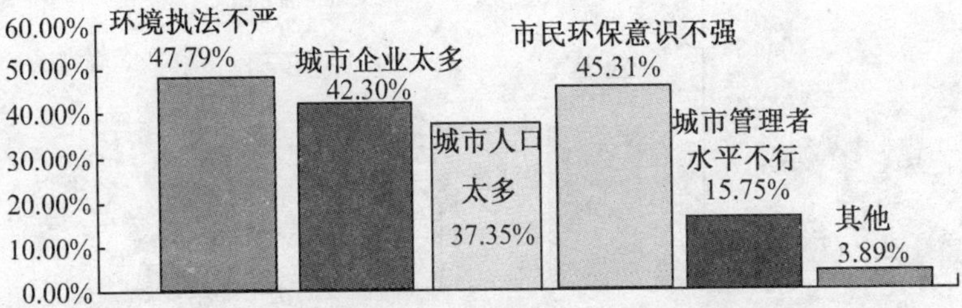

图 3-42　城市居民对城市环境污染的原因分析

2. 临沂市城市居民对城市大气污染危害的认知

通过临沂市城市居民对临沂市城市大气质量评价的调查(见图 3-43),发现认为临沂市城市大气质量很好的比例为零,有 52.92%的受调查者评价其城市大气质量一般,37.35%的受调查者认为不太好,还有 9.73%的受调查者反映临沂市城市大气质量很差。

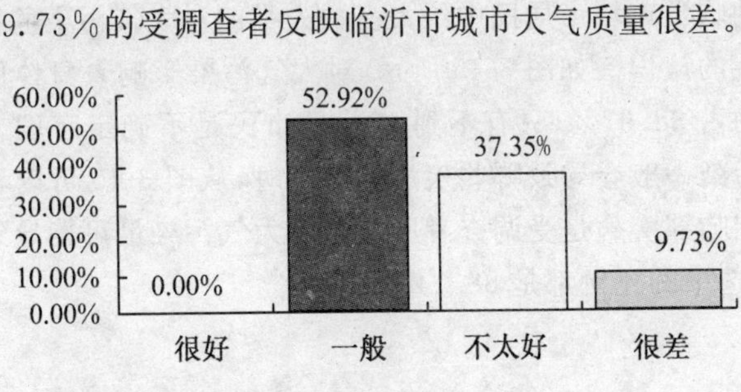

图 3-43　不同性别的市民对大气质量的评价

从受调查的城市居民发现：年龄稍大且患有呼吸道疾病的受调查者普遍评价大气质量不太好或很差。当问到“造成临沂市城市大气污染的原因有哪些”时，交通车辆尾气被选中的比例最高，其比例为78.76%；其次被选中的是工业废气，比例为53.1%（见图3-44)。这说明工业与运输业的发展所导致的大气问题已经对城市居民的生活造成了很大程度的不良影响，才使人们对城市大气污染来源有如此的感知。

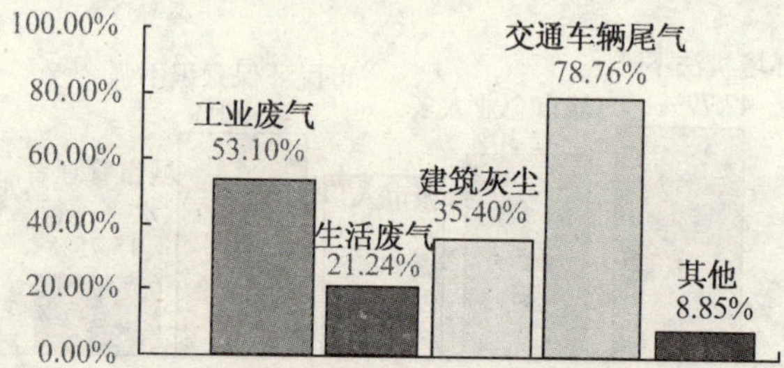

图3-44　城市居民对城市大气污染来源的分析

大气污染会对人体健康带来很大程度的危害。当大气中的污染严重时，人们就会感到呼吸困难，喉咙发涩发痒，致使咳嗽、气管炎、支气管炎、肺炎等呼吸系统疾病的产生。既然如此，那么一般的城市居民对大气污染的危害又有哪些认识呢？通过这次调查，结果发现受调查的临沂市城市居民中绝大多数人都能对大气污染危害人体健康有清醒的认识。如图3-45所示，对大气污染影响人身体健康持肯定态度的占88.67%，只有不到12%的市民是不确定态度。深入问及大气污染一般会导致哪些疾病的产生时，从图3-46可以看出呼吸道疾病和肺部疾病是受调查者所认为的大气污染最可能导致的两种疾病，被选中的比例都是88.14%。

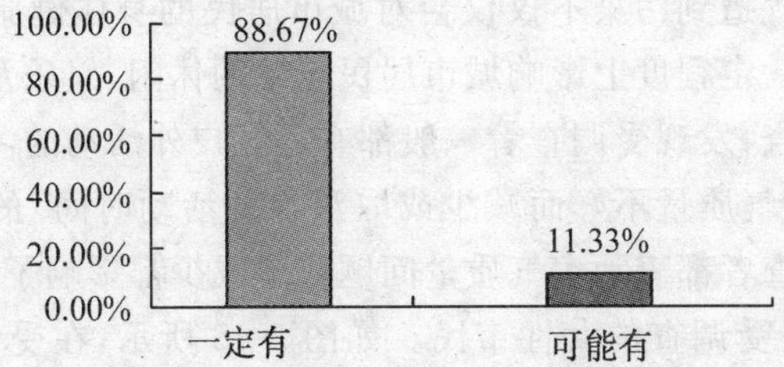

图 3-45 市民对城市大气污染危害的认知

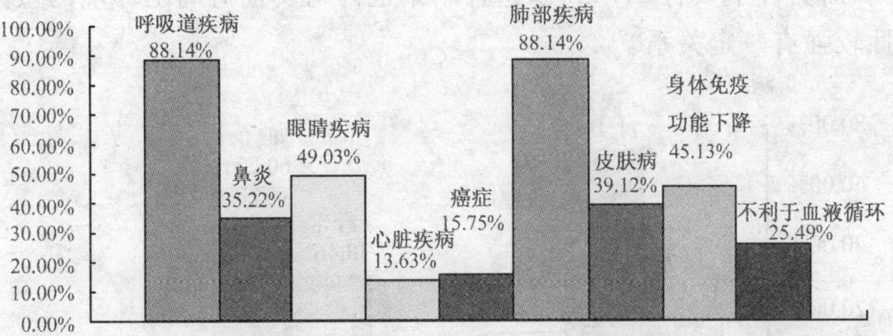

图 3-46 市民认为的大气污染危害

另外还有眼睛疾病、身体免疫功能下降、皮肤病、鼻炎等疾病。在"是否有得过上述某一种疾病的经历"的问题上，有 70%以上的城市居民表示曾有过上述疾病的经历(见图 3-47)，并且发现 40 岁及 40 岁以上的受调查者中有 37.65%的人正经受着疾病的折磨。

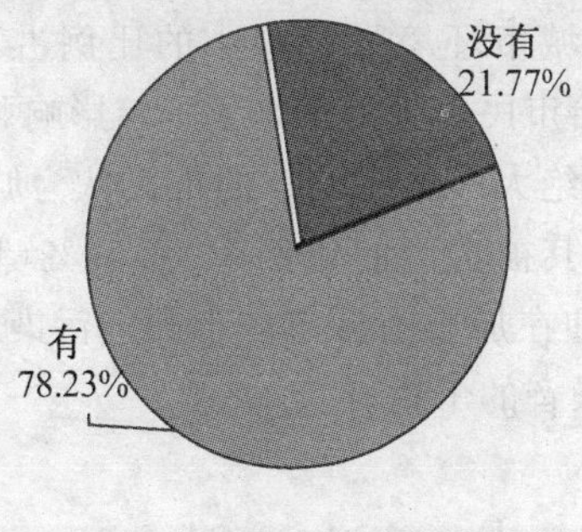

图 3-47 市民受大气污染的得病经历

城市空气遭到污染不仅仅会对城市居民的身体健康带来危害，而且还会在一定程度上影响城市居民正常的休闲、娱乐及日常生活。通过这次调查，发现受调查者一般都有进行户外活动的习惯，在回答“是否曾因大气质量不好而减少或取消户外活动时间”的问题时，绝大多数受调查者都表示大气质量问题或多或少都影响了自己的户外活动，尤其是受调查的女性市民。如图 3-48 所示，在受调查的女性市民中有 30.46%的人表示经常因城市大气污染减少户外活动的时间，而男性中只有 17.11%，这种结果也许与女性对周围环境的敏感性较强有一定关系。

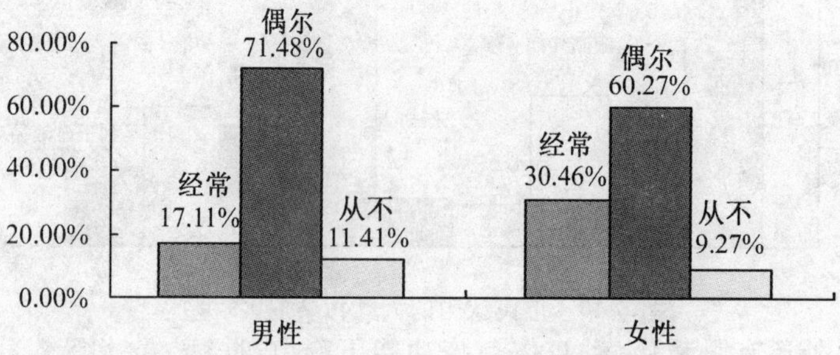

图 3-48　市民户外活动受大气质量影响的频率

3. 临沂市城市居民对其城市噪音污染危害的认知

通过这次调查发现，有超过半数的受调查市民评价本市城市环境噪音较大，而认为城市环境噪音很小的比例占不到 2%（见图 3-49），可见噪音已经给市民的生活带来了一定影响。当问及本市噪音污染的主要来源时，绝大多数受调查的市民认为城市车辆是引起环境噪音污染的首犯，其被选中的比例为 72.57%（见图 3-50）。由此可见城市车辆的增加在加重临沂市城市大气污染的同时，还对临沂市民的生活带来了噪音的干扰。

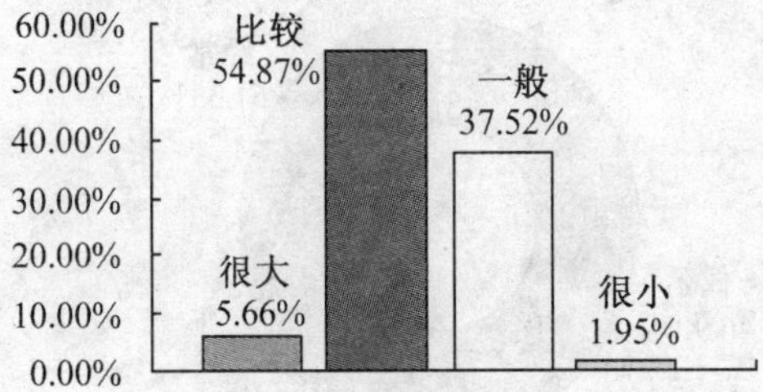

图 3-49　市民对城市噪音的评价

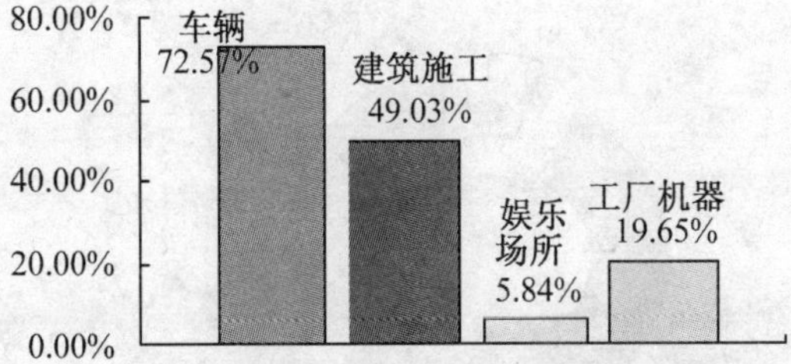

图 3-50　市民对噪音来源的分析

环境噪音污染自上世纪 70 年代就已经成为城市环境问题的一个公害，它对人们的工作、学习、休息等有很大的负面影响。通过这次调查，发现大多数受调查者在平时的学习或工作当中都有过被城市噪音干扰的经历（见图 3-49）。从图中可以清楚地看出，有 51.33％的受调查者经常遭受到城市环境噪音的干扰；有 46.9％的受调查者偶尔被噪音干扰；只有不到 2％的受调查者表示从没有遭到噪音干扰。其次，有研究表明环境噪音会严重影响人的睡眠质量，并且当噪声级达到一定程度（一般是 40 分贝左右）时，睡眠人的脑电波会出现觉醒反应；当噪声级进一步提升时，睡眠人被惊醒的几率就会上升。在这次调查中，发现受调查者中有 43.01％的人经常被噪音惊醒；有 50.62％的人表示偶尔会被惊醒；只有 6.37％的人未曾有被惊醒的经历（见图 3-51、图 3-52）。

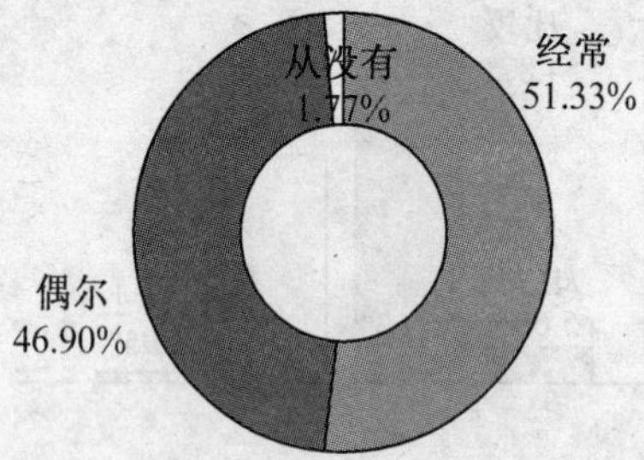

图 3-51　市民平时受噪音干扰的频率

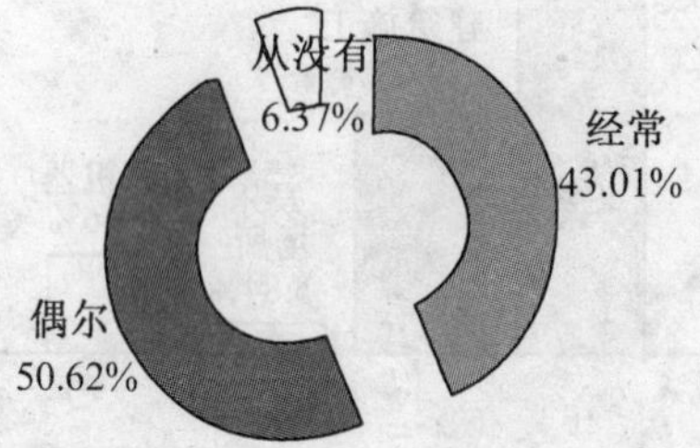

图 3-52　市民被噪音惊醒的频率

另外，环境噪音对人们健康的危害还有很多方面。这次调查发现，为了减少环境噪音的干扰，并尽量避免噪音对人体的危害，很多市民通常采取关窗措施，即使是在很热的天气也是如此。总之，临沂市的噪音污染已经真实存在并对市民平时的工作、学习以及生活带来了严重影响，因此相关部门应该加大力度减轻或防止城市噪音对市民的影响，给市民的工作、学习及休息提供一个相对安静的环境。

4. 临沂市城市居民对其城市水污染危害的认知

通过临沂市城市居民对本市地表水体质量评价的调查（见图 3-53），发现受调查的市民对本市的地表水体质量评价不是太高，绝大多数的受调查者都认为本市的地表水体质量比较差，其比例是 53.98％；有 9.74％的受调查者评价地表水体质量很差，其中 40 岁以上的受调查者占了 70.91％，一些年长的受调查者还表示“恐怕再也看不到儿时那清澈的河水了”。对临沂市而言,沂河是其主要水体,而且是城市居民平时休闲娱乐的主要场所之一,沂河水体质量如果恶化必然会影响到城市居民到水边游玩的次数。在这次调查中,发现有 64.78%的受调查者表示曾因沂河水体污染而减少到沂河边游玩的次数(见图 3-54)。可见临沂市相关部门应该对其地表水污染引起足够的重视,需要加大投入,为市民提供一个优美的地表水环境。

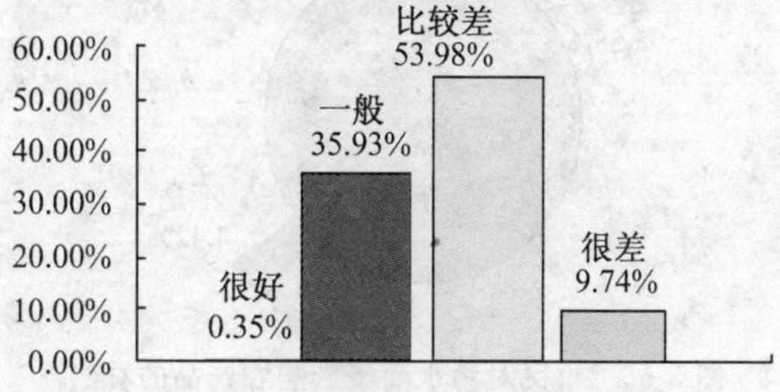

图 3-53　市民对地表水体质量的评价

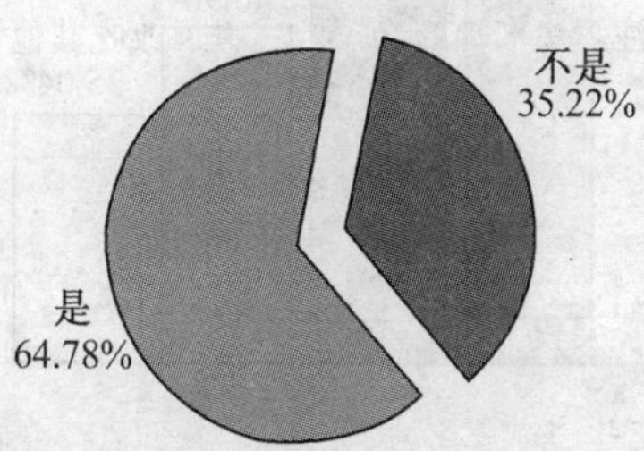

图 3-54　市民对水污染影响游玩的看法

地表水污染不仅会影响城市的自然景观,更重要的是它对农业生产有严重影响。如果污水中含有的重金属还可能会进入土壤,导致土壤中重金属含量增加,进而导致农作物中重金属的含量超过国家规定的标准值等等。那么,临沂市城市居民是否意识到污水对农作物的危害呢?通过调查发现,有 90%以上的受调查者都意识到了污水灌溉会对农产品的质量造成影响,只有少数受调查者还没有意识到这一影响(见图 3-55)。既然绝大多数受调查市民都意识到了污水对农产品的影响,那么他们在购物时又是采用何种措施来防范被污水污染过的农产品呢?经过调查发现,受调查的市民主要采取以下几个措施:看是否是绿色食品(56.99%)、购物时注意生产地(52.92%)、进行专门消毒(46.9%)、改吃其他食品(35.04%)等(见图 3-56)。

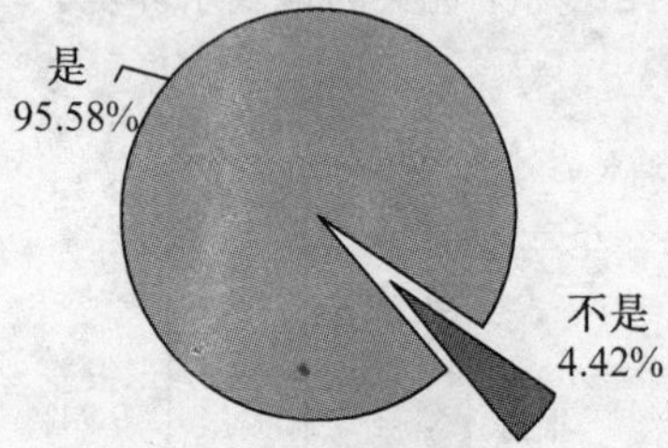

图 3-55 市民对污水灌溉影响农产品的看法

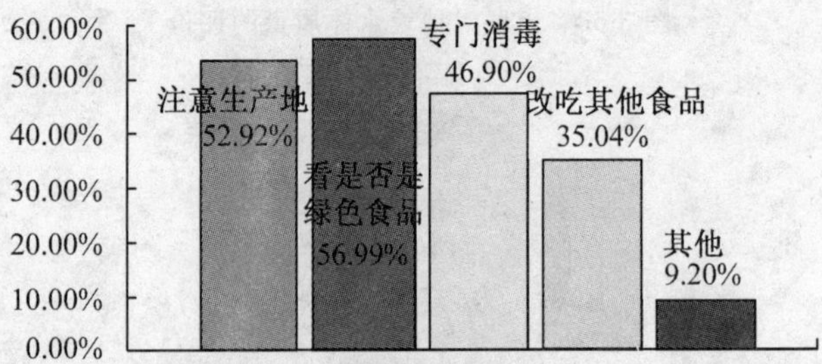

图 3-56 市民防范受污农产品的措施

5. 临沂市城市居民对其城市垃圾危害的认知

通过这次调查,发现临沂市城市居民对本市垃圾处理工作的评价不高(见图 3-57),有 62.66%的受调查者表示对本市的垃圾处理工作不很满意,还有 17.7%的受调查者则表示很不满意。一些保洁人员反映近几年临沂市城市垃圾产生量增加,其工作量越来越大,而处理设备仍比较陈旧。因此临沂市的相关部门应该对垃圾处理工作加大投入,为临沂市民提供一个健康的城市环境。

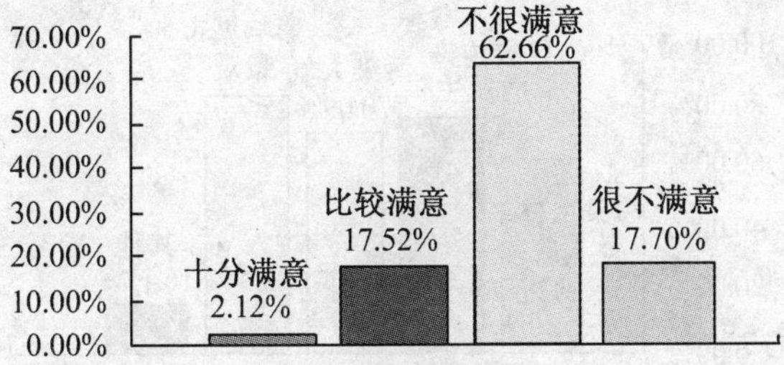

图 3-57　市民对城市垃圾处理的满意度

垃圾对人体的危害是不容忽视的。工业与生活垃圾很容易使流行病孳生繁衍，如果随意堆放垃圾并且未及时经过处理，垃圾堆就会渗出含有大肠杆菌等许多有害物质的液体，从而很容易使附近的居民得腹泻病等常见的肠道疾病。另外垃圾中还可能含有多种危害元素（如汞和铬化物），它们能通过皮肤渗透，引起过敏反应，甚至破坏人的脑部组织。如果将各种垃圾填入土中且不经过任何处理，则其中的有害物质（如重金属）就会进入地下水中，造成地下水污染。如果人们引用了被污染的地下水，导致重金属在体内集聚，就可能使人中毒并引发各类疾病，严重影响人体健康。通过这次调查发现，绝大多数城市居民已对垃圾污染的危害有了一定的认识。在垃圾污染会产生哪些危害的问题上，影响城市景观一项被选中的比例最高，为 82.78％；导致疾病发生一项被选中的比例也较高，为 75.93％。这说明临沂市城市居民对垃圾污染危害人体健康的认识是比较清醒的。另外受调查者还认识到了垃圾污染会因起水体和大气的污染，这两项被选中的比例分别是 62.12％、70.09％（见图 3-58）。

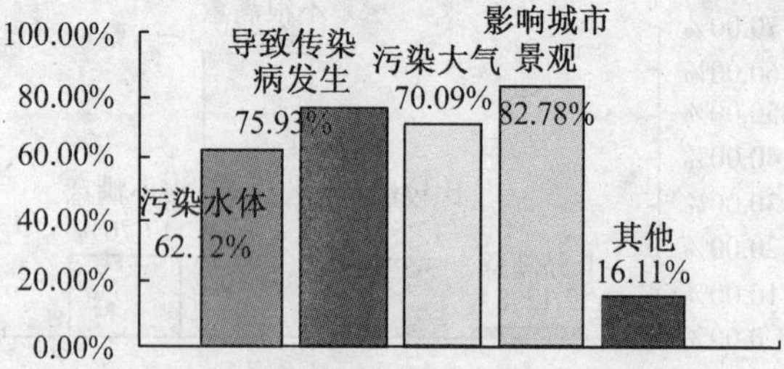

图 3-58　市民对垃圾危害的认知

6. 临沂市城市居民对其城市环境污染的反应

城市居民离不开城市环境，如果城市环境恶化，则必然会对城市居民的心理、生理、行为等产生各种负面影响。虽然每个人对城市环境污染的感受不尽相同，但是从这次的调查结果来看，95.58%的受调查者都对城市环境污染影响身体健康存在忧虑（见图 3-59），同时发现 57.95%的受调查女性承认环境污染已对自己的心情产生了不良影响。当深入问及环境污染给受调查者带来了哪些具体影响时（见图 3-60），很多受调查者都提到了烦躁（76.46%）、降低工作效率（56.81%）、心胸郁闷（47.08%）、失眠（29.38%）、神经衰弱（23.54%）等。

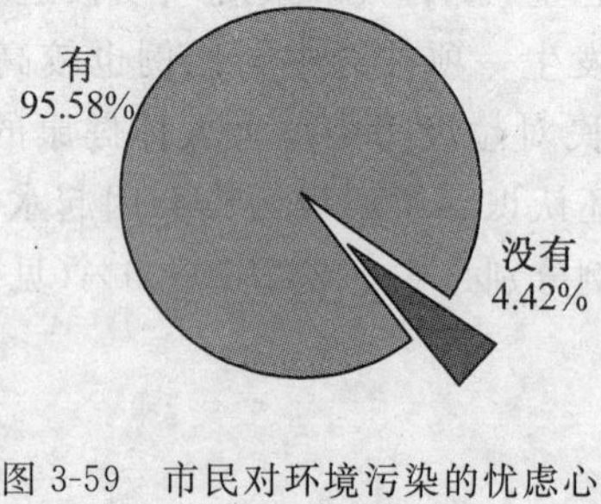

图 3-59　市民对环境污染的忧虑心情

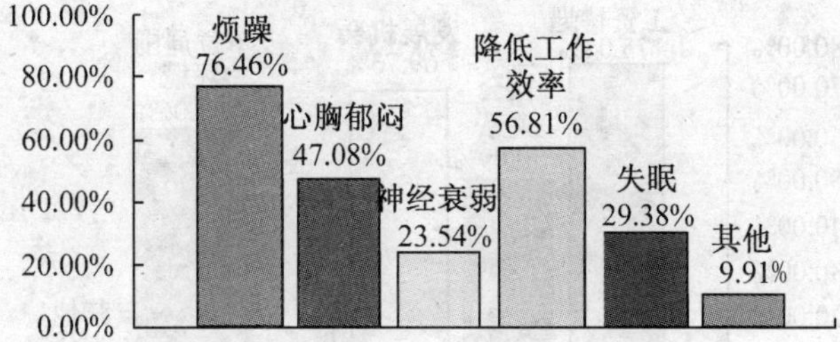

图 3-60　环境污染对市民心情的负面影响

另外，这次调查还发现城市环境对人们的购房、选工作、迁居等行为的影响也比较大。在调查买房主要考虑哪些因素的问题时（见图 3-61），发现住房周围的环境状况这一因素被选中的比例是 63.19％；在回答“找工作时考虑哪些因素”的问题时（见图 3-62），有 61.06％的受调查者选中了工作单位周围的环境状况这一因素；当问及受调查者及其子女的迁居意向时，有一部分人表示希望能去外地寻找发展机会，其原因主要有经济原因（58.23％）、环境原因（53.27％）、社会原因（47.79％）等（见图 3-63）。可见环境因素对市民买房、择业、迁居等行为产生了一定影响，这在一定程度上反映出一个城市能否留住人才，城市环境的好坏也是一个重要因素。

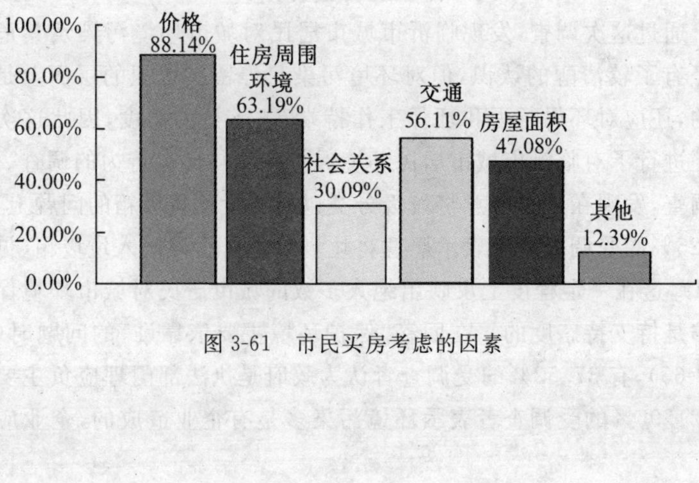

图 3-61　市民买房考虑的因素

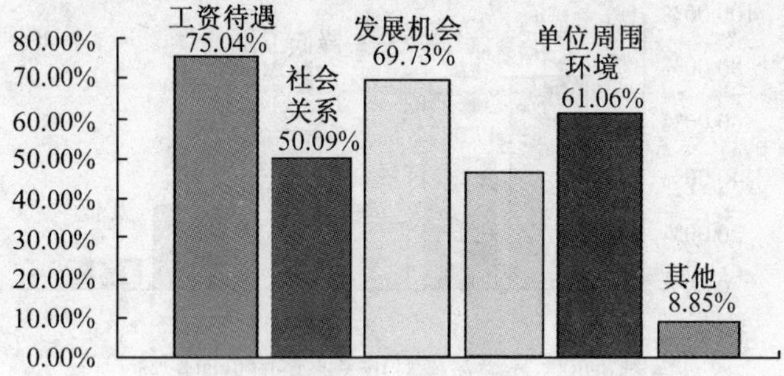

图 3-62 市民找工作考虑的因素

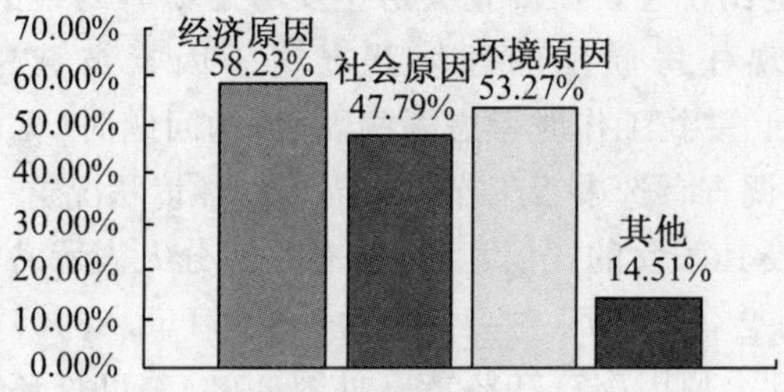

图 3-63 市民迁往外地的原因

7. 临沂市城市居民环保态度与行为分析

通过这次调查，发现临沂市城市居民对城市环境污染及其危害已经有了较清醒的认识，但对环境污染只停留在认识的层面上是不够的，还应对环保行为和环保工作持端正、支持的态度，因此这次调查还进行了对临沂市城市居民环境保护态度与环保行为的调查。通过调查，发现在是否愿意将垃圾分类以后再投入垃圾箱的问题上，有84.25％的受调查者都表示愿意将垃圾分类以后再投入垃圾箱（见图3-64），这在一定程度上反映出绝大多数的城市居民对城市环境保护工作是持支持态度的。在回答“保护环境主要依靠谁”的问题时（见图 3-65），有 37.52％的受调查者认为政府是执法部门理应负主要责任；21.95％的受调查者表示环境污染多是有企业造成的，企业应负主要责任；但是有 40.53%的受调查者则认为环境保护是一件需要全民参与的事情，市民的责任非常重要。一般在人们的观念中，环境保护工作更多是政府的事情，与个人关系不大，而临沂市民则表现出了很好的个人对环境的关心和责任意识。

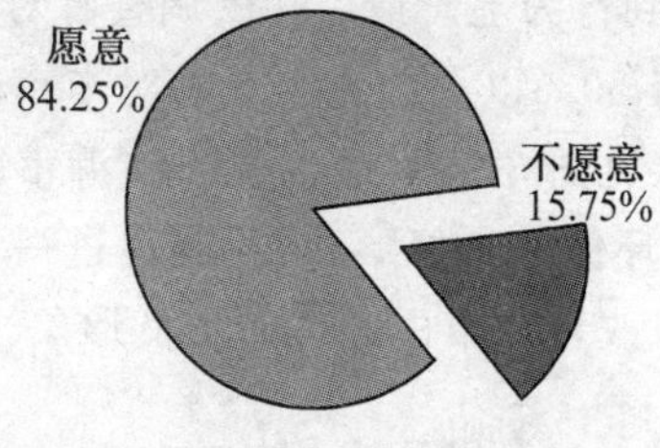

图 3-64　市民对垃圾分类的意愿

图 3-65　市民对环保主体的判断

同时发现持市民是环保主要责任人观点的受调查者中大专及以上文化程度的人占了 85.59%，可见市民的文化程度越高其对环境的关心和责任意识越强。在深入问及"如果碰到破坏环境的事会采取何种行为"的问题时，有 26.55%的受调查者表示会先进行劝阻，如果劝阻不成功则再考虑报告执法部门处理。总体而言上前劝阻被选中的比例是 52.04%；报告执法部门的选中比例是 40.18%；但也有 25.49%的受调查者认为这是执法部门的事自己管不了，所以选择了悄悄走开(见图 3-66)。这次调查的结果还显示，临沂市城市居民购物时一般没有自备购物袋的习惯,只有少数受调查者表示自己偶尔记得自备购物袋但并没形成习惯;而且通过现场观察,发现过往行人将手中垃圾投入垃圾箱内的很少,一般都是将手中垃圾随手一扔或者是扔到垃圾箱旁边,由此可见市民的环保意识还停留在理论上并没有真正落实到行为上。最后让受调查者对临沂市政府的环保工作进行评价时,有50%以上的受调查者对本市政府在城市环保方面的工作评价不高(见图3-67),这也说明临沂市政府在其城市居民心中还没有树立起环保的良好形象,还有待进一步加强在城市环境保护方面的工作,以改善在市民心中的不良形象。

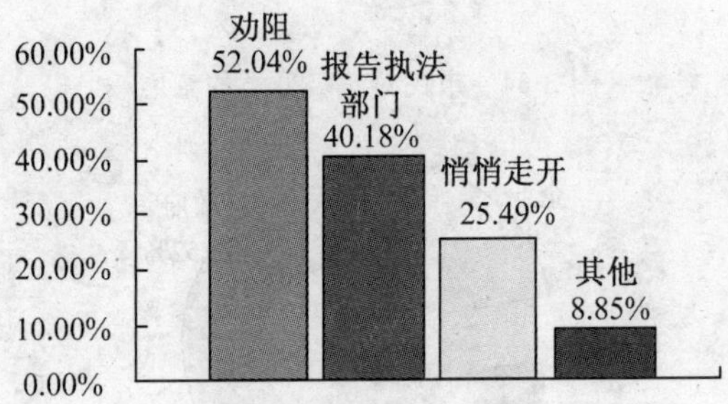

图 3-66 市民对破坏环境行为的应对措施

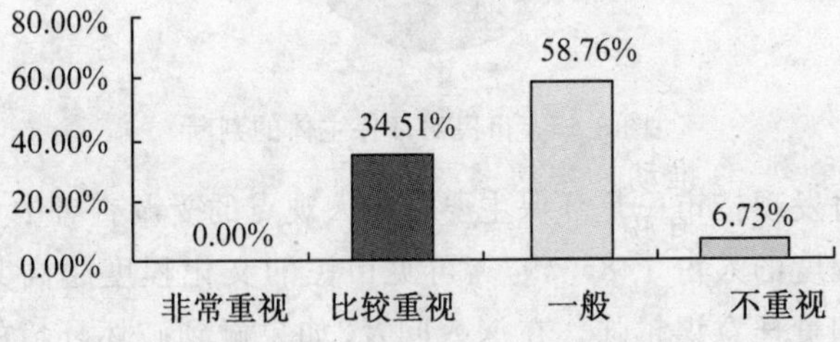

图 3-67 市民对政府环保工作的评价

8. 结语

城市环境污染对其城市居民的生理、心理、工作、学习、休闲及社会活动都存在着一定程度的影响,通过对临沂市城市居民的调查发现,虽然不同的居民对其所在环境的质量评价稍有差异,但是均表示了环境污染对自己的身体健康、日常生活、学习、工作、居所的选择及迁居的意向存在着一定的影响，也反映出临沂市城市居民的环境意识总体上已经达到了较高水平。但就其环保行为而言，与其环保意识还存在着差距，因此有关部门应该采取一些措施来激励人们加入到环境保护的行动中来。在此次调查的过程中发现市民环保知识的获取途径比较集中，主要是通过广播、电视、报纸、杂志及政府部门的宣传工作等途径获取信息的。因此，作者认为相关环保部门可以考虑通过以上途径积极宣传环境污染的危害，让更多的市民认识到保护好环境的重要意义；更重要的是要通过对环保行为的表扬、奖励等正确引导、激励市民，让市民们积极的行动起来，将保护环境落实到行动上。

五、消费结构变动的环境效应的作用机理及对策研究

（一）作用机理探讨

城市是由社会—经济—环境三个部分交织而成的一个复合生态系统，本系统最大的特点是其整体性、开放性和环境容量的有限性。整体性要求各组成要素、各部分要相互联系，相互制约，形成一个不可分割的有机整体。任何一个要素发生变化都会影响其他要素和整个系统的平衡，推动系统的发展，以便达到新的平衡；开放性由其耗散结构所决定，其物质能量的恒定需要与系统以外的环境进行广泛的交换。原材料、燃料要输入，产品、废物要输出，城市生态系统的稳定性即取决于本身生态系统的环境容量，也取决于与外界进行物质交换和能量流动的水平；城市生态系统的环境容量是有一定负荷能力的，但这种负荷能力是有限的，超负荷则生态平衡遭破坏。城市生态环境在长期演变过程中逐步建立起自我调节的功能，可在一定限度内维持本身的相对稳定。另外城市生态系统具有较强的人工调节功能，对来自外界的冲击能够通过人工调节进行补偿和缓冲，具有可

控性，从而维持环境系统的稳定性，但这种可控性取决于人工调节的合理与适时。环境容量愈大，调节能力愈强，环境系统愈稳定。

城市化过程是伴随社会—经济—环境三个子系统同步发展升级的一个过程，其中如果任何一个子系统其结构和功能在时间、空间尺度上发生阻滞或者代谢紊乱都会引起整个生态系统在结构和功能关系上的错位和失谐，体现系统的有机整体性。城市化过程中人口规模和工业化的发展－人口大量增加，经济总量快速增长，城市基础设施大规模建设，居民生活质量明显上升所导致的强烈的现代化需求，密集的人类活动、快速的结构性增长等需要大量的物质和能量的持续供给和输入，而这些往往超出城市和腹地环境的负荷能力；另一方面人口流、物质流、能量流和信息流在城市相对狭窄的空间和时间范围内迅速聚集，高强度代谢过程产生大量的废弃物，而这又常常超出城市及其腹地环境的自然净化能力和自我调节能力。这些伴随着城市化发展的复杂过程将对城市环境产生一定的胁迫效应。

城市化过程中消费结构变动的环境效应其实质是社会行为在经济和环境利益上的冲突和无序，导致的人与自然关系的生态问题。社会行为的改变、经济发展的水平通过对环境产生不同的影响而与环境发展息息相关。消费结构从城镇宏观层面来讲既包括生产性消费，又包括生活性消费；从居民家庭来说主要是生活性消费。能源、水资源、交通和家庭消费结构的变动，主要是消费内容组成、消费水平和消费方式发生改变，从对环境资源的开发、利用和破坏程度和方式的不同，即产生的环境效应各有所异。从城镇层面来说，能源消费主要表现在城市化发展的时间序列上，随着产业结构、经济技术水平提高等社会经济发展指标和城市环境改善的要求，煤、油、电和天然气等能源在消费数量和比例上的不同造成其排放污染物的数量和组成比例上亦有不同，从而主要对城市大气环境产生一定的效应，并进而对城市气候和城市居民健康产生影响；家庭消费结构是伴随着城市居民生活水平的提高，收入的增加而在吃、穿、住、用、行即住房、交通、家庭日常生活用品和能源、食品在消费支出数量和组成比例上的变化而对环境影响的。通过分析发现中等收入户和高等收入户为影响城市住房、交通发展的关键因子。通过通径分析知道衣着消费支出和食品消费支出对生活污水排放量影响最大，而医疗保健支出和食品消费支出对生活垃圾产生量影响最大；家庭对能源的需求，用电量的增加，间接导致火电燃煤量的增加，加重了大气污染。天然气进入家庭，并且在家庭用户中的比例不断增加，大大减少了由于居民家庭日常生活燃料燃烧所造成的废气污染排放；在食品消费中肉类食品的增加，大大增加了畜牧业的需求，通过后向关联加重对畜牧业产地的大气、土壤和水环境的污染。热衷于肉类食品的煎、炸、烧、烤，无疑会排放有害气体和热量污染大气环境，同时加工过程又增加了生活污水排放量。另外追求食品包装的高档化，造成大量资源的浪费的同时又产生大量生活有机垃圾。为了形象地表示消费与复合城市生态系统的作用机理以及城市化过程中消费结构变动对环境产生的效应，我们分别以图 3-68、图 3-69 表示：

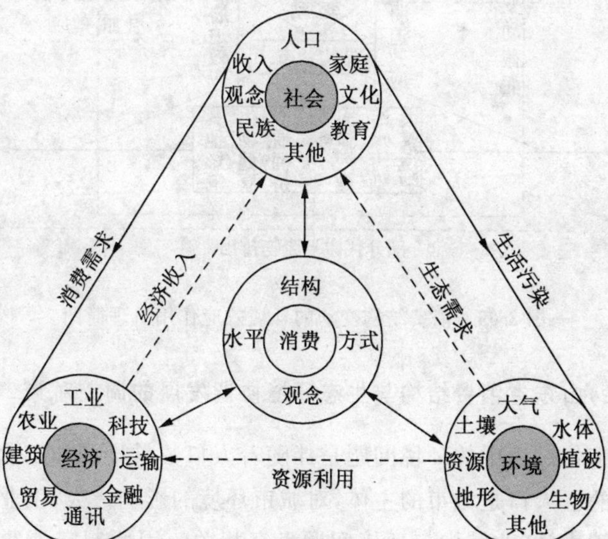

图 3-68 消费与复合城市生态系统的作用机理

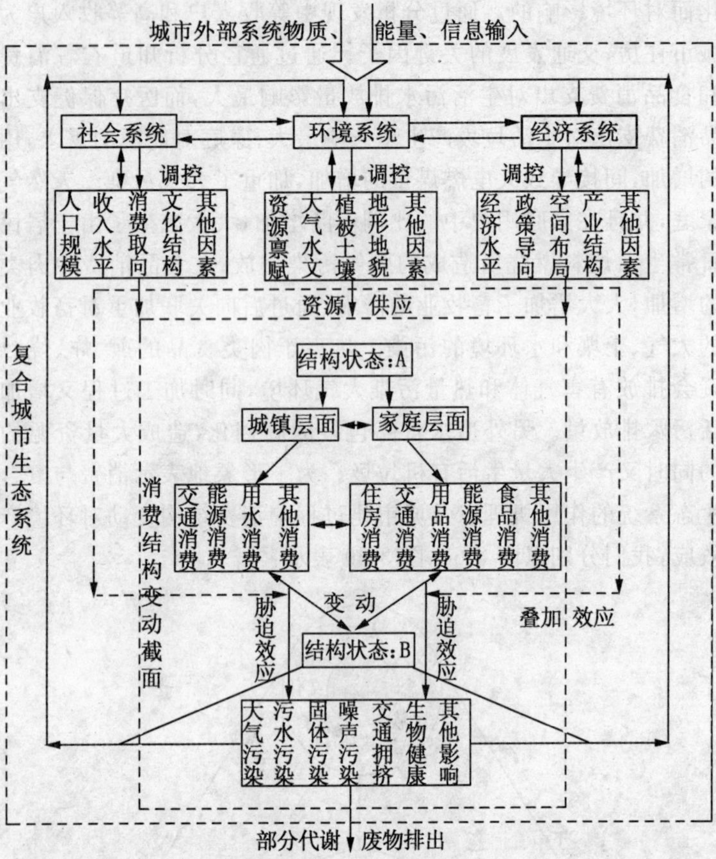

图 3-69 消费结构变动的环境效应作用机理简图

(二)山东省消费结构与生态环境协调发展的调控对策

城市化过程中的环境问题是伴随着人口数量增加和工业化发展而产生的。人口是城市的主体,对城市环境的影响最大;工业化是城市化的动力,产业结构与环境问题息息相关。因此制定消费结构与生态环境协调发展的调控对策,人口政策和产业政策不可或缺。另外，根据前面对消费结构组成变动对环境影响的分析，从能源、水资源、交通和家庭消费结构方面分别制定相关调控对策。

1. 人口对策

城市的核心是人，发展的动力和阻力也是人。城市生态的实质是以人为主体的生命与其环境间的相互关系，这种关系包括物质代谢关系、能量转换关系、信息反馈关系，以及结构、功能和过程的关系。人口变动是城市化的基本内容之一，在城市发展过程中具有举足轻重的地位，因此城市人口政策是调控对策的重要方面。

人口调控对策主要针对市区的非农业人口。主要在农业人口向非农业人口的转变过程中发挥引导城市非农业人口的空间分布和迁移的作用，并结合城市及周围地区水土资源的承载力特征，采取限制城市人口的过度集聚和鼓励非农业人口在城镇周围适度集聚的政策，以保持与资源环境系统相适应的合理人口规模，平衡城镇农业生产与工业生产、经济发展与环境保护的关系。市区非农业人口对策是在考虑城市基础设施水平和合理配置农村剩余劳动力资源的前提下，确定城镇人口适度规模，调控农业人口向非农业人口的转变，并鼓励这部分人口进入环境污染较小的产业部门；合理调控城市人口密度问题，根据城市生态环境容量保持一个适度的人口规模，降低单位面积能量和物质的消耗强度，减少对环境的作用力度，提升居民生活质量。

城市人口对策的另一个方面是加强对流动人口特别是外来从业人员的政策调控与管理。城市与生态环境发生直接作用的城乡边缘区也是流动人口聚集的地区，另有少部分流动人口分散居住在市区。在流动人口相对集中的城乡边缘区加强环境基础设施建设以减少生活污染排放，可有效减轻城市人口增长对能源、交通和水资源等的需求，从而减轻对环境的压力。

2. 能源对策

根据山东省清洁能源行动规划，要实现社会、经济和环境的可持续发展，必须综合考虑能源与环境、经济及社会效益之间的协调发展关系，将清洁能源行动作为实现可持续发展的重要举措，积极推广使用天然气、电力，大力发展城市集中供热，努力开发以太阳能为主的可再生能源，实现以煤电、水电、天然气为主，石油液化气、洁净煤技术互补的能源消费格局。

开发利用清洁能源，优化能源结构。针对冬季煤烟型污染比较严重、大气污染物浓度严重超标的实际情况，限制和削减原煤的使用量，用天然气取代煤制气和部分原煤，积极推进煤改气工程，优化配置天然气资源，大力开发天然气的民用与工业利用市场。首先采取将天然气优先用于居民家庭和公福业的终端能源消费，解决目前终端能源分散式消费所造成的低空面源污染；其次抓住重点源治理项目，对一些污染严重的企业进行油改气或煤改气的治理，置换原煤或油制品在能源消费结构中的比例。开发利用水电资源和利用太阳能。大力推广使用太阳能热水器、被动式太阳房和太阳能电热综合利用技术，形成具有经济规模的太阳能工程。

加强城市基础建设，推进集中供热。热电联产集中供热具有节约能源、改善环境质量、缓解电力需求、提高供热质量、灰渣综合利用以及节约城建用地等优点，尤其在改善环境质量方面发挥着重要的、不可替代的作用。

推广煤的高效清洁利用技术。运用比较成熟的洁净煤技术，改造现有的燃煤电厂及落后陈旧的燃煤锅炉，以降低能源消耗、提高能源利用率、减少烟尘、二氧化硫、氮氧化物和二氧化碳等污染物的排放量。在原煤加工中，采用固硫技术加工成的型煤可有效地降低煤的硫份和灰份，是提高煤炭品质、防治煤烟型污染的一条有效途径。

第四部分

山东省资源、经济、环境相互作用机理与评价

一、从不可持续发展到经济、资源、环境协调发展

经济活动是人类社会的基本活动，包括生产、流通、消费、管理等相互联系的环节，对人类的生存与发展具有重要意义。然而，社会经济活动是把“双刃剑”，它在向人们提供产品、满足其需要的同时，也会带来资源、环境等问题。一般来说，产品的生产会耗费一定的资源，并产生一定的环境污染，产品中包含着资源与环境的成本。因此，消费的过程就是资源、环境资本最终被消费掉的过程，社会经济活动有可能造成资源短缺、环境污染、生态破坏等问题。但是，社会经济活动并不必然带来环境资源问题，人类只是到了工业革命才开始产生资源与环境问题，特别是 20 世纪以来环境资源问题发展成为全球性的问题。因此，资源环境问题是人类社会经济活动发展到一定阶段的产物。

许多国家在实现工业化的过程中，为谋求经济发展，以国民生产总值的迅速增长为目标，将经济增长等同于发展，走了一条“高投人、高增长、高消耗、高污染”的发展道路。这种模式既浪费了不可再生

的环境资源，使石油、煤炭等资源日益枯竭；又破坏了可再生资源的再生能力，使环境资源不具备可持续性，人类不得不面对全面的资源短缺危机。资源的掠夺性开发和粗放利用，使得岩石圈和大气圈之间产生了物质和能量的强烈流动，工业生产产生的大量废物进入环境，打破了地球表面形成的生态平衡，导致自然灾害频繁，直接威胁着人类的生存与发展。

面对传统经济发展模式所带来的资源短缺、环境污染、生态破坏等一系列问题，人们开始反思和探讨新的经济发展模式问题。在不断的摸索中形成了举世瞩目的“未来发展研究思潮”，并由此演变成为一种全新的社会经济发展理论和发展观点，这就是 20 世纪 80 年代产生的可持续发展思想。可持续发展思想在美国学者卡逊 1962 年发表的著作《寂静的春天》中最初得到体现，后来又经过各方面专家学者的完善与阐述，不断得到提升(见表 4-1)。1987 年，挪威前首相布伦特兰夫人主持的世界环境与发展委员会上提交的专题报告《我们共同的未来》中对可持续发展的概念作了较为全面和完整的解释，指出可持续发展是“既满足当代人的需要，又不对后代满足其自身需要的能力构成危害的发展”。1992 年，在里约热内卢召开的联合国环境与发展会议上，制定了《21 世纪议程》，布伦特兰夫人的可持续发展定义得到了各国共识，并成为各国政府和国际组织的首要发展战略。

表 4-1 可持续发展各阶段的标志性文献及主要观点

时间	标志性文献	著作者	主要观点
1962 年	《寂静的春天》	[美]卡逊	有机农药的无节制使用会带来威胁人类生存的大破坏
1972 年	《生存的蓝图》	[英]史密斯	指出了人类的困境
	《增长的极限》	罗马俱乐部	指出了人类面临着一系列复杂的“世界性问题”
	《只有一个地球》	[美]沃德、杜皮斯	人类活动对生物圈的影响，人类社会的生存具有同环境的相互依存性
1974 年	《人类处于转折点》	[德]梅萨罗维克	在人类面临的转折关头，必须选择一种新的发展模式
1987 年	《我们共同的未来》	[挪威]布伦特兰夫人	比较全面和完整地表述了可持续发展的概念
1991 年	《保护地球，可持续生存战略》	自然资源保护联盟	阐述了地球伦理、可持续生存的原则和行动建议，及其在各领域中的应用

资料来源：叶正波：《可持续发展预警系统理论及实践》，经济科学出版社 2002 年版，第 5 页。

二、经济、资源、环境互动作用机理分析

能量转化、损耗的过程从“物”的形式看，它要经历“被发现 → 开采 → 利用 → 生产加工成为商品 → 消费 → 废弃物排放”的一系列行为，这实际是一个从资源到环境的一个经济活动过程。资源是人类一切活动的基础。自然资源向生产、消费提供各种能源、原材料，人力资源则给予了劳动力和科学技术的保障。无论是自然资源，

还是人力资源都构成了经济活动运行所不可缺少的因素。由于自然资源的有限性和人力资源潜能的可挖掘性，随着社会经济的不断发展，人力资源将比自然资源对经济活动的发展起到更大的支撑作用。人力资源替代自然资源，实现现代经济社会中的“资源替代”转型，是一种必然趋势。

环境是人类活动的承载者。生产、消费等经济活动过程的各种代谢物均排向环境，对资源的开采利用行为也直接改变了环境表象和构成。在这个过程中，环境处于“被动”的地位。当对环境的改变积累到一定水平，这种改变的影响就会反馈给与生态环境质量密切相关的产业，并最终在消费者那里体现出来，这一过程体现了生态环境阈值对生产、消费行为的约束。另一方面，消费者出于对自身健康和生存环境的关注，往往会有保护环境、改善生态环境的消费需求，这种生态文明型消费需求的出现则成为实现生态环境与资源可持续利用的动力之源，也成为资源、经济、环境三个系统能互动影响的一个关键因子。可以想象，如果没有人关心环境恶化给我们带来的社会、经济发展、身心健康等方面的影响，如果没有人关心资源衰竭带给我们的不可持续发展，自然也没有人在意资源的不断消耗，没有人在乎生态环境的不断恶化，若真如此，又何来降低资源消耗和保护生态环境等举措呢？通过上边的分析，我们得出资源、经济（生产和消费）、生态环境之间的互动作用反馈机制（见图 4-1）。

从资源、经济和环境三个系统的互动作用机理图中，我们可以清晰地看到，资源、经济、环境三个系统是互相依赖、互相制约的关系。资源为人们的生产活动提供了原材料和软技术，人们生产活动的结构状况以及消费结构状况又反过来影响了资源开采的种类和力度。比如，第二产业为主的区域必然过多地消耗矿产和能源资源；相比较而言，第三产业为主的区域则会更多地消耗土地资源和水资源。生态环境作为一个承受者，无时无刻不在与资源和经济活动发生着密切的关系。资源开采和利用过程中，不断有废弃物排放到生态环境中，人们的生产和生活中也不断有废弃物排放到生态环境中。而生态环境并不是被动承受的，当不断恶化的生态环境影响到人们正常的生产和生活时，也便成为了资源和经济发展的重要制约。值得指出的是，经济活动的生产结构和资源开采的技术结构将在很大程度上改变对生态环境影响的程度，产业结构层次越高，产业技术水平越高，资源开采的技术水平越高，对生态环境的破坏也越小。而这些都离不开人力资源作用的发挥。我们现在追求循环经济和资源节约，顺利实现人力资源对自然资源开发利用的替代，是一个必然的途径。

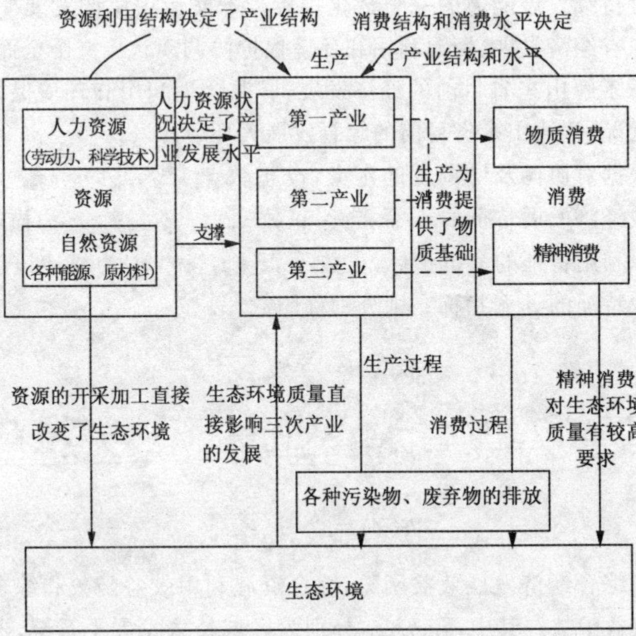

图 4-1　资源、经济、环境系统互动作用机理图

三、山东省不同区域经济、资源、环境的协调发展评价研究

(一)评价模型简介

经济、资源与环境协调发展系统可以分解为经济发展子系统、资源合理利用子系统和环境保护子系统。三个子系统的协调度是反映区域可持续发展能力的一个量化指标。本文运用协调发展度模型，对山东省经济发展、资源利用和环境保护协调现状作一个全面评价，有助于了解山东省目前的经济发展、资源合理利用和环境保护协调发展状况，认清山东省目前的综合发展大环境。

根据对协调及协调度的定义，设正数 $x_1, x_2, x_3, \cdots, x_m$ 为描述某区域经济发展特征的 m 个指标，正数 $y_1, y_2, y_3, \cdots, y_n$ 为描述该区域资源利用特征的 n 个指标，正数 $z_1, z_2, z_3, \cdots, z_p$ 为描述该区域环境保护特征的 p 个指标。则分别称函数

$$f(X) = \sum_{i=1}^{m} a_i \overline{X_i}$$

$$g(Y) = \sum_{j=1}^{n} b_i \overline{Y_j}$$

$$h(Z) = \sum_{k=1}^{p} c_k \overline{Z_k}$$

为区域综合经济发展效益函数、综合资源利用效益函数和综合环境保护效益函数。其中，a_i、b_j、c_k 分别为区域经济发展子系统、资源利用子系统和环境保护子系统各评价指标在区域可持续发展系统中的权重值，$\overline{X_i}$、$\overline{Y_j}$和$\overline{Z_k}$分别为该区域经济发展评价指标、资源利用评价指标和环境保护评价指标的隶属度值。

而要达到区域经济、资源利用与环境保护协调发展，就需要 $f(X)$ 、$g(Y)$和 $h(Z)$的离差越小越好，用离差系数表示，即希望

$$C_v=\frac{s}{1/3[f(X)+g(Y)+h(Z)]}=\sqrt{3\times\{1-\frac{f(X)\cdot g(Y)\cdot h(Z)}{\left[\frac{f(X)+g(Y)+h(Z)}{3}\right]^3}\}}$$

越小越好（s 为标准差）。而使 C_v 越小越好的充要条件是：

$$C'=\frac{f(X)\cdot g(Y)\cdot h(Z)}{\left[\frac{f(X)+g(Y)+h(Z)}{3}\right]^3}$$

越大越好。

根据上述充要条件，为了使计算出的协调度具有一定的层次性，本文给出经济发展、资源利用与环境保护协调度的计算公式：

$$C=\left\{\frac{f(X)\cdot g(Y)\cdot h(Z)}{\left[\frac{f(X)+g(Y)+h(Z)}{3}\right]^3}\right\}^k$$

其中，C 为区域经济发展、资源利用与环境保护协调度；K 为调节系数，$K\geqslant2$。

不难证明，$0\leqslant C\leqslant1$，这样可使协调度 C 取值在 0～1 之间，最大值亦即最佳协调状态，反之，协调度 C 越小，越不协调。

以上是对区域经济发展、资源利用与环境保护协调度的计算，但协调度反映的只是区域经济发展、资源利用与环境保护的协调度状况，而对整个区域来说，却难以反映出区域的整体发展实力状况，即本区域是处于高水平协调发展，还是低水平协调发展。基于此，有必要引入协调发展度模型：

$$D=\sqrt{C\cdot T}$$

$$T=\alpha f(X)+\beta g(Y)+\gamma h(Z)$$

其中，D 为协调发展度（系数），即区域可持续发展度（SDI）；C 为协调度；T 为经济、资源与环境效益的综合评价指数，反映经济发展、资源利用与环境保护的整体效益；α、β、γ 为带定权数。

（二）山东省经济、资源与环境协调发展评价指标体系的构建

把山东省经济、资源与环境协调发展作为总目标层，下分经济发

展、资源利用与环境保护三个分目标层。经济发展又包括经济实力、经济效益和经济结构三个子目标层,资源利用包括人均资源利用与资源利用效率两个子目标层,环境保护包括工业三废排放与处理、生活废弃物排放和生态环境保护三个子目标层,然后对每个子目标层选取具体指标来衡量。在对山东省经济发展与资源环境现状深入分析研究的基础上,本着科学性原则、典型代表性原则、动态监测性原则、综合全面性原则和易获取性原则,经实践调查分析和专家咨询,选取了 13 项反映山东省经济发展状况的指标,10 项反映山东省资源利用状况的指标,13 项反映山东省环境保护的指标,共 36 项指标来反映、评价山东省经济和资源环境协调发展的综合状况(见表4-2)。

在经济指标的选取中,我们充分考虑到外向经济发展在经济发展中的重要地位,把外商直接投资、出口贸易比重和外资企业产值比重两项指标引入到衡量区域经济发展水平的指标体系之中,充分体现了在世界经济一体化趋势中,外向型经济发展的重要地位与作用。在资源利用指标中,将万元 GDP 能耗、万元 GDP 水耗、节水灌溉率等资源利用效率指标引入,可以更好地反映资源环境与经济发展的互动关系,体现了山东省建设资源节约和环境友好型社会的内在要求。在环境保护指标中,充分考虑了新时期人们生活消费的废物排放情况,更能反映出新时期人们生活消费结构状况,有利于挖掘出人们消费结构调整的新趋势。从统计资料(2006 年《山东统计年鉴》)来看,生活三废的排放量已经超出了工业三废的排放量,可能由于工业处理技术的提升以及对污染企业的强行禁止,使得工业三废的排放量已经明显下降。而随着人们生活水平的提升,各类生活用品消费力度加大,人们生活的三废排放已经成为一个不容忽视的重大问题。因此,我们将生活三废的排放情况反映在评价指标体系中更为科学,更加与时俱进。新的评价指标的选取,使得评价指标体系更加科学化,更能紧跟时代要求。

表 4-2 山东省经济、资源、环境协调发展评价指标体系

<table>
<tr><td rowspan="23">山东省经济、资源、环境协调发展评价指标体系</td><td rowspan="13">经济发展指标（A_1）</td><td rowspan="6">经济实力（B_1）</td><td>人均 GDP（元/人）（C_1）</td></tr>
<tr><td>人均社会商品零售总额（元/人）（C_2）</td></tr>
<tr><td>农民人均纯收入（元/人）（C_3）</td></tr>
<tr><td>城镇居民人均可支配收入（元/人）（C_4）</td></tr>
<tr><td>人均地方财政收入（元/人）（C_5）</td></tr>
<tr><td>实际利用外资水平（亿美元）（C_6）</td></tr>
<tr><td rowspan="4">经济效益（B_2）</td><td>社会劳动生产率（万元/人）（C_7）</td></tr>
<tr><td>产值利税率（%）（C_8）</td></tr>
<tr><td>GDP 增长率（%）（C_9）</td></tr>
<tr><td>工业增加值率（%）（C_{10}）</td></tr>
<tr><td rowspan="3">经济结构（B_3）</td><td>三产产值占国内生产总值比重（%）（C_{11}）</td></tr>
<tr><td>出口贸易额占贸易总额比重（%）（C_{12}）</td></tr>
<tr><td>外资企业产值比重（%）（C_{13}）</td></tr>
<tr><td rowspan="10">资源利用指标（A_2）</td><td rowspan="2">人均资源利用</td><td>人均耕地（亩/人）（C_{14}）</td></tr>
<tr><td>人均生活用水量（立方米）（C_{15}）</td></tr>
<tr><td rowspan="8">资源利用效率</td><td>规模以上工业万元增加值能耗（吨标煤）（C_{16}）</td></tr>
<tr><td>万元 GDP 电耗（千瓦时）（C_{17}）</td></tr>
<tr><td>万元 GDP 能耗（吨标煤）（C_{18}）</td></tr>
<tr><td>万元 GDP 水耗（立方米）（C_{19}）</td></tr>
<tr><td>规模以上工业万元增加值取水量（立方米）（C_{20}）</td></tr>
<tr><td>规模以上工业用水重复利用率（%）（C_{21}）</td></tr>
<tr><td>节水灌溉率（%）（C_{22}）</td></tr>
<tr><td>万元农业增加值取水量（立方米）（C_{23}）</td></tr>
</table>

续表

<table>
<tr><td rowspan="13">山东省经济、资源、环境协调发展评价指标体系</td><td rowspan="13">环境保护指标（A_3）</td><td rowspan="7">工业三废排放与处理</td><td>大气污染模数(吨/平方公里)(C_{24})</td></tr>
<tr><td>SO_2 排放去除率(%)(C_{25})</td></tr>
<tr><td>烟尘排放去除率(%)(C_{26})</td></tr>
<tr><td>工业废水排放达标率(%)(C_{27})</td></tr>
<tr><td>工业废水化学需氧量去除率(%)(C_{28})</td></tr>
<tr><td>工业废水氨氮去除率(%)(C_{29})</td></tr>
<tr><td>工业固体废弃物综合利用率(%)(C_{30})</td></tr>
<tr><td rowspan="4">生活废弃物排放</td><td>人均年生活废水排放(吨)(C_{31})</td></tr>
<tr><td>万人年生活 SO_2 排放(吨)(C_{32})</td></tr>
<tr><td>万人年生活烟尘排放(吨)(C_{33})</td></tr>
<tr><td>生活垃圾无害化处理率(%)(C_{34})</td></tr>
<tr><td rowspan="2">生态环境保护（B_7）</td><td>建成区绿化覆盖率(%)(C_{35})</td></tr>
<tr><td>城市人均公共绿地(m^2/人)(C_{36})</td></tr>
</table>

（三）山东省经济、资源、环境指标权重的确定

评价指标权重值反映了评价指标在整个指标体系的相对重要性，将直接影响到随后对山东省经济与资源环境综合效益的整体评价。因此，评价指标权重值的求算可谓事关全局的关键一环。

目前，有关求算评价指标权重的方法有专家评分法、层次分析法、主成分分析法、因子载荷分析法等等。其中，专家评价法是一种主观性较强的评价方法，通过专家的社会经验、阅历，凭自己的直觉给出各个评价指标的相对权重值。此评价方法在缺乏现实数据资料的情况下可以使用，但由于主观因素强，往往使得评价结果也带有一定的主观性。层次分析法虽然是一种定性、定量相结合的综合评价方法，但其基础依然是专家评价法，仍带有较强的主观因素。主成分

分析法和因子载荷分析法是通过对现实数据资料的分析，通过降维的方法，把多个复杂的因素归一为几个主要因素（主成分或主因子）。原则上，提取的主成分应该保证累计贡献率在85%以上，而这几个主要因素可以尽可能多地保留原始因素所表示的信息，并具有较强的可解释性；然后通过求出的主成分载荷矩阵，利用方差极大正交旋转法，可以求出因子载荷矩阵；再利用原始数据的相关系数矩阵与每一列因子载荷向量建立回归方程，可求出各个系数主成分分量贡献值，根据其与对应方差贡献的组合，便可以求得各个评价指标的权重值。因子载荷分析法排除了人为主观因素的干扰，是一种更科学、更客观的权重求算方法。本文运用此方法对评价指标进行具体求算。

（四）山东省不同区域经济发展水平评价

1. 对表4-2中经济发展评价指标的原始数据进行标准化处理，消除量纲，得到标准化数据。考虑到指标体系中既有正向指标（指标值越大越好）又有逆向指标（指标值越小越好），为了保证各项评价指标量化的科学性、严谨性，本文借鉴模糊隶属度函数法的构建机理对各项评价指标进行量化。

正向指标采用下面公式量化：

$$X(ij)=\frac{X_{ij}-\min(j)}{\max(j)-\min(j)}$$

逆向指标采用下面公式量化：

$$X(ij)=\frac{\max(j)-X_{ij}}{\max(j)-\min(j)}$$

其中，X_{ij}（$i=1,2,\cdots,17;j=1,2,\cdots,13$）为评价指标的具体属性值，$i$ 代表行政单元个数，j 代表评价指标个数，$\max(j)$和 $\min(j)$ 分别表示同一个评价指标的最大值和最小值，$X(ij)$代表评价指标的标准化数值。处理后的结果（见表4-3）。

表 4-3　　山东省不同区域经济评价指标标准化数值

	C_1	C_2	C_3	C_4	C_5	C_6	C_7	C_8	C_9	C_{10}	C_{11}	C_{12}	C_{13}
全省	0.251	0.384	0.280	0.448	0.475	1.000	0.379	0.188	0.429	0.207	0.560	0.291	0.510
济南	0.443	1.000	0.575	0.821	0.735	0.032	0.354	0.134	0.000	0.264	1.000	0.000	0.122
青岛	0.470	0.793	0.908	0.734	1.000	0.383	0.415	0.111	0.143	0.236	0.843	0.260	0.934
淄博	0.459	0.707	0.642	0.617	0.628	0.029	0.582	0.151	0.571	0.181	0.464	0.384	0.315
枣庄	0.209	0.205	0.384	0.334	0.276	0.006	0.240	0.238	0.500	0.199	0.398	0.835	0.105
东营	1.000	0.490	0.505	1.000	0.908	0.008	1.000	1.000	1.000	1.000	0.000	0.233	0.000
烟台	0.432	0.594	0.754	0.673	0.526	0.197	0.530	0.164	0.429	0.065	0.515	0.208	0.923
潍坊	0.204	0.284	0.644	0.392	0.291	0.049	0.385	0.104	0.429	0.043	0.476	0.623	0.441
济宁	0.178	0.267	0.346	0.447	0.312	0.021	0.420	0.292	0.286	0.489	0.524	0.339	0.378
泰安	0.175	0.224	0.345	0.394	0.261	0.006	0.196	0.195	0.500	0.301	0.539	0.585	0.056
威海	0.701	0.761	1.000	0.673	0.958	0.130	0.829	0.044	0.357	0.000	0.455	0.348	1.000
日照	0.180	0.178	0.345	0.325	0.151	0.012	0.487	0.000	0.286	0.163	0.669	0.106	0.668
莱芜	0.259	0.367	0.532	0.453	0.473	0.006	0.241	0.107	0.286	0.054	0.361	0.348	0.038
临沂	0.124	0.205	0.170	0.459	0.129	0.023	0.432	0.124	0.429	0.152	0.614	0.535	0.608
德州	0.167	0.241	0.237	0.226	0.164	0.006	0.457	0.292	0.214	0.239	0.479	0.628	0.199
聊城	0.127	0.141	0.119	0.221	0.116	0.005	0.338	0.128	0.571	0.174	0.313	0.560	0.077
滨州	0.216	0.211	0.242	0.388	0.330	0.007	0.271	0.131	0.643	0.138	0.377	0.181	0.182
菏泽	0.000	0.000	0.000	0.000	0.000	0.000	0.000	0.023	0.357	0.112	0.274	1.000	0.234

2.对标准化数据求算相关系数矩阵，得到表 4-4。

表 4-4　　山东省不同区域经济评价指标相关系数矩阵

	C_1	C_2	C_3	C_4	C_5	C_6	C_7	C_8	C_9	C_{10}	C_{11}	C_{12}	C_{13}
C_1	1	0.687	0.674	0.893	0.881	0.072	0.856	0.628	0.358	0.537	−0.186	−0.502	0.173
C_2	0.687	1	0.805	0.819	0.876	0.218	0.472	0.058	−0.298	0.058	0.486	−0.621	0.358
C_3	0.674	0.805	1	0.7	0.835	0.125	0.529	0	−0.173	−0.08	0.272	−0.454	0.562
C_4	0.893	0.819	0.7	1	0.881	0.124	0.729	0.512	0.141	0.483	0.154	−0.697	0.211
C_5	0.881	0.876	0.835	0.881	1	0.273	0.638	0.326	0.013	0.289	0.149	−0.57	0.334
C_6	0.072	0.218	0.125	0.124	0.273	1	0.023	−0.068	−0.115	−0.073	0.245	−0.222	0.387

续表

C_7	0.856	0.472	0.529	0.729	0.638	0.023	1	0.596	0.389	0.505	−0.217	−0.473	0.3
C_8	0.628	0.058	0	0.512	0.326	−0.068	0.596	1	0.642	0.922	−0.531	−0.114	−0.382
C_9	0.358	−0.298	−0.173	0.141	0.013	−0.115	0.389	0.642	1	0.488	−0.817	0.135	−0.326
C_{10}	0.537	0.058	−0.08	0.483	0.289	−0.073	0.505	0.922	0.488	1	−0.342	−0.2	−0.373
C_{11}	−0.186	0.486	0.272	0.154	0.149	0.245	−0.217	−0.531	−0.817	−0.342	1	−0.4	0.405
C_{12}	−0.502	−0.621	−0.454	−0.697	−0.57	−0.222	−0.473	−0.114	0.135	−0.2	−0.4	1	−0.275
C_{13}	0.173	0.358	0.562	0.211	0.334	0.387	0.3	−0.382	−0.326	−0.373	0.405	−0.275	1

3.计算相关系数矩阵的特征值以及各主成分的贡献率和累计贡献率(见表4-5)。

表4-5　山东省不同区域经济发展指标主成分贡献率和累计贡献率

	特征值	贡献率(%)	累计贡献率(%)
C_1	5.738	44.136	44.136
C_2	3.664	28.185	72.322
C_3	1.09	8.385	80.707
C_4	0.977	7.512	88.219
C_5	0.583	4.486	92.705
C_6	0.436	3.352	96.057
C_7	0.168	1.296	97.353
C_8	0.147	1.132	98.485
C_9	9.01E−02	0.693	99.178
C_{10}	5.55E−02	0.427	99.604
C_{11}	2.36E−02	0.182	99.786
C_{12}	1.47E−02	0.113	99.899
C_{13}	1.31E−02	0.101	100

4. 计算主成分载荷，得到主成分载荷值矩阵(见表 4-6)。

表 4-6 山东省不同区域经济发展指标主成分载荷矩阵

	第一主成分 F_1	第二主成分 F_2	第三主成分 F_3	第四主成分 F_4
C_1	0.91	0.308	0.223	2.61E−02
C_2	0.871	−0.382	−4.62E−02	5.20E−02
C_3	0.873	−8.29E−02	−0.376	−2.40E−02
C_4	0.93	−3.63E−02	0.288	6.72E−02
C_5	0.936	−2.49E−02	3.62E−02	0.146
C_6	8.56E−02	−9.98E−02	−7.45E−02	0.959
C_7	0.784	0.415	0.144	6.93E−02
C_8	0.341	0.518	0.744	9.08E−03
C_9	3.66E−02	0.861	0.328	−2.61E−03
C_{10}	0.29	0.31	0.841	3.25E−02
C_{11}	0.162	−0.908	−0.186	0.163
C_{12}	−0.649	0.379	−0.225	−0.227
C_{13}	0.407	−8.78E−02	−0.689	0.403

5. 计算主成分得分值，进一步求算经济发展评价值得分。

每项指标的标准化数值与其在主成分上的载荷的乘积之和，即为各个主成分的得分值，计算公式可表示为：

$$f_j = \sum C_i * F_j (i = 1,2,\cdots\cdots 11; j = 1,2,3,4)$$

按照上述公式计算得到山东省不同区域的主成分发展得分值(见表 4-7)。

表 4-7 山东省不同区域的主成分发展得分值

	第一主成分 F_1	第二主成分 F_2	第三主成分 F_3	第四主成分 F_4
全省	0.3665	0.0104	0.0116	0.5274
济南市	0.4295	0.0047	0.0723	0.0626
青岛市	0.4967	0.0011	−0.0105	0.2656
淄博市	0.4012	0.0701	0.0643	0.0584
枣庄市	0.2517	0.0879	0.0793	0.0231
东营市	0.5449	0.2272	0.2556	0.0398
烟台市	0.4233	0.0469	0.0042	0.1667
潍坊市	0.2896	0.0597	0.0276	0.0631
济宁市	0.2991	0.0725	0.0764	0.0512
泰安市	0.2498	0.0729	0.0817	0.0242
威海市	0.5178	0.0543	−0.0083	0.1443
日照市	0.2770	0.0374	0.0088	0.0603
莱芜市	0.2964	0.0609	0.0661	0.0283
临沂市	0.2594	0.0552	0.0261	0.0583
德州市	0.2524	0.0782	0.0765	0.0292
聊城市	0.2115	0.0839	0.0723	0.0206
滨州市	0.2692	0.0753	0.0688	0.0337
菏泽市	0.1386	0.0691	0.0332	0.0169

如果，把四个主成分的贡献率用矩阵 Z 表示，那么，可以得到山东省不同区域的经济发展评价得分：

$$F = \sum Z \times f$$

结果如表 4-8 所示。

表 4-8　　山东省不同区域经济发展评价得分

	得分	位次
全省	1.13	
济南市	1.4871	6
青岛市	1.7823	3
淄博市	1.5962	4
枣庄市	0.7097	13
东营市	2.9915	1
烟台市	1.5938	5
潍坊市	0.8801	9
济宁市	1.0123	7
泰安市	0.7198	12
威海市	2.0862	2
日照市	0.7614	11
莱芜市	0.9184	8
临沂市	0.6974	14
德州市	0.6524	15
聊城市	0.5401	16
滨州市	0.8713	10
菏泽市	−0.0966	17

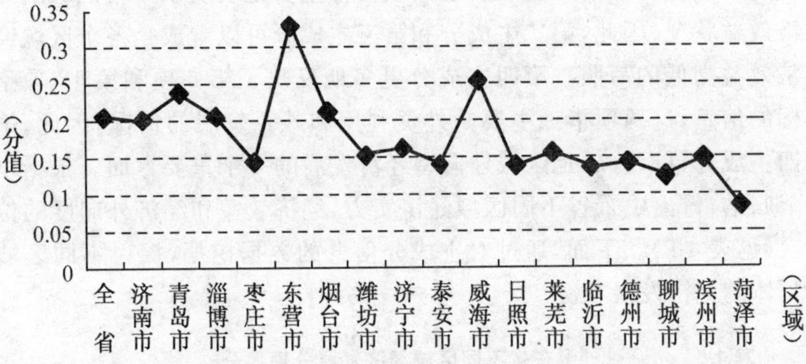

图 4-2　山东省经济评价指标得分趋势图

通过对山东省不同区域的经济发展进行评价，比较真实地展现了各个地区的经济竞争实力状况。从评价结果可以看出，东营市的经济发展水平最高，位居全省第一。其次是威海、青岛、淄博、烟台、济南等，菏泽经济发展最为落后，聊城和德州分别处于倒数第二位和倒数第三位。从区域分布来看，东部四个地市的经济发展水平仍然在全省遥遥领先，而西部地区的经济发展普遍落后。值得一提的是威海市，虽然，威海市的总体经济实力还不是很强，2005 年地区生产总值为 1169.77 亿元，在山东省排名第六位，但威海市的均化指标和效益指标都非常高。2005 年，威海市人均 GDP 达到 47028 元，社会劳动生产率达到 30.86 万元/人，在全省均列第二位。因此，威海市经济发展中的一些成功经验和做法还是非常值得其他地市借鉴的。

通过对比不同区域主成分的得分情况，可以更加清楚地了解不同区域经济发展中的优势与不足。首先，要先明确各个主成分所代表的具体指标信息。表 4-6 反映了 13 个评价指标在四个主成分中的载荷情况。可以看出，第一主成分更多地反映了前 5 项评价指标的信息，而前五项评价指标是一个区域经济实力的重要表征，因此，第一主成分可以看成是各个区域经济实力的写照。第二主成分更多地反映了 7、8、9 项评价指标的信息，第三主成分更多地反映了第 8

和第10项两项指标的信息，这四项指标主要是表明了一个区域的经济效益状况，因此，第二主成分和第三主成分可以看成是各个区域经济效益高低的写照。第四主成分更多地反映了第6项和第13项指标的信息，这两项指标主要是外资利用和外企发展的情况，因此，第四主成分可以看成是区域外向型经济发展的一个重要方面。根据以上归纳，得出山东省不同区域经济实力、经济效益和经济外向度的位次（见表4-9）。下面，通过对主成分信息的数据挖掘，探讨不同区域具体的经济发展状况。

表4-9　山东省不同区域经济发展分项得分

	经济实力	经济效益	经济外向度
济南市	4	14	5
青岛市	3	17	1
淄博市	6	8	7
枣庄市	14	2	15
东营市	1	1	10
烟台市	5	15	2
潍坊市	9	11	4
济宁市	8	7	9
泰安市	15	6	14
威海市	2	13	3
日照市	10	16	6
莱芜市	7	10	13
临沂市	12	12	8
德州市	13	4	12
聊城市	17	3	16

续表

滨州市	11	5	11
菏泽市	16	9	17

从经济实力情况来看，东营最好，其次是威海、青岛、济南、烟台、淄博，聊城最差，菏泽倒数第二。

从经济效益来看，东营市稳居首位，其次是枣庄、聊城、德州、滨州、泰安，青岛的经济效益反而最差，日照排在倒数第二位（以第二主成分反映的信息为主），济南市的经济效益也排在后面。经济实力比较强的地市中，除了东营的经济效益较好外，其余发达地市反而效益较低，而经济相对落后的区域经济效益却出现了较高的状况。从原始数据来进行深入分析可以看到，在反映经济效益的四项指标中，发达地区，像青岛、威海、济南等地区的社会劳动生产率、产值利税率和工业增加值率三项指标的实际值并不低，基本排在山东省前列，但GDP增长率较低，主要由于发达地区在经济发展到较高水平时，经济总量的基数较大，因此，GDP增长率相对缓慢；而欠发达地区的经济总量基数较小，发展速度相对较快，GDP增长率相对发达地区会比较高。由GDP增长率的相对差距，导致发达地区的经济效益出现暂时的相对低下状态，这也是经济发展中的一个客观现象。东营市是山东省典型的资源性区域，在资源衰竭之前，对地区经济的拉动是持续的、快速的，因此，东营能一直保持较高的经济效益。但随着资源的不断减少，东营也面临着重要的资源型产业的转型问题，如果处理不好，便会出现产业空洞现象，经济发展便会停滞不前。山东省西部落后地区近几年的经济出现了较大幅度的快速发展，经济效益都出去前十位，聊城、德州、滨洲分别处于第3、4、5位。

从经济外向型发展来看，青岛市状况最好，其次是烟台、威海、潍坊、济南、日照，菏泽最差，聊城排在倒数第二位。可以看出，东部沿海地区的城市除了东营外，在经济外向化发展方面依然走在了全省前列，而中西部地区除了济南以外，其余地市的经济外向化情况都比较落后，在全球化经济发展趋势下，山东省中西部地区如何更好地调整好外向型经济发展结构，是未来经济能否取得快速发展的关键。东营作为山东省东部沿海的一个重要港口城市，外向型经济反而比较落后，从实际利用外资情况、外资企业产值比重和对外出口贸易比重三项指标看，东营的实力排名都很落后。因此，东营市要想在未来保持经济竞争优势，外向型经济发展应该作为重中之重。

(五)山东省不同区域资源利用状况评价

采用上面的方法和研究过程，可以得到山东省不同区域资源利用状况评价得分，结果如表 4-10、图 4-3 所示。

表 4-10 山东省不同区域资源利用评价得分

	得分	位次
全省	2.0170	
济南市	2.0354	5
青岛市	2.0624	3
淄博市	1.9806	13
枣庄市	2.0018	9
东营市	2.0361	4
烟台市	2.0625	2
潍坊市	2.0094	6
济宁市	1.9815	12
泰安市	2.0026	8
威海市	2.0781	1
日照市	1.9992	10
莱芜市	1.8961	17
临沂市	2.0055	7

续表

德州市	1.9716	14
聊城市	1.9550	15
滨州市	1.9864	11
菏泽市	1.9518	16

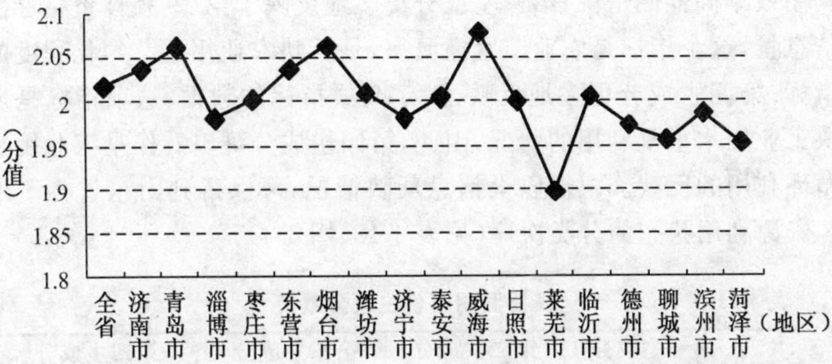

图 4-3　山东省不同区域资源利用得分趋势图

从山东省总体资源利用情况来看，威海得分最高，其次是烟台、青岛、东营、济南、潍坊，莱芜最差，菏泽、聊城、德州分别位于倒数第二、三、四位。从区域分布来看，山东省西部地区的资源利用普遍较低，资源利用效率均位于全省后面，东部发达地区的资源利用水平普遍较高，未来经济发展中，西部地区的产业结构调整与升级仍然是重中之重。需要指出的是莱芜市，虽然莱芜市在水资源利用方面有比较好的运作机制，比如万元 GDP 水耗为 111.12 立方米，规模以上工业用水重复利用率达到 92.45%，在资源型城市里面是调控比较好的；节水灌溉率达到 67.25%。但是，莱芜市的能耗和电耗依然高居不下，规模以上工业万元增加值能耗达到 6.79 吨标煤，万元 GDP 能耗达到 4.69 吨标煤，万元 GDP 电耗达到 2463.41 千瓦时，远远高于山东省其他地市。莱芜市目前正紧锣密鼓地建设循环型城市，打造绿色钢铁之都，因后的节能降耗任务仍然很艰巨。

下面，我们从主成分反映信息情况来具体探讨不同地区资源利用状况。从表 4-11 反映的信息来看，第一主成分更多地反映了第 13、14、15 项评价指标的信息量，而这三项指标均是单位产值的电能和其他能源消耗状况，属于能源利用效率的表征；第二主成分更多地反映了第 16、20 项评价指标的信息量，而这两项指标是单位产值水资源消耗量的评价指标，因此，第二主成分主要反映的是地区水资源利用效率高低的情况；第三主成分更多地反映了第 19 项评价指标的信息量，这个指标是农业节水灌溉率，是反映农业用水节约化程度的指标；第四主成分更多地反映了第 18 项指标的数据，这项指标是反映工业用水重复利用的状况，因此，第四主成分可以看作是工业用水循环利用的反映。根据以上信息反映情况，可以得到山东省各个地区资源利用状态的分类次序(见表 4-12、图 4-4)。

表 4-11　　资源利用评价主成分载荷

	第一主成分 F_1	第二主成分 F_2	第三主成分 F_3	第四主成分 F_4
C_{11}	0.188	−0.819	0.381	−0.116
C_{12}	8.59E−02	0.496	7.39E−02	0.699
C_{13}	0.967	3.10E−02	0.113	−0.122
C_{14}	0.966	0.149	−3.52E−02	−4.76E−02
C_{15}	0.961	−0.125	−4.97E−02	−0.173
C_{16}	0.158	0.82	0.353	0.238
C_{17}	0.739	0.147	0.402	1.59E−02
C_{18}	−0.417	−0.224	−5.16E−02	0.815
C_{19}	6.86E−02	−7.42E−02	0.984	8.60E−03
C_{20}	0.142	0.896	−6.65E−02	−0.188

表 4-12 山东省各地区资源利用分项得分

	能源利用效率	水资源利用效率	农业用水节约化程度	工业用水循环利用程度
济南市	5	4	10	2
青岛市	4	1	5	7
淄博市	16	8	12	5
枣庄市	14	5	9	3
东营市	3	13	1	10
烟台市	2	3	3	14
潍坊市	8	9	7	9
济宁市	13	12	15	4
泰安市	9	10	13	8
威海市	1	2	2	12
日照市	10	7	16	13
莱芜市	17	6	14	1
临沂市	7	11	6	16
德州市	12	14	8	6
聊城市	15	16	11	11
滨州市	6	15	4	15
菏泽市	11	17	17	17

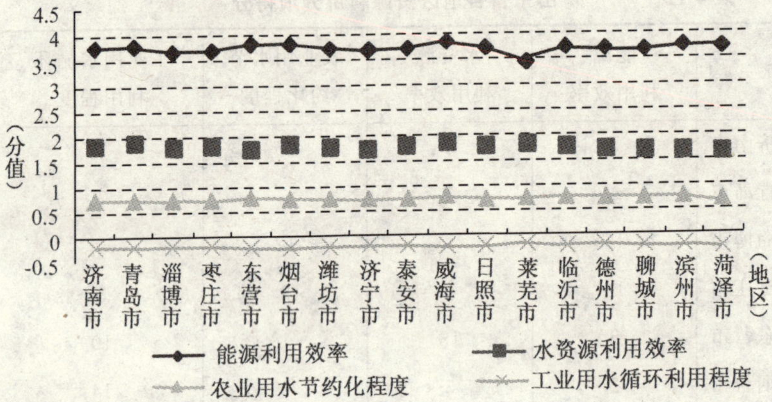

图 4-4　山东省各地区资源利用分项得分趋势图

从能源利用效率来看，威海市最好，其次是烟台、东营、青岛、济南、滨州，莱芜市状况最差，淄博、聊城、枣庄、济宁分别位于倒数第2、3、4位。莱芜市为莱芜钢铁集团所在地，是山东省也是我国重要的钢铁生产基地，然而资源利用效率却不容乐观，2005 年万元 GDP 能耗达到 4.69 吨标煤，万元工业增加值能耗达到 6.79 标煤，万元 GDP 电耗达到 2463.41 千瓦时，三项指标都远远超出了其他地区的能耗指标。这也为莱芜市未来的经济结构调整，特别是莱芜钢铁集团生产结构、技术的调整升级提出了警钟。山东省的老牌工业地区淄博和资源型地区枣庄、济宁也是山东省重要的能源消耗地区，能源浪费情况依然比较严重，利用率不高。因此，山东省的老牌工业基地和资源型地区应该是今后节能战略调整的重点，应该加大这些地区节能技术的提升和产业结构调整升级的力度。山东省的发达地区如威海、青岛、东营、济南、烟台都走在了节能环保的前列，能源利用效率都比较高，说明这几个地区正在逐渐摆脱粗放式经济增长模式，开始走上依靠科技推动地区经济增长的道路，这也为山东省其他地区的经济增长方式的快速转变提供了较好的参考和典范。

从水资源利用效率来看，青岛状况最好，其次是威海、烟台、济南、枣庄、莱芜,菏泽最差,西部地区的聊城、滨州、德州分别处于倒数第2、3、4位。西部地区的水资源利用效率普遍低下,东部地区较好。东营的水资源利用效率也比较低下,位于第13位,从原始数据可以看出,东营市的万元GDP耗水量为74.69立方米,并不高,仅仅高于青岛、淄博、烟台和威海四个地市,在山东省属于较好的地区。然而,东营市的农业用水效率大大不容乐观,万元农业增加值取水量达到了1515.18立方米,高居全省第二位,除低于滨州市外,远远高于其他地区。因此,综合评价,东营市的水资源利用效率是较低的,这也为东营市今后的水资源合理利用提出了可行的路径参考,即要加快调整农业用水方式转变,提高东营农业水资源利用效率。

从农业用水节约化程度来看,东营市最高,其次是威海、烟台、滨州、青岛、临沂,菏泽市最差,日照排在倒数第二位。节水灌溉率是一项比较新的评价指标,是指节水工程控制的灌溉面积占总灌溉面积比例,目前我国的节水灌溉率在35%左右,从全国平均水平来看,山东省的农业用水节约化程度还是比较高的,除了菏泽的节水灌溉率为33.28,低于全国平均水平外,其余地区均高于我国平均水平。东营市节水灌溉率更高,达82.72%。由此可见,山东省农业用水的节约化水平已经走在了我国前列。

从工业用水循环利用程度来看,莱芜排在第一位,其次是济南、枣庄、济宁、淄博、德州,菏泽最差,临沂、滨洲分别排在倒数第2、3位。西部地区除了德州外,其余地市的工业用水循环利用程度都比较低,山东省的几个资源型地区,如济宁、枣庄、莱芜,工业用水循环利用程度普遍比较高,而山东省的部分经济发达地区,如东营、烟台、威海的工业用水循环利用程度普遍偏低,青岛市的工业用水循环利用程度也比较低,规模以上工业用水重复利用率仅为69.36%,远低于山东省其余地区。可见,山东省发达地区的工业用水还没有走进循环利用程序,工业用水循环技术还有待进一步升级和完善。

(六)山东省不同区域环境保护评价

采用上面的方法和研究过程,可以得到山东省资源利用状况评价得分,结果如表 4-13、图 4-5 所示。

表 4-13　　山东省不同区域环境保护评价得分

	得分	位次
全省	1.3511	
济南市	1.3626	8
青岛市	1.4154	7
淄博市	1.102	14
枣庄市	0.3441	17
东营市	1.1724	12
烟台市	1.4737	3
潍坊市	1.4581	6
济宁市	1.578	1
泰安市	1.3043	10
威海市	1.4597	4
日照市	1.3169	9
莱芜市	1.043	15
临沂市	1.4594	5
德州市	1.4873	2
聊城市	1.2036	11
滨州市	0.7469	16
菏泽市	1.1443	13

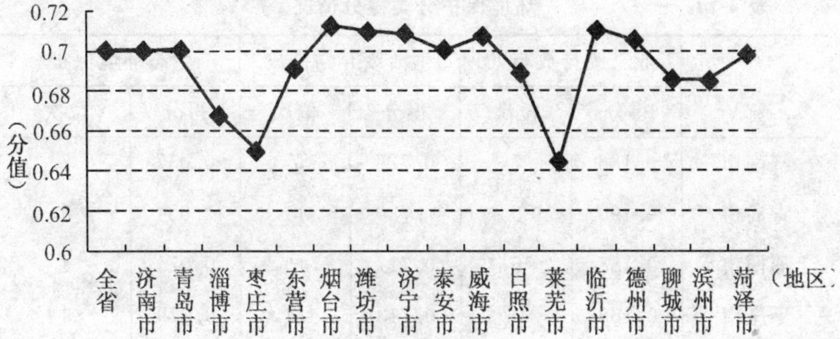

图 4-5 山东省环境保护得分趋势图

从环境保护评价总体得分来看，济宁最好，其次是德州、烟台、威海、临沂、潍坊，枣庄环境保护状况最差，滨州、莱芜分别排在倒数第2、3位。山东省西部地区环境保护状况普遍较差，除了德州位于第2名外，其余3个地市均在10名之后。山东省的老牌工业基地如东营、莱芜、枣庄、淄博，环境保护状况普遍较差，可见，山东省老牌工业城市的环境保护建设仍然不到位，环境保护工作应该作为这些地区今后区域发展特别是区域协调发展中的重点。

由于环境保护指标范围较广，项目复杂，主成分反映出来的信息量并不系统，因此，我们通过指标体系中的分类来探讨各个地区的环境保护状况。按照工业三废排放与处理、生活废弃物排放和生态环境保护三项分目标来考虑，由于下属的各项评价指标对于三项分目标来说，基本处于同等重要的位次，故我们可以采取均一法对每项分目标里边的各项评价指标赋予权重，由此得到山东省不同地区环境保护三个方面的得分值(见表 4-14)。

表 4-14　环境保护分类得分情况

	工业三废排放与处理		生活废弃物排放		生态环境保护	
	得分	位次	得分	位次	得分	位次
济南市	0.186	7	0.726	7	0.057	8
青岛市	0.190	5	0.720	11	0.054	9
淄博市	0.188	6	0.717	13	0.074	4
枣庄市	0.168	16	0.713	14	0.079	3
东营市	0.173	15	0.708	15	0.032	16
烟台市	0.184	9	0.708	15	0.100	1
潍坊市	0.192	3	0.741	1	0.059	5
济宁市	0.191	4	0.731	4	0.058	6
泰安市	0.186	7	0.736	2	0.050	11
威海市	0.195	1	0.722	9	0.043	15
日照市	0.180	11	0.719	12	0.082	2
莱芜市	0.175	14	0.725	8	0.048	12
临沂市	0.160	17	0.691	17	0.047	13
德州市	0.194	2	0.732	3	0.052	10
聊城市	0.180	11	0.727	6	0.058	6
滨州市	0.178	13	0.730	5	0.044	14
菏泽市	0.182	10	0.722	9	0.029	17

从工业三废排放与处理情况来看，威海最好，其次是德州、潍坊、济宁、青岛、淄博，临沂最差，枣庄和东营分别处于倒数第 2、3 位。济宁和淄博作为山东省的资源地区和老牌工业地区，工业三废排放与处理工作做得较好，但从个别指标来看，也有不尽如人意的地方，如淄博的大气污染仍然严重，大气污染模数达到 4500 万标立方米/平

方公里，在全省高居第2位，仅低于莱芜。而同是资源型地区的枣庄和东营，工业三废排放与处理情况却不容乐观，从具体指标来看，两个地区主要是工业废水排放与处理工作做得不够到位，以后的环保工作中，这两个方面应该作为主要抓手。

从生活废弃物排放情况来看，潍坊状况最好，其次是泰安、德州、济宁、滨州、聊城，最差的是临沂，东营和烟台并列处于倒数第二位。西部比较落后的地区生活废弃物排放量都普遍较低，而发达地区如青岛、东营、烟台、威海等，生活废弃物排放量普遍偏高。这也反映出人们随着生活水平的提高，消费结构会发生一些变动，特别是人们对生态环境的影响更加深厚了。关于这一点，在"消费结构的生态环境效应"研究中有更深入的研究与探讨。

从生态环境保护情况来看，烟台状况最好，其次是日照、枣庄、淄博、潍坊、济宁，菏泽最差，东营和威海分别位于倒数第2、3位。生态环境保护两项指标主要反映了城市生态环境保护工作的力度和广度，从中可以看出，西部地区除了聊城市做得较好外，其余地区环境保护力度都还不到位。聊城市最近推出"江北水城"建设计划，生态环境保护项目大范围展开，城市生态环境保护工作已经走在了全省前列。发达地区的城市生态环境保护工作普遍较差，这也为发达地区在今后的经济发展中要加大环境保护工作力度，推进经济、环境和谐发展提出了方向指引。

（七）山东省不同区域经济、资源、环境协调发展评价

运用协调度和协调发展度的计算公式，得到了山东省17地市的经济、资源、环境协调发展评价结果，如表4-15、图4-16所示。

从评价结果可以看出，山东省17个地市中，经济、资源、环境协调性最好的是威海市，其次是青岛市、烟台市、济南市，最差的是菏泽市。综合经济发展、资源利用和环境保护三个方面因素，经济发展水平高而资源利用状况较好的地区，通常环境保护力度也比较得当，协调发展水平较高，如威海市（经济排名第2、资源利用排名第1）、烟台

市(经济排名第5、资源利用排名第2);相反,经济发展水平较低的地区,资源利用状况通常也是比较差的地区,环境保护水平也普遍偏低,协调发展水平较差,如菏泽市(经济排名第17、资源利用排名第16)、枣庄市(经济排名第13、资源利用排名第9)、聊城市(经济排名第16、资源利用排名第15)。

因此,对于山东省17地市来说,我们基本可以得出这样的结论:比较发达的地区,政府在产业结构转型、升级,技术创新和节能降耗方面投入较大的资金,正逐步通过认为方式调节资源、环境的恶化趋势,一定程度上取得了相对较好的成效;而落后地区,由于资金方面投入欠缺,技术改造能力不足,加上政府还在片面追求经济增长速度,而忽视了资源、环境的合理利用与保护,致使区域经济、资源、环境不协调状况还没有得到很好的改善。经济发展落后的地区应该积极借鉴发达地区的成功经验,承接技术转移,改变地区经济发展模式,不断推进区域协调发展。经济发达地区也并非经济、资源、环境三者都得到了良好发展,只是相对协调而已。通过以上的主成分分析,可以发现每个地区的优势和劣势。各个地区应该继续完善优势,改善劣势,继续推进区域经济、资源、环境向更加协调的方向发展。

表4-15 山东省17地市经济、资源、环境协调发展评价总得分

	协调度C	综合评价指数T	协调发展度D	排序(根据协调发展得分)
山东省	0.762509	1.499367	1.069243	
济南市	0.871576	1.628367	1.191321	4
青岛市	0.899174	1.753367	1.25562	2
淄博市	0.774601	1.5596	1.099121	5
枣庄市	0.099029	1.018533	0.317592	16
东营市	0.52949	2.066667	1.046078	6
烟台市	0.90938	1.71	1.247013	3

续表

潍坊市	0.608138	1.4492	0.938783	8
济宁市	0.715381	1.523933	1.044123	7
泰安市	0.470001	1.342233	0.794261	11
威海市	0.88622	1.874667	1.28894	1
日照市	0.508875	1.359167	0.831653	10
莱芜市	0.623548	1.285833	0.895421	9
临沂市	0.446404	1.387433	0.786991	12
德州市	0.410651	1.370433	0.75018	13
聊城市	0.311859	1.2329	0.620074	15
滨州市	0.413874	1.201533	0.705183	14
菏泽市	0.056072	1.1102	0.249501	17

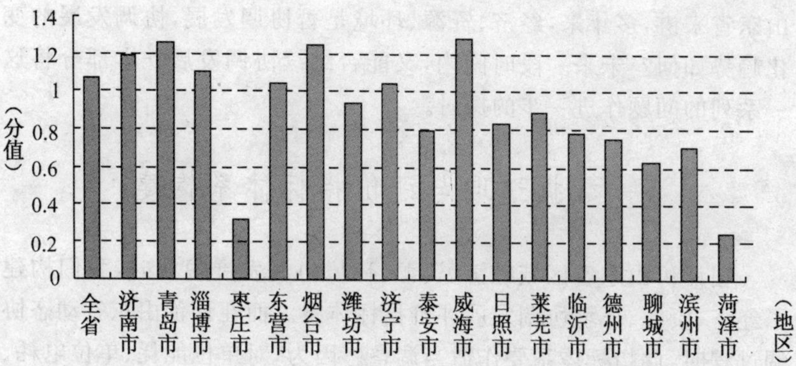

图 4-6　山东省经济、资源、环境协调性评价得分分布图

第五部分

山东省经济、资源、环境协调发展的动态轨迹研究

前面我们对山东省不同区域的协调发展状况进行了评价，探讨了不同区域经济、资源、环境协调发展中存在的优势与不足。而对于山东省来讲，多年来，经济、资源、环境是否协调发展，协调发展的变化趋势如何？未来一段时间内，又能否继续协调发展？本部分将这一系列的问题作进一步的探讨。

一、数据选取与评价指标体系构建

在评价山东省区域经济、资源、环境协调发展现状时，我们构建了经济、资源、环境协调发展评价指标体系。而在评价山东省动态协调过程时，此指标体系要作适当调整。因为，对单位能耗、单位电耗、单位水耗等资源消耗指标在 2003 年之前没有官方统计数据，要对山东省进行动态协调评价，需以现状为基点选取前后各五年以上的数据进行评价。因此，在山东省动态协调评价指标体系中，保留原有的经济子系统评价指标体系，把资源子系统与环境子系统评价指标体系合二为一，称为资源环境评价指标体系，对资源环境评价指标根据

需要作适当调整。以此为数据基础，构建了山东省经济与资源环境动态协调评价指标体系(见表 5-1)，对山东省经济与资源、环境动态协调发展进行评价与仿真预测。

表 5-1 山东省经济、资源、环境动态协调发展评价指标体系

<table>
<tr><td rowspan="24">山东省经济与资源、环境动态协调发展评价指标体系</td><td rowspan="13">经济发展指标(A_1)</td><td rowspan="6">经济实力(B_1)</td><td>人均 GDP(元/人)(C_1)</td></tr>
<tr><td>人均居民消费额(元/人)(C_2)</td></tr>
<tr><td>农民人均纯收入(元/人)(C_3)</td></tr>
<tr><td>城镇居民人均可支配收入(元/人)(C_4)</td></tr>
<tr><td>人均地方财政收入(元/人)(C_5)</td></tr>
<tr><td>实际利用外资水平(亿美元)(C_6)</td></tr>
<tr><td rowspan="4">经济效益(B_2)</td><td>社会劳动生产率(万元/人)(C_7)</td></tr>
<tr><td>产值利税率(%)(C_8)</td></tr>
<tr><td>GDP 增长率(%)(C_9)</td></tr>
<tr><td>工业增加值率(%)(C_{10})</td></tr>
<tr><td rowspan="3">经济结构(B_3)</td><td>三产产值占国内生产总值比重(%)(C_{11})</td></tr>
<tr><td>出口贸易额占贸易总额比重(%)(C_{12})</td></tr>
<tr><td>外资企业产值比重(%)(C_{13})</td></tr>
<tr><td rowspan="11">资源环境指标(A_2)</td><td rowspan="4">资源利用与占有指标(B_4)</td><td>耕地年占用率(%)(C_{14})</td></tr>
<tr><td>人均水资源量(m^3)(C_{15})</td></tr>
<tr><td>能源消费弹性系数(%)(C_{16})</td></tr>
<tr><td>居民生活用气普及率(%)(C_{17})</td></tr>
<tr><td rowspan="5">环境污染指标(B_5)</td><td>二氧化硫排放量(吨)(C_{48})</td></tr>
<tr><td>烟尘排放量(吨)(C_{19})</td></tr>
<tr><td>生活废水排放量(吨)(C_{20})</td></tr>
<tr><td>工业固体废弃物综合利用率(%)(C_{21})</td></tr>
<tr><td>生活垃圾无害化处理率(%)(C_{22})</td></tr>
<tr><td rowspan="2">生态环境保护(B_6)</td><td>建成区绿化覆盖率(%)(C_{23})</td></tr>
<tr><td>城市人均公共绿地(m^2/人)(C_{24})</td></tr>
</table>

部分指标解释：

耕地年占用率：由于山东省政策规定，在保证耕地总量不变的前提下合理利用耕地，如此，山东省耕地总量变化不大，甚至还有增加的迹象。难以合理反映出耕地这一宝贵土地资源的变化趋势。耕地年占用率用耕地年减少量与年初耕地实有量的比值表示。可以更好地反映耕地资源的消耗情况。需要指出的是，虽然每年都有新增耕地，但大多是由开辟荒地、园林用地转化而来，从资源环境大系统来讲，也是资源的消耗。

人均水资源占有量：用每年可供水资源总量与用水人口的比值表示人均水资源占有量，可以更好地反映水资源的人均分配情况。

生活废水排放量：考虑到山东省几年来工业废水排放达标量都在 90%以上，而生活废水排放却基本没有经过处理，因此，选用生活废水排放指标反映水环境污染情况。

能源消费弹性系数：能源消费弹性系数是反映能源消费增长速度与国民经济增长速度之间比例关系的指标。计算公式为：能源消费弹性系数=能源消费量年平均增长速度/国民经济年平均增长速度。显而易见，能源消费弹性系数越大，说明经济增长的能源消耗越大。

用气普及率：用气普及率指标反映了居民能源消费结构的变动状况，不断向清洁能源使用进化，也是环境保护工作的一个重要方面。

二、模型选取

人工神经网络（Artificial Neural Network，简称 ANN）是 20 世纪五六十年代产生、80 年代以来发展起来的一种处理复杂非线性问题十分有效的手段。人工神经网络，是一个具有高度非线性的超大规模连续时间动力系统，是由大量的处理单元（神经元）广泛互联而形成的网络。它是在现代神经科学研究成果的基础上提出的，反映了人脑功能的基本特征。人工神经网络的特点和优越性，主要表现在三个方面：第一，具有学习功能。例如实现图像识别时，只要先把许多不同的图像样板和对应的应识别的结果输入人工神经网络，网络就会通过自学习功能，慢慢学会识别类似的图像。它的这种自学习功能对于模式识别、过程模拟和预测有特别重要的应用价值。第二,具有联想存储功能。第三,具有高速寻找优化解的能力。课题主要是运用人工神经网络的学习功能,另外两个功能不作具体介绍。

BP 神经网络是人工神经网络的其中一种模型,也称"反向传播网络"(Back-Propagation Network)。是目前应用最为广泛的神经网络模型,它具有强大的非线性映射能力和容错功能。是在 1986 年,以 Rumlbart 和 Mccelland 为首的科学家小组,在一本名为 *Back-Distributed Processing*(并行分布信息处理)书中提出的一个多层非线性网络模型。它突破了原先单层网络的限制,通过引入误差反向传播,自动调节神经元之间的连接权的学习算法,大大增强了网络解决问题的能力。课题具体采用 BP 神经网络模型对山东省经济与资源环境协调发展进行仿真预测。

三、BP 神经网络与工作机理

(一)BP 神经网络的结构

BP 神经网络是典型的多层网络,分为输入层、隐层和输出层,层与层之间多采用全互连方式,同一层单元之间不存在相互连接,图 5-1 给出了一个典型的含有一个隐层 *BP* 神经网络结构。该网络拓扑结构为($R\times S\times Q$),其中 R 表示输入节点数,S 表示隐层神经元数,Q 表示输出层神经元数。网络各层之间的传递函数一般为 Sigmoid 型变型函数,表达式为:

$$F(x)=1/(1+e-x)$$

S 型激活函数将任意输入值压缩到(0,1)的范围内,如图 5-2 所示,此种激活函数常用对数 Logsig 或双曲正切 Tansig 等一类 S 形状的曲线来表示,对数 S 型激活函数的输入/输出关系式为:

$$f=\frac{1}{1+\exp[-(n+b)]}$$

双曲正切 S 型激活函数的输入/输出关系式为：

$$f=\frac{1-\exp[-2(n+b)]}{1+\exp[-2(n+b)]}$$

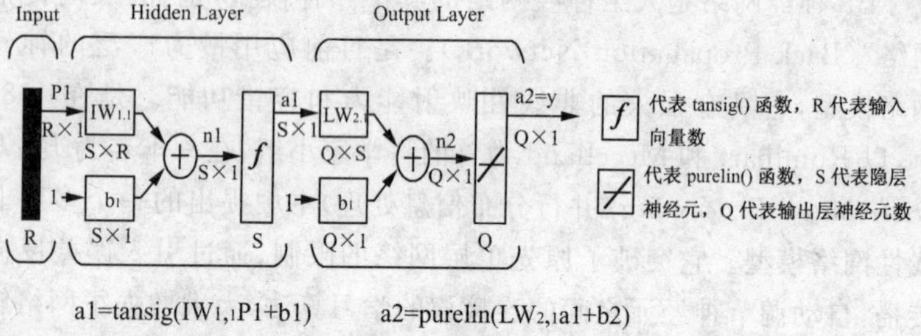

图 5-1　含有一个隐层的 BP 神经网络结构图

S 型函数图形表达式：

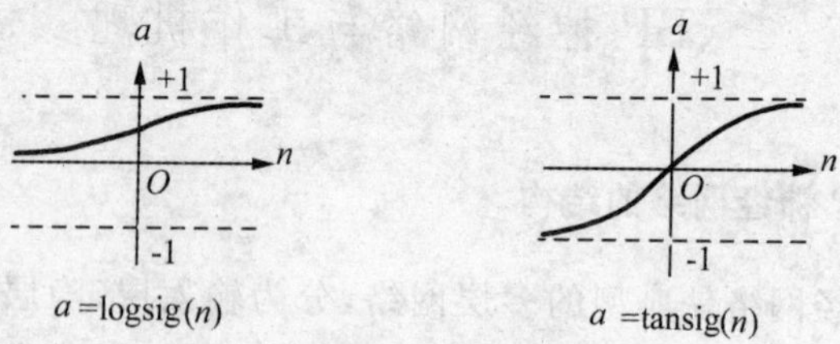

（a）带有偏差的对数型 S 型激活函数　（b）带有偏差的双曲正切型 S 型激活函数

图 5-2　S 型激活函数

（二）BP 网络的学习算法

BP 算法是一个很有效的算法，它把一组样本的输入、输出问题变为一个非线性优化问题，并使用了优化中最普通的梯度下降法，用迭代运算求解权相应于学习记忆问题，加入隐节点使优化问题的可调参数增加，从而可得到更精确的解。如果把这种神经网络看成从输入到输出的映射，则这个映射是一个高度非线性的映射。

BP 算法可以通过以下过程实现：

（1）初始化网络及学习参数。

(2)提供训练模式、训练网络,直到满足学习要求。

(3)前向传播过程,对给定训练模式输入,计算网络的输出模式,并与期望模式比较,若误差不能满足精度要求,则误差后向传播,否则转到(2)。

(4)后向传播过程。

BP 神经网络计算流程(见图 5-3),一个典型的具有输入,输出和隐含层的 BP 神经网络结构,输入层通过权系数和作用函数转换,得到相应输出层。

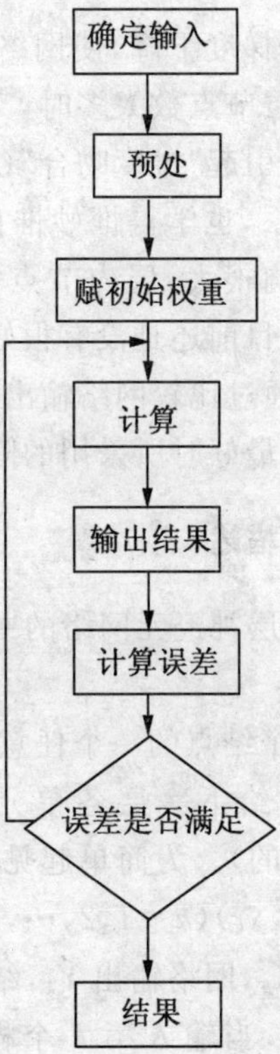

图 5-3 BP 神经网络计算流程

(三)BP网络的层数和隐含层节点数的确定

输入层的节点取决于资料源的维数,输出层维数完全根据使用者的要求设计。对于多层神经元网络,首先确定选用几层隐含层。理论上已经证明,具有偏差和至少一个S型隐含层加上一个线性输出层的BP网络,能够逼近任何有理函数。增加层数主要可以更近一步降低误差,提高精度,但同时也使得网络复杂化了,从而增加了网络的训练时间。而误差精度的提高实际上也可以通过增加隐含层中神经元的数目来获得。

BP算法沿着表面的梯度下降,使网络误差最小,网络有可能陷入局部极小值。当隐含层节点数太多时,又使得学习时间过长,误差也不一定最佳,有时还会引起"过度吻合"(over-fitting)问题,即把网络里一些无关紧要的关系,也学得惟妙惟肖。因此隐含层节点的选择对BP网络的性能影响很大,层内节点数需要进行恰当的选择。这是一个很复杂的问题,目前还是没有很好的解决方法,大多数是通过经验,采用"试错法",通过比较网络输出误差与期望误差之间的拟合程度,来选择仿真效果最好时所采用的隐节点数。

(四)BP算法的数学描述

BP算法是适合于多层神经元网络的一种学习,它是建立在梯度下降法的基础上的。

设含有共L层和n个结点的一个任意网络,每层单元只接受前一层的输出信息并输出给下一层各单元,各结点的特性为SIGMOID型(它是连续可微的)。为简单起见,认为网络只有一个输出y。设给定N个样本$(x_k,y_k)(k=1,2,\cdots,N)$,任一个结点$i$的输出为$O_i$,对某一个输入为$X_k$,网络输出$Y_k$,结点$i$的输出为$O_{ik}$。现在研究第层的第$j$个单元,当输入第$k$个样本时,结点$j$的输入为$net_{jk}^{l}=\sum_{j} w_{ij}^{l} O_{jk}^{l-1}$,$O_{jk}^{l-1}$表示$l$-1层,输入第$k$个样本时,第$j$个单元结

点的输出 $O_{jk}^{l}=f(net_{jk}^{l})$。

使用误差函数为平方型 $E_{K}=\frac{1}{2}\sum_{i}(y_{jk}-\overline{y_{jk}})^{2}$。

$\overline{y_{jk}}$是单元 j 的实际输出。总误差为 $E=\frac{1}{2N}\sum_{k=1}^{N}E_{k}$。

定义 $\delta_{jk}^{l}=\frac{\partial E_{k}}{\partial net_{jk}^{l}}$，

于是$\frac{\partial E_{K}}{\partial \omega_{ij}^{l}}=\frac{\partial E_{K}}{\partial net_{jk}^{l}}\frac{\partial net_{jk}^{l}}{\partial w_{ij}^{l}}=\frac{\partial E_{K}}{\partial net_{jk}^{l}}O_{jk}^{l-1}=\delta_{jk}^{l}O_{jk}^{l-1}$。

下面分两种情况来讨论：

①若结点 j 为输出单元，则 $O_{jk}^{l}=\overline{y_{jk}}$，

$$\delta_{jk}^{l}=\frac{\partial E_{k}}{\partial net_{jk}^{l}}=\frac{\partial E_{k}}{\partial y_{jk}}=\frac{\partial \overline{y_{jk}}}{\partial net_{jk}^{l}}=-(y_{k}-\overline{y_{k}}f'(net_{jk}^{l});$$

②若 j 不是输出单元，则

$$\partial_{jk}^{l}=\frac{\partial E^{k}}{\partial net_{jk}^{l}}=\frac{\partial E_{k}}{\partial O_{jk}^{l}}-\frac{\partial O_{jk}^{l}}{\partial net_{jk}^{l}}=\frac{\partial E^{k}}{\partial O_{jk}^{l}}f'(net_{jk}^{l})。$$

式中 O_{jk}^{l} 是送到下一层$(L+1)$层的输入，计算$\frac{\partial E_{k}}{\partial O_{jk}^{l}}$要从$(L+1)$层算回来。

在(L+1)层第 m 个单元时，

$$\frac{\partial E_{k}}{\partial O_{jk}^{l}}=\sum_{m}\frac{\partial E_{k}}{\partial net_{mk}^{l+1}}\frac{\partial net_{mk}^{l+1}}{\partial O_{jk}^{l}}=\sum\frac{\partial E_{k}}{\partial net_{mk}^{l+1}}w_{mj}^{l+1}=\sum_{m}\delta_{mk}^{l+1}w_{mj}^{l+1}$$

则得到 $\delta_{jk}^{l}=\sum_{m}\delta_{mk}^{l+1}w_{mj}^{l+1}f'(net_{jk}^{l})$。

总结上述结果，有 $\begin{cases}\delta_{jk}^{l}=\sum_{m}\delta_{mk}^{l+1}w_{mj}^{l+1}f'(net_{jk}^{l})\\ \frac{\partial E_{k}}{\partial w_{ij}}=\delta_{jk}^{l}O_{jk}^{l-1}\end{cases}$

所以，反向传播算法的步骤可以概括如下：

a. 选定权系数初值；

b. 重复下述过程直到收敛；

对 $k=1$ 到 N

正向过程计算：计算每层各单元的 O_{jk}^{l-1}，net_{jk}^{l} 和 $\overline{y_k}$，$k=2,2,\cdots N$。

反向过程：对各层($L=L-1$ 到 2)，对每层各单元，计算 δ_{jk}^{l}。

修正权值 $\omega_{ij}=\omega_{ij}-\mu\frac{\partial E}{\partial \omega_{ij}}, \mu>0$。

其中 μ 为步长，$\frac{\partial E}{\partial \omega_{ij}}=\sum_{k=1}^{N}\frac{\partial E_k}{\partial \omega_{ij}}$。

四、数据处理过程

(一)模型的结构设计

由于 BP 神经网络处理数据时，数据源必须具备一定的相关性，这样处理出的结果才比较科学、客观。因此，我们分别对经济和资源环境指标数据进行两次处理，分别预测未来变动情况。

模型采用三层网络模型，分为一个输入层、一个隐含层和一个输出层，输入参数分别为 P、H 和 T。对于隐层节点的选取，则通过构造不同隐节点数的网络进行训练，并根据各个网络的误差收敛速度及表征拟合程度的均方误差大小的比较而得，以 11 个隐节点的网络结构最佳，因此采取隐节点数为 11。网络拓扑结构为(13×11×13)，即输入层有 13 个节点，隐含层和输出层的神经元数分别为 11 和 13。Matlab6.5 中的 NNbox 工具箱提供了三种激活函数：Log-sigmoid、Tan-sigmoid 和线性函数 Purelin。前两种是非线性函数，分别将 $x\in(-\infty,\infty)$ 的输入压缩为 $y\in[0,1]$ 和 $y\in[-1,1]$ 的输出。因此，对非线性问题，输入层和隐层多采用非线性传输函数，输出层采用线性函数，以保证输出的范围，就非线性传输函数而言，若样本输出均大于零时，多采用非线性 Log-sigmoid 函数，否则，采用 Tan-sigmoid 函数。本文所建模型中，输入层和隐层的激活函数选取了 Tan-sigmoid 函数，而输出层的激活函数选取了 Purelin 线性传输函数。

（二）模型网络参数的选取及样本设定

选取 2000～2004 年的 13 项经济指标数据作为输入层，选取 2001～2005 年的指标数据作为目标输出层，以此来进行模型的训练。

建立网络：net＝newff(minmax(p),[11,13],{'tansig','purelin'},'traingdx')；

参数设为：net. trainParam. show ＝50 为两次轮回显示间的训练次数；net. trainParam. goal＝0. 001 为期望误差最小值；

net. trainParam. lr＝0. 01 为学习速率；

net. trainParam. Epoch 10000 为网络轮回训练的最大次数。

在训练前，首先对网络的输入输出数据进行预处理，即通过归一化 Premnmx ( )函数将数据压缩到[－1 1]之间，以便增加处理计算速度，然后再利用 Postmnmx ( )函数将输出数据还原到原范围之内。

[pn,minp,maxp,tn,mint,maxt]＝premnmx(c,t)；

利用得到的 pn 和 tn 作为训练数据输入网络，在网络初始化后，进行网络训练：

net＝init(net)；

[net,tr]＝train(net,pn,tn)；

在网络训练 1804 步后，训练误差达到了期望误差，网络的收敛效果良好，如图 5-4 所示。

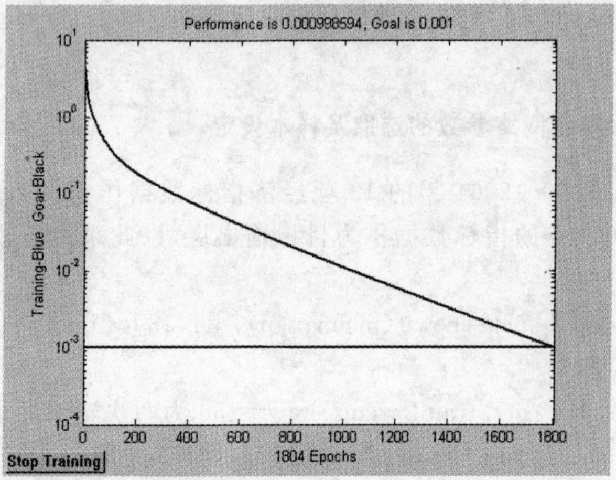

图 5-4　经济发展评价指标网络训练的误差下降曲线

按照同样的方式，对资源环境的 11 项指标数据进行类似的模拟训练，在网络训练 1054 步后，训练误差达到了期望误差，网络的收敛效果良好，如图 5-5 所示。

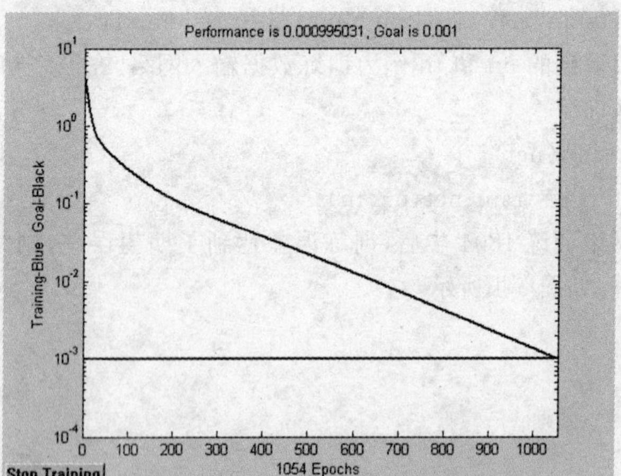

图 5-5　资源环境评价指标网络训练的误差下降曲线

(三)模型检验

为了检验模型的泛化能力,利用2002～2005年的24项指标实际数据来对模型模拟输出数据进行检验,以保证模型预测的可信度。通过期望目标与实际输出比较,结果表明两者基本吻合(见表5-2),模型具有实际应用价值。

表 5-2 模型预测值与真实值的对比检验

	真实值				预测值			
	2002 年	2003 年	2004 年	2005 年	2002 年	2003 年	2004 年	2005 年
C_1	10195	11340	13268	16413	10171.56	11611.6609	13147.87	16411.35
C_2	3726	3924	4351	4924	3747.001	3883.42556	4334.619	4943.947
C_3	2804.51	2953.97	3150.49	3507.43	2827.889	2961.56636	3117.679	3523.881
C_4	7101.08	7614.5	8399.91	9437.8	7097.223	7625.59008	8369.915	9412.909
C_5	633.98	671.91	782.23	902.32	620.853	673.488069	781.954	907.4717
C_6	424886	652124	1125985	982105	433213.8	659976.42	1114739	993185.6
C_7	1.68	1.86	2.15	2.62	1.663677	1.90468149	2.142592	2.601929
C_8	0.11	0.1	0.1	0.1	0.109776	0.10019153	0.099986	0.099912
C_9	10.04	11.73	13.41	15.3	10.01467	11.848086	13.39281	15.2174
C_{10}	0.31	0.3	0.31	0.3	0.309919	0.29984609	0.310169	0.299954
C_{11}	35.7	36	34	31.7	35.64604	36.1132365	34.11889	31.56828
C_{12}	0.63	0.62	0.6	0.59	0.629498	0.62015606	0.600768	0.589653
C_{13}	0.16	0.15	0.16	0.17	0.160069	0.14881082	0.160303	0.170649
C_{14}	0.01	0.04	0.02	0.02	0.009543	0.04031519	0.019862	0.019625
C_{15}	129.91	118.19	107.31	107.54	129.8002	118.038303	107.5232	107.5323
C_{16}	1.03	1.56	1.36	1.39	1.022108	1.57264227	1.351682	1.38117
C_{17}	91	93.21	95.42	96.03	90.87409	93.1259942	95.46958	96.14777
C_{18}	172	169	184	182	172.6113	169.079398	183.6071	181.837
C_{19}	65	62	62	52	65.13611	61.7658038	62.02549	51.90555
C_{20}	120038	124041	129849	135308	120507.8	124112.5	129656.8	134699.7
C_{21}	0.84	0.87	0.89	0.91	0.839709	0.86940916	0.889666	0.913083
C_{22}	0.76	0.77	0.84	0.86	0.750911	0.77401593	0.843553	0.861649
C_{23}	33.26	32.98	35.45	36.6	33.33039	32.8368047	35.50079	36.59197
C_{24}	8.55	9.74	11.7	13.7	8.520454	9.84824013	11.69397	13.7303

(四)预测结果输出

运用上次模型，选取 2002～2006 年数据输入，可以仿真得出 2003～2007 年的数据，以此类推，得到 2008～2011 年的仿真数据，如表 5-3 所示。需要指出的是，对有些复杂问题的仿真预测，神经网络有一定的使用限制，对短期内的预测能确保结果的贴近实际，而对于长时期的预测，不能很好地反映复杂事件的发展动态。因此，课题仅使用神经网络对山东省未来 5 年的发展情况作仿真预测，结果虽稍有偏差，但基本反映了山东省未来 5 年的发展趋势。

表 5-3　评价指标仿真数据输出

年份	2006	2007	2008	2009	2010
C_1	20457	26220	27345	29422.55	32364.809
C_2	6035	6525.5	6821	9066.676	10095.2135
C_3	4224.5	4578.3	4696.5	5372.98	5809.72597
C_4	10800.467	10983.785	11423.57	16082.82	17789.0672
C_5	1362.63	1532.7	1698.4	2221.118	2612.56055
C_6	1.10E+06	1.10E+06	1.28E+06	2573764	3182149.64
C_7	3.788	4.9924	5.60E+00	5.677453	6.5679085
C_8	0.10496	0.12773	0.12	0.102603	0.10083333
C_9	0.15649	0.15339	0.16017	0.218653	0.240255
C_{10}	0.30666	0.30823	0.31532	0.314249	0.31532
C_{11}	0.32036	0.37691	0.38139	0.342761	0.34869943
C_{12}	0.6227	0.61514	0.66794	0.636836	0.64639355
C_{13}	0.17139	0.19679	0.20232	0.220084	0.23142857
C_{14}	0.00998	0.00996004	0.00994	0.00992	0.0099004

续表

C_{15}	99.6138255	94.7385357	90.10185	85.6921	81.4981621
C_{16}	1.40975615	1.50561545	1.607993	1.717332	1.83410526
C_{17}	0.98464024	0.99950144	1.014587	1.0299	1.04544444
C_{18}	204.259138	208.608976	213.0514	217.5885	222.222222
C_{19}	61.0456984	60.1060854	59.18093	58.27002	57.3731343
C_{20}	146325.543	151523.392	156905.9	162479.6	168251.252
C_{21}	0.99076392	1.03327699	1.077614	1.123854	1.17207792
C_{22}	0.609	0.63945	0.671423	0.704994	0.74024331
C_{23}	0.37856397	0.38732617	0.396291	0.405464	0.41484848
C_{24}	15.5408344	17.337942	19.34286	21.57963	24.0750496

五、山东省经济与资源环境动态协调发展评价与预测

运用对山东省区域经济、资源、环境协调发展的评价模型对山东省经济与资源环境的协调发展状况进行动态评价。对山东省经济发展、资源利用和环境保护协调发展动态变动轨迹作一个全面评价，可以对不同时期山东经济发展、资源利用和环境保护协调的状况作一个清查，同时初步预测山东省未来的经济、资源利用和环境保护协调发展趋势，为更快更稳地走山东省可持续发展道路提供决策支持。

（一）山东省经济发展动态评价

1.对经济发展评价指标的原始数据进行标准化处理，消除量纲，得到标准化数据（见表5-4）。

表 5-4　　山东省经济评价指标标准化数值

年份	C_1	C_2	C_3	C_4	C_5	C_6	C_7	C_8	C_9	C_{10}	C_{11}	C_{12}	C_{13}
2000	0.000	0.000	0.000	0.000	0.000	0.000	0.000	0.667	0.000	0.500	0.500	0.375	0.000
2001	0.038	0.042	0.046	0.054	0.057	0.016	0.030	0.333	0.000	0.500	0.667	0.500	0.222
2002	0.087	0.072	0.094	0.100	0.075	0.097	0.065	0.000	0.143	0.000	0.667	0.375	0.111
2003	0.171	0.136	0.156	0.169	0.127	0.266	0.123	0.000	0.214	0.500	0.333	0.125	0.222
2004	0.308	0.222	0.269	0.261	0.185	0.215	0.216	0.000	0.357	0.000	0.000	0.000	0.333
2005	0.467	0.369	0.404	0.377	0.308	0.257	0.325	0.333	0.357	0.500	0.000	0.125	0.444
2006	0.483	0.389	0.497	0.381	0.404	0.257	0.448	0.000	0.429	0.500	0.000	0.375	0.333
2007	0.733	0.463	0.609	0.398	0.485	0.257	0.687	1.000	0.357	0.500	1.000	0.375	0.667
2008	0.782	0.508	0.647	0.437	0.564	0.321	0.808	0.667	0.429	1.000	1.000	1.000	0.667
2009	0.872	0.845	0.861	0.849	0.813	0.783	0.823	0.000	0.857	0.500	0.333	0.625	0.889
2010	1.000	1.000	1.000	1.000	1.000	1.000	1.000	0.000	1.000	1.000	0.500	0.750	1.000

2. 对标准化数据求算相关系数矩阵，得到表 5-5。

表 5-5　　山东省经济评价指标相关系数矩阵

	C_1	C_2	C_3	C_4	C_5	C_6	C_7	C_8	C_9	C_{10}	C_{11}	C_{12}	C_{13}
C_1	1	0.96	0.99	0.929	0.968	0.845	0.992	0.059	0.904	0.614	0.153	0.563	0.971
C_2	0.96	1	0.987	0.994	0.995	0.952	0.953	−0.141	0.976	0.589	0.029	0.542	0.968
C_3	0.99	0.987	1	0.967	0.991	0.899	0.984	−0.049	0.948	0.601	0.085	0.559	0.972
C_4	0.929	0.994	0.967	1	0.982	0.973	0.917	−0.234	0.99	0.54	−0.046	0.489	0.95
C_5	0.968	0.995	0.991	0.982	1	0.936	0.971	−0.096	0.96	0.632	0.104	0.606	0.97
C_6	0.845	0.952	0.899	0.973	0.936	1	0.841	−0.347	0.974	0.519	−0.066	0.45	0.893
C_7	0.992	0.953	0.984	0.917	0.971	0.841	1	0.084	0.889	0.666	0.238	0.653	0.963
C_8	0.059	−0.141	−0.049	−0.234	−0.096	−0.347	0.084	1	−0.325	0.293	0.653	0.227	0
C_9	0.904	0.976	0.948	0.99	0.96	0.974	0.889	−0.325	1	0.466	−0.126	0.427	0.916
C_{10}	0.614	0.589	0.601	0.54	0.632	0.519	0.666	0.293	0.466	1	0.36	0.745	0.6
C_{11}	0.153	0.029	0.085	−0.046	0.104	−0.066	0.238	0.653	−0.126	0.36	1	0.626	0.173
C_{12}	0.563	0.542	0.559	0.489	0.606	0.45	0.653	0.227	0.427	0.745	0.626	1	0.561
C_{13}	0.971	0.968	0.972	0.95	0.97	0.893	0.963	0	0.916	0.6	0.173	0.561	1

3. 计算相关系数矩阵的特征值以及各主成分的贡献率和累计贡献率(见表 5-6)。

表 5-6 山东省经济发展指标主成分贡献率和累计贡献率

	特征值	贡献率(%)	累计贡献率(%)
C_1	9.383	72.176	72.176
C_2	2.325	17.882	90.058
C_3	0.614	4.722	94.78
C_4	0.433	3.33	98.11
C_5	0.146	1.123	99.234
C_6	5.99E−02	0.461	99.695
C_7	3.00E−02	0.231	99.925
C_8	7.55E−03	5.81E−02	99.983
C_9	1.66E−03	1.28E−02	99.996
C_{10}	4.95E−04	3.81E−03	100
C_{11}	4.09E−17	3.14E−16	100
C_{12}	−6.50E−17	−5.00E−16	100
C_{13}	−1.27E−16	−9.78E−16	100

4. 计算主成分载荷,得到主成分载荷值矩阵,如(见表 5-7)。

表 5-7 山东省经济发展指标主成分载荷矩阵

	第一主成分 F_1	第二主成分 F_2
C_1	0.95	0.206
C_2	0.996	4.70E−02
C_3	0.981	0.123

续表

C_4	0.995	−4.75E−02
C_5	0.991	0.123
C_6	0.962	−0.118
C_7	0.943	0.285
C_8	−0.206	0.83
C_9	0.986	−0.146
C_{10}	0.582	0.571
C_{11}	−1.16E−02	0.904
C_{12}	0.529	0.673
C_{13}	0.959	0.179

5.计算主成分得分值，进一步求算经济发展评价值得分。

每项指标的标准化数值与其在主成分上的载荷的乘积之和，即为各个主成分的得分值，计算公式可表示为：

$$f_j = \sum C_i \times F_j (i = 1,2,\cdots 11; j = 1,2,3,4)$$

按照上述公式计算得到山东省的主成分发展得分值(见表 5-8)。

表 5-8　　山东省经济发展评价指标的主成分得分值

年份	第一主成分 F_1	第二主成分 F_2
2000	0.3665	0.0104
2001	0.4295	0.0047
2002	0.4967	0.0011
2003	0.4012	0.0701
2004	0.2517	0.0879
2005	0.5449	0.2272

续表

2006	0.4233	0.0469
2007	0.2896	0.0597
2008	0.2991	0.0725
2009	0.2498	0.0729
2010	0.5178	0.0543

如果，把四个主成分的贡献率用矩阵 Z 表示，那么，可以得到山东省经济发展动态评价得分：$F = \sum Z \times f$。结果如表 5-9 所示。山东省经济发展动态评价得分趋势如图 5-6 所示。

表 5-9　　山东省经济发展动态评价得分

年份	得分
2000	0.5259
2001	0.9797
2002	0.8919
2003	1.5013
2004	1.6906
2005	2.6962
2006	3.0484
2007	3.9567
2008	4.8945
2009	6.0616
2010	7.4167

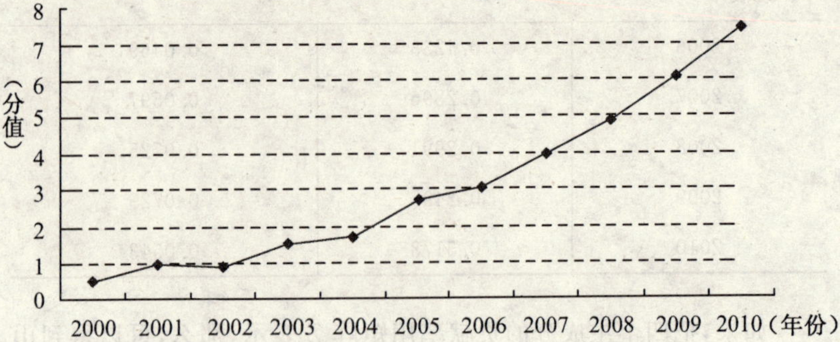

图 5-6 山东省经济评价指标得分趋势图

(二)山东省资源环境发展动态评价

采用上面的方法和研究过程,可以得到山东省资源环境发展动态评价得分,结果如表 5-10 所示。山东省资源环境发展动态得分趋势如图 5-7 所示。

表 5-10 山东省资源环境发展动态评价得分

年份	得分
2000	−2.9222
2001	−2.4529
2002	−1.5848
2003	−0.9535
2004	−0.1463
2005	0.1627
2006	0.727
2007	1.3542
2008	1.9601
2009	2.6174
2010	3.2058

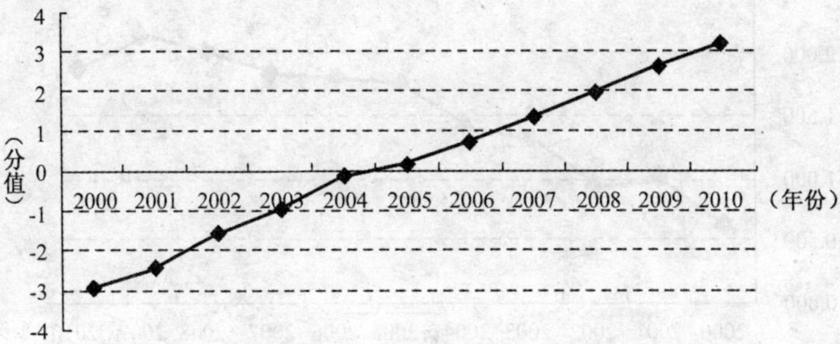

图 5-7　山东省资源环境发展动态评价得分趋势图

(三)山东省经济与资源环境动态协调发展评价与预测

运用协调度和协调发展度的计算公式，得到了山东省不同时期的经济、资源、环境协调发展评价结果，如表 5-11 所示。山东省经济、资源、环境协调发展动态曲线如图 5-8 所示。

表 5-11　山东省不同时期的经济、资源、环境协调发展评价总得分

年份	协调度 C	综合评价指数 T	协调发展度 D
2000	0.169	2.260	0.618
2001	0.401	2.485	0.998
2002	0.360	2.427	0.935
2003	0.638	2.722	1.318
2004	0.883	2.242	1.407
2005	0.927	3.341	1.760
2006	0.987	3.315	1.809
2007	0.962	3.473	1.827
2008	0.948	4.212	1.998
2009	0.914	5.010	2.140
2010	0.673	5.208	1.872

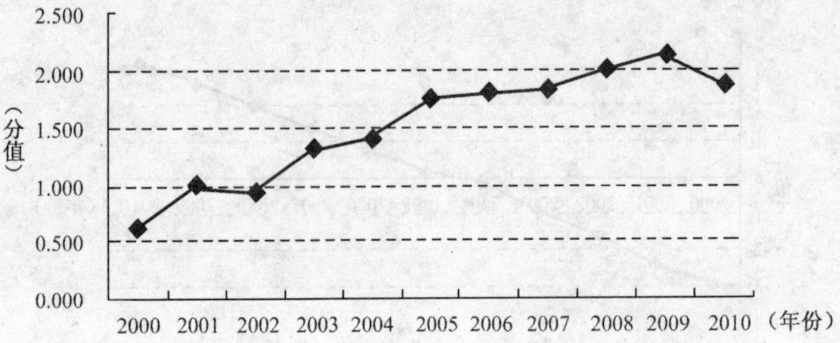

图 5-8　山东省经济、资源、环境协调发展的动态曲线

(四)结果分析

从山东省经济、资源环境的动态评价得分来看，2000 年以来，山东省无论是经济发展还是资源环境都在不断向好的方向发展。根据预测数据可以看出，2006～2010 年，山东省经济发展仍然会较好发展，资源利用和环境保护状况也会不断得到改善。但是有一点不容忽视，资源环境发展的轨迹曲线要比经济增长的轨迹曲线平和一些，也就是说经济增长在迅猛提升的同时，资源环境保护发展相对缓慢。如此长期下去，资源环境保护跟不上经济增长的步伐，势必会造成经济发展与资源环境保护的不协调发展。图 5-8 显示，2010 年，山东省经济发展与资源环境的协调发展可能会出现拐点，出现不协调发展状况，这是一个很好的预警。

从山东省经济与资源环境的协调发展动态轨迹来看，2000～2005 年，山东省经济发展与资源环境的协调状况一直不断完善，发展态势良好。通过预测数据，我们发现，2006～2009 年，山东省经济发展与资源环境的协调状况仍稳步提高，但 2010 年出现一个拐点。这说明，或许在经历了高速经济增长之后，2010 年，山东省经济、资源环境的协调状况会出现不良状况。

需要指出的是，这个轨迹曲线是我们在现实数据的基础上，运用计量模型进行的仿真模拟，而现实发展是受人为主观能动性调控的。虽然此轨迹不代表未来的现实发展轨迹，但科学的"预测轨迹"却为山东省经济、资源环境未来的协调发展提出了预警。因此，在未来的经济发展中，山东省应加快转变经济增长模式，加强环境保护，强化资源的合理利用、高效利用。相信，在有力的调控活动下，山东省经济、资源环境的协调发展轨迹会向更加良好的方向继续发展。

第六部分

对策措施

一、建立生态环境与资源可持续利用约束机制

如果我们在使用自然资源的时候，超出了可持续发展的界限，最终的结果就是整个生态—经济系统的崩溃。虽然具体的环境系统的阀值或承载力是不确定的(随着经济的增长有增长的趋势)，但环境系统对于经济系统来说存在阀值却是确定的。因此，在实现山东省生态环境与资源可持续利用的过程中，我们不得不高度关注生态环境承载力阈值的限制和资源存量的约束，在治理环境污染的措施中，必须严格执行污染排放总量控制的基本原则，同时加强对环境系统阈值的科学研究，努力把生态环境与资源存量各种指标的客观阈值制定成一个有现实指导意义的指标体系，以限制其对生态环境的污染破坏程度和约束人类社会的开发利用行为，避免出现对生态环境和资源的任何毁灭性破坏。

随着各种环保知识的普及宣传，人们越来越意识到生态环境是一个环环相扣的复杂系统，人类只是其中的一个因子，对环境的任何改变都会在人类自身得到体现。源于人类对自身健康与福利的关

注，加强生态环境承载力阈值和资源存量报警的宣传、提高人们的生态环境保护意识，就成为启动生态环境与资源可持续利用约束机制的先决条件。

二、加快建立绿色 GDP 核算体系

绿色 GDP 将自然资源和环境纳入国民经济核算体系，建立资源环境与经济一体化体系。主要体现在：第一，对传统账户中所有与环境有关的流量和存量估计环保支出，环保支出可看作补偿经济增长的负面效应费用的一部分；第二，实物账户与货币账户和资产负债账户的联系；第三，环境成本和收益的评估；第四，有形财富维护的核算；第五，经环境调整的生产与收入指标的设计与测算。据第一财经日报（2006 年 5 月 25 日）报道，国家统计局下属部门新推出一项全新的政策建议：允许一些地区的 GDP 是零增长甚至负增长，以避免短期行为对环境造成的破坏。可以看出，国家已经非常重视绿色 GDP 这一新的核算体系的建设。山东省作为全国经济高速发展的地区之一，2005 年地区生产总值已经位居全国第二，如此高的 GDP 增长速度和实力，有没有以牺牲环境作为代价呢？而且作为全国的经济大省，更应该积极响应国家号召，努力进行核算标准的改革，尽快建立绿色 GDP 核算体系。

据了解，目前，世界上还没有一个国家，就全部资源耗减成本和环境损失代价计算出完整的“绿色 GDP”。开展环境经济核算的确有难度，主要难点在于环境资源和服务功能的价值量转化方面。从一些国内“绿色 GDP”项目试点省市调查了解到，“绿色 GDP”核算需要解决的问题很多，困难很大。比如，环境污染的价值量核算在模式上还没有统一，尤其在水污染损失、固体废物污染损失以及环境污染事故等经济损失的数据取得上，还有相当大的难度。在中国，历时两年的“全国试点省市绿色国民经济核算和环境污染经济损失评估调查”项目将于 2006 年 7 月收尾。全国十个试点省市（北京、天津、河

北、辽宁、安徽、浙江、广东、海南、重庆和四川）中没有山东，从这一方面讲，山东省的绿色 GDP 核算工作已经走在了后面。因此，山东省应加快符合山东省省情的绿色 GDP 核算体系研究，使山东省可持续发展状况更加透明化，便于预警和调控。

三、完善绿色技术支撑体系

运用生命周期理论，以发展高新技术为基础，开发和建立包括环境工程技术、废物再利用的资源化技术、清洁生产技术等在内的“绿色技术”体系，通过采用和推广无害或低害新工艺、新技术，降低原材料和能源的消耗，实现少投入、高产出、低污染，尽可能把污染排放和环境损害消除在生产过程中，实现“增产减污”。积极借鉴和充分利用国内外成功经验和“绿色技术”，重视本土人才的培养和引进，激发高等院校、科研单位研究和转化利用“绿色技术”的积极性。

农业领域：应重点研究推广优质、高产、高效的动植物新品种和优势农产品产业带建设配套技术；水土保持、提高土壤肥力、防止盐碱及土壤沙化、防止有害生物入侵等技术；农业面源污染治理等技术；有利于生态平衡的“农牧结合”、“农林结合”、“农林牧渔结合”的综合技术体系；无污染、无公害或减少环境污染的农业生产技术；减少资源消耗的节地、节水、节肥、节能、节材、节人农业生产技术等。此外，要加强农业高新技术的研究开发，加速技术成果的转化。尤其要加强农业废弃物再利用技术的研发，主要涉及“数字农业”技术、农业绿色能源开发利用技术、农业废弃物及相关产业废弃物的资源化技术、沼气池研发技术、清洁生产技术、节水农业技术等领域。通过科技延伸农业循环产业链，深层次提高农业资源利用率，更大地减少废物排放。加强农业可持续发展实验区建设，充分发挥典型示范带动作用，研究探索新技术高效推广机制，使科技成果迅速转化为现实生产力。

工业领域：一方面，大力发展资源节约和替代技术、能量梯级利用技术、延长产业链和相关产业链接技术、“零排放”技术、有毒有害原材料替代技术、回收处理技术、绿色再制造技术、新能源和可再生能源开发利用技术以及降低再利用成本的技术等，努力降低企业发展成本，从源头上缓解资源约束矛盾和环境的巨大压力；严格限制高耗能、高耗水、高污染和浪费资源的产业以及开发区的盲目发展，限制和淘汰能耗高、物耗高、污染重的落后工艺、技术和设备。另一方面，加快低耗能、低排放产业的发展。大力发展高技术产业，加快用高新技术和先进适用技术改造传统产业，淘汰落后工艺、技术和设备，实现传统产业升级、产品换代；推进企业重组，提高产业集中度和规模效益；对关键性循环技术的重大项目要吸引最优秀的科技人员进行科技攻关，将节能降耗、清洁生产、再生资源回收利用等作为技术创新和技术改造的重点。支持引导企业加大科技投入力度，支持循环经济共性和关键技术的研究开发，大力开展多种形式的产学研联合。

服务业领域：开展服务业清洁生产，提高服务业环境管理水平，建立符合服务业发展的清洁生产体系和绿色认证体系。积极配合旅游战略的实施，整合旅游资源，开展旅游区景点信息化管理和监控技术研究，通过提升配套能力和服务水平，推进循环型旅游业的发展。在流通业和餐饮业要深入开展可降解的环保型替代产品技术研究，积极推行可降解塑料袋或纸袋，推行环保型一次性餐具，努力实现包装绿色化、餐饮绿色化。深入开展非降解资源再生技术，尽最大可能把生活中的垃圾“资源化”，提高资源利用效率。

四、探索和完善生态环境与资源可持续利用补偿机制

山东省的生态环境问题比较严重，资源可持续利用要求突出。然而，生态环境的保护与改善具有完全公共产品的特性——非竞争性与非排他性，资源的可持续利用也表现出其利益共享性，在现行体制和制度安排下，生态环境与资源可持续利用的经济效益、社会效益

和环境效益更多是从宏观角度和生态伦理的意义来体现的。

山东的经济发展模式属于典型的“先污染，后治理”型，长期以来，当地的政府和人民群众把效益简单地等同为经济效益，并把保护环境作为经济发展的对立面，片面地认为保护环境就是花钱的事，没有经济效益可谈，没有认识到生态环境和资源的全部价值，把“一切以经济建设为中心”错误地理解为不惜牺牲生态环境和资源价值换取经济的增长。事实上，经济效益的取得和经济发展的实现是建立在损耗生态环境和资源价值基础上的，也就是说，人们看到的经济效益有很大一部分是由生态环境和资源的价值转移而来的。山东省对生态环境和资源采取的种种不合理利用行为带来了今天严重的空气污染、水源污染和能源高度消耗等生态环境和资源问题，其对社会和经济发展的阻碍也日益显著。因此，必须建立起一套科学、合理的生态环境价值补偿机制，弥补单纯追求经济效益而造成的生态环境损失。

在生态环境的利益补偿方面，世界各国很早就有了许多有益的尝试，目前发达国家普遍采用的“污染者付费原则”（PPP 原则）就是典型的代表。2007 年 8 月，山东省人民政府出台《关于在南水北调黄河以南段及省辖淮河流域和小清河流域开展生态补偿试点工作的意见》（以下简称《意见》），在全省 12 个市 69 个县（市、区）试点生态补偿，探索以体制创新、机制创新、管理创新为动力，逐步建立公平公正、权责统一、经济激励、兼具融资的生态补偿机制。《意见》坚持保护者受益、破坏者赔偿的责任原则，将环境因素纳入经济主体的成本，对为环境保护做出贡献和牺牲的个人、企业、地区给予补偿；对造成环境污染、生态破坏的予以追偿。坚持政府主导、市场推动的组织原则，在资源分配和利益调整等方面，积极引入并完善市场化运作机制。这是对山东省生态环境与资源可持续利用补偿机制探索的初步尝试，今后应该继续强化和完善。深入调查、制定补偿和受偿双方都能够接受的合理补偿标准、采取多样化的补偿形式（可以是资金、粮食、树苗等实物型的，也可以是技术、知识等非物质型的）、拓宽补偿来源。综合运用财政、税收、价格、金融等手段和措施,加大对循环经济型企业和产业的扶持力度,利用市场调节手段,对不符合循环经济的行为,加以规范和约束,严格执行建设项目环境审批制度,建立资源环境有偿使用制度,促使环境成本内部化。

五、推进资源型经济地区循环社会建设

资源型经济地区的创新型社会有其自身特点,其发展和建设必然有自身特有的方式。资源型经济地区要建立创新型社会,就要充分启动政府、企业和社会全方位的创新能力,增强创新理念。重点从政府管理理念创新、企业技术创新、替代产业等多方面着手展开资源型经济地区创新型社会建设。

用循环经济理念武装起全新的管理创新理念。资源型经济地区的可持续发展要牢固树立和贯彻落实科学发展观,真正把注意力放在节约资源、保护环境、追求可持续发展上,改进和完善政绩考核体系,确保政府施政的持续性和稳定性,防止片面追求短期经济增长的倾向。调整政府与市场的关系,逐步减少乃至取消政府对资源的过多占有、垄断和配置,改变政府为了单纯提高所谓"竞争力"而对企业实施过分保护和扶持的做法,以市场化的方式重估各种资源和要素的价格,把资源和要素价格与自然资源保护、环境保护及税收政策结合起来,以市场化的方式对一些产品、企业和行业优胜劣汰。以节约利用资源和提高资源利用率为核心,明确和严格企业节能降耗和资源综合利用的标准规范、市场准入条件和相关政策措施,强制企业遵守节能降耗、污染治理和资源再利用标准,严格控制高能耗、高污染项目,淘汰浪费资源、污染环境的落后生产工艺、技术、设备和产品。

加快构建资源型经济地区"三位一体"的科技支撑体系。资源型经济地区是以本地特有资源的开采、加工和深加工为主导产业的地区,资源型经济地区的发展离不开资源开采技术、加工和深加工技术的支撑,因此,资源型经济地区要建立创新型社会离不开科学技术的

支撑，离不开特有资源深加工核心技术的支撑。要在资源型经济地区建立创新型社会，必须采用高新技术和先进实用技术提高装备水平，改进生产工艺，提高加工能力，延长产业链条，提高产业层次，积极开发新能源、可再生能源和新材料，推行清洁生产，发展环保产业，加快推进资源综合利用和循环利用。

加快做好资源转型，培育替代产业。通过狠抓技术改造、开发新产品等方式，改造提升传统产业，使之适应市场挑战。转型初期，采用产业替代模式，重点发展劳动密集型产业和技术密集型产业，实现经济复苏，大量安置工人就业，提高人民群众的生活水平。但随着转型的深入，应吸取产业结构单一带来的经验教训，以市场为导向，加快发展地方特色工业，发展多元化地方工业。以延长产业链为重点，提高地区产品生产的深加工程度，增加产品的附加值为主，积极发展接续产业。注重培育多元化支柱产业体系，使第一、第二、第三产业结构合理，协调发展。

六、树立可持续发展观，推进人们思维转型

公众参与环保是国家法律赋予群众的权利和权益，政府部门有责任和义务加强对公众的宣传教育，增强公众责任感，引导公众实现消费、观念和生活方式转型，使公众树立与环境相协调的价值观和伦理观，共同营造一个和谐、文明的循环社会。创造政府与民众在环境问题上的沟通机制和交流渠道，定期公布政府的环境法规及最新修订的信息，为群众参与监督执法及表达对环境问题的见解、建议创造条件。

消费转型——适度消费和生态文明消费。我们现在的物质文明是过度消费，是反复大量的浪费资源。适度消费会减少资源索取和环境的污染负荷，有利于环境保护。利用媒介宣传教育，使消费者提高理性消费意识，优先采购经过生态设计或通过环境标志认证的产品，以及经过清洁生产审计或通过 ISO14000 环境管理体系认证的

企业产品。减少使用“用过即扔”包装品，如一次性塑料饭盒、塑料袋、纸杯等，鼓励节约使用和重复利用包装容器、办公用品等。

观念转型——树立生态系统观点。从社区绿色功能配置、绿色宣传、物品绿色交换、住宅绿色装修、居民绿色生活服务等方面，提高居民的环保意识。使消费者的价值重心，从 Well-having 到 Well-being 转移，也就是从充分占有到更有益的存在的观念转变。因为我们的目的不是为了拥有产品，而是为了享受它的性能。

生活方式转型——消费过程中注重对环境的保护。对居民开展绿色生活方式教育，最大限度地让居民了解环保与生活质量的关系，组织自愿实施绿色生活方式的各种活动，如安装节能灯、使用节水笼头、实行垃圾分类、选购绿色食品和环境友好产品、选择公共交通等，促进公众生活方式转型。通过宣传教育，把节能、节水、节材、垃圾分类回收等活动逐渐变为全体市民的自觉行动。

七、提高资源利用效率，努力创建节约型社会

以山东省可利用水资源为基准，在各市、各地区之间合理分配水资源量，保证生活用水，从农业、工业、生活多层次、多方位做好节水工作，合理配制工业、农业、生活、生态用水，大幅度提高农业用水效率，提高水资源生产力，调整种植结构，改善农业水利基本设施，强化常规节水，大力推广高效节水。通过高新灌溉技术，将提高水肥、农药利用效率和防止区域面源污染有机地结合起来。进一步提高工业用水循环利用率，加大工业废水和生活污水再生利用力度，减少输水漏失量。保证区域生态用水，恢复地下水水位，遏制区域生态环境恶化趋势。建立以水权、水市场理论为基础的水资源管理体制，形成以经济手段为主的节水机制，不断地提高水资源的利用效率和效益。促进经济、资源、环境协调发展，加大节水试点覆盖面。推动节水型社会建设，最终实现区域水资源可持续利用。

规范土地管理制度，严格控制建设用地规模，杜绝土地资源空置

浪费，提高土地综合利用效率。大力整合、消化、盘活存量建设用地和空置物业，积极利用地下空间。提高城市综合承载能力，按照循序渐进、节约土地、集约发展、合理布局的原则，积极稳妥地推进农村城镇化。

搞好矿产资源可持续开发。对于石材等大宗出口的矿产品进行深加工，以最低的资源代价换取最大的经济效益。对于省内储量不足或开发成本较高的石油、铁矿石等矿产资源，可以采取从省外国外购买或到省外国外建立供矿基地的办法，以满足经济建设和社会发展对此类矿产品的实际需求，并缓解本省矿产资源开发的压力。同时，积极采用先进技术、工艺和设备，提高矿产资源的综合回收率，并为大规模开发利用铁矿等储量丰富但开采难度较大或选冶工艺复杂的矿产资源创造良好的条件。进一步加强矿产开发监督管理，维护正常的矿业秩序。加强矿产资源开发的环境管理，搞好矿区土地复垦利用，实现采矿废弃物无害化排放，促进矿区可持续发展。

参考文献

[1]Brown, L. R. *Building a Sustainable Society*. New York: Norton W. W. ,1981.

[2]Mac Neill J. "Strategies for Sustainable Economic Development." *Scientific American*. 1989, 261.

[3]Pearce, D. W. *Blueprint for a Green Economy*. London: Earth Scan Publications Limited,1989.

[4]Ian H. Rowlands and Daniel Scott. "Consumers and Green Electricity: Profiling Potential Purchasers." *Business Strategy and the Environment*, 12(1).

[5] GertSpaargaren. "Ecological Modernization Theory and Domestic Consumption." *Journal of Environmental Policy & Planning*, 2000, 2.

[6]Grossman, G. M. and Krueger A. B. *Environmental Impacts of A North American Free Trade Agreement*. Woodrow Wilson School. Princeton, NT,1992.

[7]Fatma Taskin and Osman Zaim. "The Role of International Trade on Environmental Efficiency: A DEA Approach." *Economic Modelling*, 2001(1).

[8]Rao, C. R. *Linear Statistical Inference and Its Applications*. New York:John Wiley & Sons Inc. 1973.

[9] Carolyn Trist. "Recreating Ocean Space: Recreational Consumption and representation of the Caribbean Marine Environment." *Professional Geogra-pher*, 1999(3).

[10] Cardiff. "Abstracts from Key Papers to Be Presented at the 1st Institute of Consumer Sciences Incorporating." *International Journal of Consumer Studies*, 2003(3).

[11] Forster. B. A. "Note on the Optimal Control of Pollution. , *Journal of Economic Theory*, 1972(5).

[12] http://www.stats.gov.cn.

[13] http://www.stats－sd.gov.cn/2007/default_4.asp.

[14] http://www.jcrb.com/zyw/n5/ca10797.htm.

[15] http://www.cern.gov.cn/NewsInfo.asp? NewsId＝200502030024.

[16] http://www.cern.gov.cn/NewsInfo.asp? NewsId＝200502060006.

[17]于志熙:《城市生态学》,中国林业出版社 1992 年版。

[18]张坤民:《可持续发展论》,中国环境科学出版社 1997 年版。

[19]叶文虎、仝川:《联合国可持续发展指标体系述评》,载《中国人口、资源与环境》1997 年第 3 期。

[20]叶文虎:《可持续发展引论》,北京高等教育出版社 2001 年版。

[21]肖广岭:《可持续发展与系统动力学》,载《自然辩证法研究》1997 年第 13 期。

[22]杨云彦:《人口、资源与环境经济学》,中国经济出版社 1999 年版。

[23]王铮等:《理论经济地理学》,科学出版社 2002 年版。

[24]马世俊、王如松:《社会—经济—自然复合生态系统》,载《生态学报》1984 年第 1 期

[25]牛文元:《可持续发展导论》,北京科学出版社 1997 年版。

[26][美]曼昆:《经济学原理》,北京大学出版社 1999 年版。

[27]郝寿义、安虎森:《区域经济学》,经济科学出版社 1999 年版。

[28]刘江:《中国可持续发展战略研究》,中国农业出版社 2001 年版。

[29]腾藤:《中国可持续发展研究》(上、下卷),经济出版社 2001 年版。

[30]凌亢:《中国城市可持续发展评价理论与实践》,中国财政经济出版社 2000 年版。

[31]杨万钟:《经济地理学导论》,华东师范大学出版社 1994 年版。

[32]廖晓义:《资源环境可持续消费——新工业革命时代的要求》,载《科技导报》2002 年第 10 期。

[33]王小刚:《西部大开发生态环境保护与建设的利益补偿机制》,载《天府新论》2003 年第 2 期。

[34]范振军:《河谷型大城市城市化与生态环境互动作用机理及调控对策研究——以兰州市为例》,载《兰州大学硕士论文》2003 年。

[35]童钧耕:《能源消费结构和上海大气环境》,载《城市环境与城市生态》1995 年第 1 期。

[36]金忠义:《上海能源消费结构与生态环境研究》,载《财经研究》1993 年第 2 期。

[37]戴星翼:《人力资源与可持续发展》,载《人口与经济》1999 年第 1 期。

[38]汤建光、赵涌发、王蕊:《人力资源与可持续发展》,载《当代财经》2003 年第 3 期。

[39]张东祥:《农地可持续利用的机制》,载《江西财经大学学报》,2003 年第 5 期。

[40]李山梅:《整合税费“绿化”税制 促进我国资源可持续利用》,载《中国矿业》2004 年第 6 期。

[41]王永生:《发展循环经济实现我国矿产资源可持续利用》,载

《中国矿业》2004 年第 6 期。

[42]崔秀珍、吴国:《土地资源可持续利用的机制初探》,载《河南职业技术师范学院学报》2003 年第 3 期。

[43]陈士银:《耕地保护与资源可持续利用研究》,载《湛江大学学报》2001 年第 3 期。

[44]陈百明、张凤荣:《中国土地可持续利用指标体系的理论与方法》,载《自然资源学报》2001 年第 3 期。

[45]蔡戈鸣、吴小刚、柳景青:《浙江省水乡区域水资源可持续利用机制初探》,载《水资源保护》2002 年第 4 期。

[46]魏江茹、宋岭:《农村反贫困战略下的人力资源可持续开发》,载《农村经济》2003 年第 11 期。

[47]蔡鸣政、张锁平:《人力资源开发及其价值》,载《中国人才》2002 年第 6 期。

[48]陈一平:《中国人口政策的评价性分析与选择——可持续发展的框架》,载《南京社会科学》2001 年第 3 期。

[49]王云芳:《教育促进人力资源增长与社会经济可持续发展探析》,载《山西经济管理干部学院学报》2001 年第 4 期。

[50]夏业良:《从知识经济的内涵看人口与环境的可持续发展》,载《人口与经济》1999 年第 3 期。

[51]高建华:《WTO 背景下的农业土地资源可持续利用研究》,载《经济经纬》2004 年第 1 期。

[52]朱珍华:《谈谈美国水资源的可持续利用体系》,载《首都经济》2003 年第 11 期。

[53]刘丙友:《试论生态修复与草地资源的可持续利用》,载《黑龙江水利科技》2003 年第 4 期。

[54]聂月爱:《人口素质与资源,环境的可持续发展》,载《山西高等学校社会科学学报》2003 年第 4 期。

[55]张成才、曹明华:《拓荒行为的经济学分析》,载《贵州财经学院学报》2004 年第 2 期。

[56]杜晓朴、廖鸿志:《可持续发展必须不断降低区域发展成本》,载《云南环境科学》2001 年第 4 期。

[57]王朝科:《发展成本论析》,载《统计研究》1999 年第 1 期。

[58]高建斌:《传统“三位一体”经济体制的形成及市场化取向改革突破口的选择》,载《中国民航学院学报》1998 年第 2 期。

[59]陈德昌:《关于持续发展的成本和资金资源问题》,载《上海农学院学报》1997 年第 4 期。

[60]丁彩霄:《生态环境补偿机制的探索》,载《中国环境检测》2002 年第 5 期。

[61]黄金川、方创琳:《城市化与生态环境交互耦合机制与规律性分析》,载《地理研究》2003 年第 2 期。

[62]王德智、史寿林、赵永江:《河南省生态环境建设与可持续发展》,载《地域研究与开发》2000 年第 4 期。

[63]卞戈亚、周明耀、朱春龙:《生态需水量计算方法研究现状及展望》,载《水资源保护》2003 年第 6 期。

[64]潘康:《芬兰、瑞典生态环境建设与保护机制》,载《贵州师范大学学报》2000 年第 4 期。

[65]童玉芬:《人口对干旱区生态环境演变作用机制与问题分析》,载《人口与经济》2003 年第 6 期。

[66]王旭东、朱立芸:《谈科学人才生态环境创新机制建设》,载《开发研究》2003 年第 3 期。

[67]陈兴鹏、蔡根泉:《甘肃水土资源与社会经济可持续发展研究》,民族出版社 2004 年版。

[68]潘家华:《持续发展途径的经济学分析》,中国人民大学出版社 1997 年版。

[69]世界银行:《1992 年世界发展报告:发展与环境》,中国财政经济出版社 1997 年版。

[70]朱琳、张晓萌:《西部地区经济增长与环境污染水平的计量模型》,载《统计与决策》2005 年第 2 期。

[71]夏永久、陈兴鹏、李娜:《西北半干旱区城市经济增长与环境污染演进阶段及其互动效应分析——以兰州市为例》,载《中国沙漠》2005 年第 6 期。

[72]吴玉萍、董锁成、宋键峰:《北京市经济增长与环境污染水平计量模型研究》,载《地理研究》2002 年第 2 期。

[73]吴玉萍、董锁成:《北京市环境政策评价研究》,载《城市环境与城市生态》2002 年第 2 期。

[74]张云、申玉铭、徐谦:《北京市工业废气排放的环境库茨涅茨特征及因素分析》,载《首都师范大学学报(自然科学版)》2005 年第 1 期。

[75]高振宁、缪旭波、邹长新:《江苏省环境库茨涅茨特征分析》,载《农村生态环境》2004 年第 1 期。

[76]吴开亚、陈晓剑、《安徽省经济增长与环境污染水平的关系研究》,载《重庆环境科学》2003 年第 6 期。

[77]朱智名:《库兹涅茨曲线在中国水环境分析中的应用》,载《河海大学学报》2004 年第 4 期。

[78]藏旭恒等:《居民资产与消费选择行为分析》,上海人民出版社 2001 年版。

[79]严先溥:《我国城乡居民消费行为分化加剧》,载《经济研究参考》2003 年第 62 期。

[80]李锐:《我国农村居民消费结构的数量分析》,载《中国农村经济》2003 年第 5 期。

[81]程兰芳:《中国城镇居民家庭经济结构分析》,中国经济出版社 2005 年版。

[82]高觉民:《城乡消费二元结构及其加剧的原因分析》,载《消费经济》2005 年第 1 期。

[83]郝梅瑞:《中国城市居民家庭消费结构类型研究》,载《消费经济》2004 年第 6 期。

[84]库瑞:《陕西省城镇居民消费结构研究》,载《西安邮电学院

学报》2002 年第 7 期。

[85]刘二丽:《城镇居民消费结构的变动实证》,载《统计观察》2004 年第 6 期。

[86]刘毅:《我国城乡居民消费结构综述》,载《消费经济》2005 年第 10 期。

[87]孙凤:《消费者行为数量研究—以中国城镇居民为例》,上海人民出版社 2002 年版。

[88]孙国锋:《中国居民消费行为演变及其影响因素研究》,中国财政经济出版社 2004 年版。

[89]王检贵:《城乡消费倾向比较研究——兼论扩大内需的思路》,载《上海经济研究》2000 年第 2 期。

[90]赵卫亚:《中国城镇居民文教消费的地区差异分析》,载《统计研究》2005 年第 1 期。

[91]周建军、王韬:《近十年我国城镇居民消费结构研究》,载《城镇居民消费结构优化之路》2003 年第 2 期。

[92]耿莉萍:《我国居民消费水平提高对资源,环境影响趋势分析》,载《中国人口·资源与环境》2004 年第 1 期。

[93]谢仲伦:《相关性通径问题剖析》,载《农业系统科学与综合研究》1996 年第 3 期。

[94]明道绪:《通径分析》,四川农业大学出版社 1990 年版。

[95]柯惠新:《因果关系模型的估计与检验》,载《数理统计与管理》1991 年第 2 期。

[96][英]马歇尔:《经济学原理》,华夏出版社 2005 年版。

[97][英]约翰·梅纳德·凯恩斯:《就业、利息和货币通论》,商务印书馆 1999 年版。

[98]杨圣明:《中国消费结构研究》,中国社会科学出版社 1986 年版。

[99]林白鹏:《中国消费结构学》,经济科学出版社 1987 年版。

[100]尹世杰:《中国消费结构研究》,上海人民出版社 1988

年版。

[101]丁声俊、叶方恬:《中国消费结构和食物结构》,中国商业出版社 1990 年版。

[102]藏旭恒、张治军:《山东省城镇居民消费结构的实证分析与政策建议》,载《山东经济》2004 年第 1 期。

[103]卢嘉瑞:《中国农民消费结构》,河北教育出版社 1999 年版。

[104]郑必清、王启云:《走向世纪的中国消费结构》,湖南出版社 1996 年版。

[105]范剑平:《中国城乡居民消费结构的变化趋势》,人民出版社 2001 年版。

[106]尹世杰:《关于优化消费结构的几个问题》,载《上海商业》2001 年第 6 期。

[107]宁自军:《因子分析在居民消费结构的变动分析中的应用》,载《数理统计与管理》2004 年第 1 期。

[108]鲁勇兵:《对河北省城镇和农村居民消费结构变动的显著性分析经济论坛》,载《经济论坛》2004 年第 7 期。

[109]李琪:《我国城镇居民消费结构的实证分析》,载《石家庄法商职业学院教学与研究(综合版)》2006 年第 3 期。

[110]孙慧钧:《辽宁城镇居民消费结构变动趋势的灰色关联分析》,载《内蒙古财经学院学报》2008 年第 1 期。

[111]李丹霞、韦苇:《消费结构升级对环境的作用机制分析》,载《内蒙古农业大学学报》2008 年第 1 期。

[112]赵延德、陈兴鹏、张慧等:《消费结构变动的生态环境效应研究》,载《开发研究》2005 年第 6 期。

[113]赵延德、张慧、陈兴鹏:《城市消费结构变动的环境效应及作用机理探析》,载《中国人口·资源与环境》2007 年第 2 期。

[114]赵延德、张慧、《河谷型城市消费结构变动的环境效应及机理研究》,载《商业研究》2007 年第 7 期。

[115]刘晶茹、王如松、杨建新:《可持续发展研究新方向:家庭可持续消费研究》,载《中国人口·资源与环境》2003 年第 1 期。

[116]司金銮:《论生态环境与消费结构的协同发展》,载《生态经济》1997 年第 5 期。

[117]耿莉萍:《我国居民消费水平提高对资源,环境影响趋势分析》,载《中国人口·资源与环境》2004 年第 1 期。

[118]姜丽:《通径系数分析法运用初探》,载《统计与决策》2001 年第 12 期。

[119]史铭鑫、陈蕾:《我国居民消费结构变化的特征分析》,载《经济研究》2006 年第 2 期。

[120]敬艳辉、邢留伟:《通径分析及其应用》,载《统计教育》2006 年第 2 期。

[121]冯兵:《广东省城镇居民消费结构与环境污染关系研究》,载《时代经贸》2007 年第 3 期。

[122]张慧、赵延德、潘保田:《居民家庭消费结构变动的环境效应研究——以兰州市为例》,载《国土与自然资源研究》2006 年第 4 期。

[123]马恒运:《研究变量间关系的通径分析方法》,载《经济经纬》1995 年第 2 期。

[124]宋文光:《山东省居民消费结构变化分析》,载《中国管理信息化》(综合版),2005 年第 5 期。

[125]宋栋、余建铭:《我国居民消费结构和消费趋势的变化——及其带来的市场营销机会分析》,载《消费导刊》2007 年第 8 期。

[126]张守锋:《从恩格尔系数的变动看我国居民消费结构的变化》,载《大众科技》2006 年第 2 期。

[137]晏民春、杨桂元:《近十年我国城镇居民消费结构研究》,载《统计与信息论坛》2004 年第 3 期。

[128]徐中民、张志强:《可持续发展定量指标的分类和评价》,载《西北师范大学学报(自然科学版)》2000 年第 4 期。

[129]张坤等:《欠发达地区环境与经济协调发展机制研究》,中国环境科学出版社1999年版。

[130]张立、明边:《人工神经网络的模型及其应用》,复旦大学出版社1993年版。

[131]袁曾任:《人工神经元网络及其应用》,清华大学出版社1999年版。

[132]闻新等:《MATLAB神经网络应用设计》,科学出版社2001年版。

[133]巨军让等:《BP神经网络在MATLAB上的方便实现》,载《新疆石油学院学报》1999年第2期。

[134]罗先启等:《BP网络和遗传算法在水布垭工程中的应用》,载《岩石力学与工程学报》2002年第7期。

[135]陈春凯:《MATLAB人工神经网络工具箱中的BP工具函数及其应用》,载《许昌师专学报》2002年第9期。

[136]杨建强等:《MATLAB软件工具箱简介》,载《水科学进展》2001年第6期。

[137]赵旭生:《基于人工神经网络的突出矿井分级方法》,载《西安科技学院学报》2002年第3期。

[138]向胤道:《欠发达地区依靠科技经济发展的对策研究》,载《软科学》1997年第3期。

[139]楼顺天等:《基于MATLAB的系统分析与设计——神经网络》,西安电子科技大学出版社1998年版。

[140]陈天平:《神经网络及其在系统识别中的逼近问题》,载《中国科学》1994年第1期。

[141]余庄、何涛:《采用人工神经网络的城市规划智能评价系统》,载《城市规划》11995年第10期。

[142]王佳斌等:《MATLAB中神经网络工具包的应用》,载《泉州师范学院学报(自然科学版)》2001年第2期。

[143]苏高利等:《论基于MATLAB语言的BP神经网络的改

进算法》,载《科技通报》2003 年第 2 期。

[144]杨兆升等:《基于 BP 神经网络的路径行程时间实时预测模型》,载《系统工程理论与实践》1999 年第 8 期。

[145]陈守余等:《数据开采的 BP 神经网络方法及其应用研究》,载《地球科学》1998 年第 2 期。

[146]徐建华:《现代地理学中的数学方法》,高等教育出版社 1996 年版。

[147]王劲峰著:《区域经济分析的模型方法》,科学出版社 1993 年版。

[148]山东省统计局:《山东统计年鉴》,山东人民出版社 1992 年～2005 年版。

[149]中国统计局:《中国统计年鉴》,中国统计出版社 1992 年～2005 年版。

[150]刘少康:《环境与环境保护导论》,清华大学出版社 2002 年版。

[151]熊文强、郭孝菊、洪卫编:《绿色环保与清洁生产概论》,化学工业出版社 2002 年版。

[152][日]竹林征雄:《循环型社会与零排放》,载《中国环保产业》2003 年第 3 期。

[153]王树义、吴宇:《关于促进我国循环型社会建立的法律思考》,载《环境保护》2004 年第 1 期。

[154]许健:《循环型社会的启示》,载《环境导报》2003 年第 24 期。

[155]崔铁宁、朱坦:《关于建立循环型社会的分析方法和途径的探讨》,载《环境保护》2003 年第 6 期。

[156]于秀娟主编:《工业与生态》,化学工业出版社 2003 年版。

[157]李汝雄、王建基:《日本推进建立循环社会的情况》,载《现代化工》2003 年第 2 期。

[158]王金南、李娜:《推进日本建立循环社会的法律体系》,载

《中国发展》2003 年第 1 期。

[159]马鸿昌、李宁、李治琨:《日本促进建立循环社会的法规体系及中国推动循环经济的发展》,载《有色金属再生与利用》2003 年第 12 期。

[160][日]山本良一:《战略环境经营 生态设计——范例 100》,王天民等译,化学工业出版社 2003 年版。

[161]耿勇:《生态设计策略研究》,载《中国软科学》2003 年第 1 期。

[162]国家环保总局科技标准司:《循环经济和生态工业规划汇编》,化学工业出版社 2004 年版。

[163][日]滨川圭弘、西川祎一、辻毅一郎编:《能源环境学》,郭成言译,科学出版社 2003 年版。

[164]贺新元、王晓林:《中国发展循环经济的社会机制建构探略》,载《学术论坛》2004 年第 5 期。

[165]陈长里:《知识经济与生产理论的变迁》,载《哈尔滨学院学报》2002 年第 7 期。

[166]孙诚:《人力资本增长与人力资源开发》,载《数量经济技术经济研究》2004 年第 4 期。

[167]央彩英、吉广庆:《加强人力资本投资实现经济可持续发展》,载《山西统计》2003 年第 1 期。